Oneness

Titel der Originalausgabe:
Awakening into ONENESS

Sounds True Inc., Boulder, CO 80306

Arjuna Ardagh:
ONENESS - Erwachen zur Einheit
Projektleitung: Marianne Nentwig
Übersetzung: Chandravali Schang

info@j-kamphausen.de
www.weltinnenraum.de

Lektorat: Adele Gerdes /
Michael Hübener
Umschlag-Design: Lisa Kerans
Umschlag-Gestaltung:
Shivananda Heinz Ackermann
Satz: KleiDesign
Druck & Verarbeitung:
Westermann Druck Zwickau

1. Auflage 2007
Die Deutsche Bibliothek - CIP-Einheitsaufnahme

Ein Titelsatz für diese Publikation
ist bei der Deutschen Bibliothek erhältlich.

ISBN 978-3-89901-080-0

*Dieses Buch wurde auf 100% Altpapier gedruckt und ist alterungsbeständig.
Weitere Informationen hierzu finden Sie unter* www.weltinnenraum.de

Deeksha
als Weg zur
persönlichen
und globalen
Transformation

ARJUNA
ARDAGH

ONENESS

ERWACHEN
ZUR EINHEIT

Sri Bhagavan
Gründer der Oneness University

Sri Amma
Gründerin der Oneness University

GRUSSWORT VON ACHARYA ANANDAGIRI

Oneness University, Chennai, Indien

O*NENESS – Erwachen zur Einheit* ist nicht die Geschichte eines Menschen oder einer Gruppe von Menschen. Es ist die Geschichte eines Phänomens, das sich über den ganzen Erdball ausbreitet und dabei Millionen von Menschen in seinen Bann zieht. Die Bedeutung dieses Phänomens liegt in seiner Zeitlosigkeit und Universalität. Es wirkt auf alle Menschen, ganz gleich, welcher Religion sie angehören.

Dieses Buch hat das Potenzial, den Leser für die ungeheure intelligente Kraft der Deeksha empfänglich zu machen, denn schon die Lektüre des Buches vermittelt eine Erfahrung von Deeksha. Es besitzt die Kraft, den Suchenden für die ewige und immanente Gegenwart des Göttlichen zu öffnen und einen Prozess des Erwachens auszulösen, der irgendwann in der Verwirklichung der Einheit allen Lebens gipfelt.

Wir an der Oneness University sind uns bewusst: ONENESS – *Erwachen zur Einheit* wird dazu beitragen, einen Menschen mit globaler Sichtweise hervorzubringen. Einen Menschen, der vollkommen frei von rassischen, nationalen, religiösen oder anderen Spaltungen ist und so der Einheit aller Menschen Ausdruck verleiht.

Vorwort von Ervin Laszlo 9

Hinweis zur deutschen Übersetzung 16

KAPITEL 1:
Die Diamantohrringe 19

KAPITEL 2:
Der goldene Ball 27

KAPITEL 3:
Was ist Deeksha / Oneness Blessing? 51

KAPITEL 4:
Oneness Blessing und das Gehirn 67

KAPITEL 5:
Oneness Blessing und der Körper 85

KAPITEL 6:
Oneness Blessing und Beziehungen 109

KAPITEL 7:
Oneness Blessing für junge Menschen 133

KAPITEL 8:
Oneness Blessing und Kunst 155

KAPITEL 9:
Oneness Blessing und Business 167

KAPITEL 10:
Oneness Blessing und die Gesellschaft. 187

KAPITEL 11:
Oneness Blessing und die Erfahrung der Einheit 205

KAPITEL 12:
Oneness Blessing und das Goldene Zeitalter 229

KAPITEL 13:
Der Oneness-Prozess 247

Nachwort 272

Danksagungen 275

Quellen 277

Über den Autor 278

Die Oneness University

Der Oneness-Tempel

VORWORT VON ERVIN LASZLO

Ich habe mich gerne bereit erklärt, einige einleitende Worte zu Arjuna Ardaghs Buch zu schreiben. Denn sein Thema ist sowohl für jeden von uns individuell als auch für uns alle im Kollektiv von außergewöhnlicher Wichtigkeit. Es ergänzt zudem vollends meine theoretischen Konzepte und meine eigene Erfahrung. Ich war 2006 an der Oneness University, verbrachte dort drei Wochen der Meditation und hatte auch persönliche Begegnungen mit Bhagavan. Doch diese Einleitung ist kein autobiographischer Essay; persönliche Berichte wird der Leser in den nächsten Kapiteln zur Genüge finden. Ich möchte nur anmerken: Was in diesem Buch wiedergegeben wird, stimmt sowohl mit dem überein, was ich selbst erfahren habe, als auch mit den Ergebnissen der Forschung, die ich in den vergangenen zwei Jahrzehnten durchgeführt habe.

Aus diesen Überlegungen heraus nehme ich die in diesem Buch beschriebenen Erfahrungen ernst. Jeder sollte diese Erfahrungen ernst nehmen. Die Tatsache, dass die gelebte Erfahrung einer mittlerweile beachtlichen Anzahl von Menschen in fast allen Teilen der Welt mit jenen Einsichten übereinstimmt, die wir an der vordersten Front der Naturwissenschaften gewinnen, ist theoretisch und praktisch brisant. Berücksichtigen wir darüber hinaus, dass die Verbreitung dieser Art von Erfahrung möglicherweise einen Faktor darstellt, der mit über die Form unserer Zukunft bestimmt, sollte uns das Anlass genug sein, die Ideen und Erfahrungen der folgenden Kapitel zu lesen und zu überdenken.

Kurz gesagt - dieses Buch verdient die volle Aufmerksamkeit des Lesers aus zwei Gründen:

1. *Realitätsbezug:* Die Erfahrungen, von denen berichtet wird, sind außergewöhnlich, doch nicht imaginär; sie sind in der physikalischen Wirklichkeit des Kosmos verwurzelt.

2. *Dringlichkeit:* Das öffentliche Bekanntmachen dieser Erfahrungen liegt im Interesse der ganzen Menschheit - ja, es ist geradezu von höchst konkretem und unmittelbarem Belang für sie.

Das sind große Worte; lassen Sie sie mich erläutern.
Die Einheitserfahrung, deren Ziel im Allgemeinen etwas irreführend als „Erleuchtung" bezeichnet wird, beruht auf physikalischen Prozessen, die ebenso real sind wie die Wahrnehmung von Licht, Farbe und Klang; lediglich die Art der Information, die das Gehirn hier verarbeitet, ist eine andere. Ermöglicht werden die Erfahrungen durch einen ausgeglichenen Zustand des Gehirns (obwohl sie von diesem Zustand nicht einfach mechanisch verursacht werden). Ein Aspekt dieses Zustands wurde im Zusammenhang mit dem Empfang von Deekshas und dem Zusammensein mit den Dasas erforscht, die Deeksha geben und vermutlich den ausgeglichenen Zustand erreicht haben.

Die einzelnen zerebralen Mechanismen, die einen ausgeglichenen Zustand des Gehirns ausmachen, bedürfen noch der genaueren neurophysiologischen Forschung, doch ein Merkmal ist bereits klar.

Aufgrund der weit verbreiteten Erfahrung mit tiefem Gebet und Meditation - und veränderten Bewusstseinszuständen generell - weiß man: In veränderten Bewusstseinszuständen hat man es nicht mehr mit der üblichen Informationsverarbeitung, dominiert von der linken Gehirnhälfte, zu tun. Das Gehirn arbeitet dann nicht überwiegend in der klassischen Weise, in der die Gegenstände des

Bewusstseins einander linear folgen, und die Wahrnehmung ist nicht auf Reize begrenzt, die von den körperlichen Sinnen weitergeleitet werden. In veränderten Bewusstseinszuständen tritt vielmehr die gestaltwahrnehmende, „parallel verarbeitende“ Arbeitsweise der rechten Gehirnhälfte in den Vordergrund. Dadurch öffnet sich die Rezeptionsfähigkeit des Gehirns einer Vielfalt von Informationen, die ganz unabhängig von den Reizen der Sinnesorgane - Augen, Ohren, Nase, Gaumen und Haut - aufgenommen werden.

In den zerebralen Zuständen, die veränderten Bewusstseinszuständen zugrunde liegen, funktioniert das Gehirn auf nicht-klassische Weise: als ein „makroskopisches Quantensystem“. Von einem Empfänger elektromagnetischer Wellen und Photonwellen verändert es sich zu einem Sende- und Empfangsorgan eines Quantenfeldes. Es empfängt und sendet Information in Form von holografischen Mustern im Quantenwellenfeld, das als ein Element im Quantenvakuum allen Dingen des Universums zugrunde liegt. (Ich habe dieses universelle Informationsfeld das Akasha-Feld genannt, da seine Wirkung an die alte Auffassung von Akasha erinnert: das kosmische Medium, das alle Dinge in Zeit und Raum miteinander verbindet und aufzeichnet.)

Einfacher gesagt: Veränderte Bewusstseinszustände befreien uns von dem durch das Ego eingeschränkten Zustand, in welchem wir die Welt durch fünf Schlitze im Turm betrachten - sie öffnen für uns das Dach zum Himmel.

Das Öffnen des Daches wird durch Deeksha erleichtert, auch wenn es nicht einzig und allein durch die Erfahrung des Empfangs von Deekshas ausgelöst wird. Die individuelle Sensibilität für Deekshas wiederum wird dadurch begünstigt, dass sie durch den Ablauf der Bewusstseinsentwicklung gehen, den Bhagavan den „Oneness-Prozess“ nennt. Der Oneness-Prozess verstärkt die Wirkung der Deekshas und hilft den Menschen dadurch, jene veränderten Bewusstseinszustände zu erreichen, in denen ihr Gehirn als ein makroskopisches Quantensystem funktioniert.

Ist die Öffnung des Gehirns und somit des damit verbundenen Bewusstseins mit Quantenfeldern verbunden, die eine entscheidende Rolle spielen? Ich glaube ja, denn diese Felder verbinden das Gehirn und das Bewusstein der Individuen mit der Welt um sie herum. Sie erlauben die Entdeckung - oder genauer gesagt die Wiederentdeckung - dieser Verbindungen, welche traditionellen Völkern bekannt waren und nicht-westlichen Kulturen und spirituellen Menschen allerorts noch bekannt sind. Die Erfahrung der Verbindung mit anderen und mit der Natur wurde von religiösen Lehrern, Mystikern und spirituell erfahrenen oder veranlagten Menschen beschrieben - gleichgültig, ob sie die veränderten Bewusstseinszustände durch Gebet oder Meditation erreicht hatten. Diese Zustände bilden die Essenz des „Erwachens zur Einheit", die Bewusstseinsevolution, auf die der Titel dieses Buches hinweist.

Unsere Beziehung mit unserer Umwelt wiederzuentdecken, ist wichtig für uns als Individuen: Es macht uns zu ganzheitlicheren, sensibleren und gleichzeitig ausgeglicheneren Menschen. Es ist kollektiv gesehen von entscheidender Wichtigkeit für uns, liegt doch an der Wurzel der Probleme, mit denen die Menschheit gegenwärtig konfrontiert ist, das überholte und egoistisch verengte Bewusstsein - beschränkte, selbstbezogene Werte, Überzeugungen und Verhaltensweisen erzeugend. Bhagavan hat Recht, wenn er behauptet, es gebe nur eine Ursache für die menschlichen Probleme, nämlich das Bewusstsein der Getrenntheit, das Gefühl, man könne die Welt in „Ich" und „Nicht-Ich" einteilen. Natürlich ist diese Trennung nicht auf die Separation „ich" und „der Rest der Welt" beschränkt, sondern ist vielmehr von vielfältigen Formen der Identifikation bestimmt, die auch nicht ausschließlich rein egoistisch sind - sei es bezogen auf die Familie, die Gemeinde, die Nation, die Kultur oder möglicherweise ein Unternehmen. Die gegenwärtigen Formen der Identifikation entsprechen jedoch deutlich nicht jener globalen Identifikation, die wir dringend brauchen, um als Art zu überleben. Diese Identifikation kann nur auf der gelebten Erfahrung der Einheit basieren – auf der Verbindung, die wir miteinander und mit der Natur haben.

In meinen letzten Büchern habe ich erörtert, warum ich glaube, dass nur eine globale Identifikation mit allen Mitgliedern der Menschheitsfamilie und mit der Biosphäre – dem lebensunterstützenden System der Menschheit – eine reelle Chance bieten kann, die kommenden Jahrzehnte ohne eine größere Katastrophe zu überstehen. Ich werde die Diskussion hier nicht wiederholen – der Beweis liegt ohnehin auf der Hand und ist jedem zugänglich. Es mag genügen, die Schlussfolgerung darzustellen, zu der ich nach Jahren der Beobachtung ständig wachsender Probleme und Herausforderungen für die Menschheit gelangt bin. Ich kann sie in einem einzigen Satz zusammenfassen:

> *Wenn sich nicht grundlegende Veränderungen in unserer Lebensgestaltung auf diesem Planeten einstellen, sind die Chancen, dass alle sechseinhalb Milliarden von uns das nächste Jahrzehnt überleben, extrem gering.*

Jedes Handeln, das so weiter macht wie zuvor, führt – aus jeweils unterschiedlichen Gründen – zur existenziellen Bedrohung für die Bevölkerung: Klimawandel, der zu so einer Dürre führt, dass es für nahezu ein Drittel der Bevölkerung unmöglich wird, genügend Nahrungsmittel anzubauen, um seine Grundbedürfnisse abzusichern; das Absinken des Grundwasserspiegels und die gleichzeitige Verschmutzung der Wasserressourcen für mehr als die Hälfte der Weltbevölkerung; der Anstieg des Meeresspiegels, der zu einer Bedrohung für die Küstenbewohner wird, die mehr als ein Viertel der Bevölkerung ausmachen; die Hungersnot, die sowohl durch extreme Armut als auch durch die zunehmende Schädigung der Umwelt bedingt ist und folglich zur Verbreitung von schwächenden Krankheiten führt – und die erschreckend unzureichende Entwicklung des Körpers und des Gehirns bei Kindern, die den Großteil der nächsten Generation bilden. Weiter ist zu nennen: Das Ausleben organisierter Gewalt – in Form von Terrorismus und Krieg –, das durch wachsenden Stress, Armut, Mangel an Aufklärung und Bildung, religiöse und ethnische Intoleranz und kurzsichtige Reaktionen auf Konflikte wirtschaftlicher Interessen entsteht.

Starre, eingefahrene Handlungsmuster sind tödlich. Können sie vermieden werden? Die Antwort ist: Ja. Wir haben das Geld dazu (bereits ein Teil von dem, was wir für die militärische Verteidigung ausgeben, würde ausreichen); wir haben die Energie (wir nutzen nur einen kleinen Teil der Sonnenstrahlung, die die Oberfläche des Planeten erreicht); und wir besitzen die Technologie (eine Vielfalt alternativer Technologien zur Energiegewinnung und Technologien für den Einsatz erneuerbarer Ressourcen findet bereits Anwendung).

Was hält uns dann davon ab, von überholten Handlungsmodellen zur Verwendung erneuerbarer Energien überzugehen? Nur Willensschwäche. Warum fehlt der Wille in Wirtschaft, Politik, Gemeinde? Weil wir in der Regel die Bedenklichkeit unserer Lage verkennen. Warum nehmen wir sie nicht wahr? Offensichtlich, weil wir uns immer noch im Bann eines veralteten Bewusstseins und seiner verengten Wahrnehmung befinden. Wir haben keine weiterreichenden Perspektiven und gehen nach wie vor davon aus, jeder Mensch sei vom anderen getrennt und nur daran interessiert, seine unmittelbaren materiellen Ziele und Interessen zu verfolgen.

Wie können wir diesen bedrohlichen Zustand verändern? Die Antwort ist klar: indem wir uns selbst verändern – als eine Möglichkeit, die Welt zu verändern. Doch wie können wir uns selbst verändern? An diesem Punkt wird die entscheidende Bedeutung der Deekshas und des Oneness-Prozesses offensichtlich. Die verlässlichste, dauerhafteste und effektivste Möglichkeit, uns selbst zu verändern, besteht darin, unser Bewusstsein zu verändern.

Eine letzte Frage: Wie viel Zeit haben wir, um unser Bewusstsein weiterzuentwickeln? Die Antwort mag viele von uns schockieren: Für die Menschheitsfamilie als Ganzes beträgt die Zeit weniger als ein Jahrzehnt. Das Datum, zu dem ich gekommen bin, stimmt genau mit dem überein, das Bhagavan voraussieht: Ende 2012. Das ist kein bloßer Zufall. Eine grundlegende Veränderung der menschlichen Lebensweise auf diesem Planeten zum Ende des Jahres 2012 wurde von einer erstaunlichen Vielzahl verschiedener Kulturen vorausgesagt, etwa von den Maya, den Cherokees, den Indern. Dieser Zeitpunkt scheint tief im kollektiven Unbewussten der heutigen Menschheit eingeprägt zu sein, und sowohl Bhagavan als auch ich haben dies wahrgenommen. Ich gelangte zu dieser intuitiven Einsicht, noch bevor ich die empirische Forschung begann und die Berechnungen anstellte. Letztere bestätigten die Einschätzung mit einer Variabilität, die wahrscheinlich nicht mehr als einige Jahre weniger oder mehr beträgt.

Uns selbst zu verändern, um die Welt zu verändern, und das Jahr 2012 dergestalt nicht zum Anfang einer kollektiven Katastrophe, sondern zum Auftakt einer neuen, friedlichen und tragfähigen Zivilisation werden zu lassen - das ist, kurz gesagt, meine Botschaft. Und es ist die Botschaft dieses Buches, das uns zeigt, wie wir alle „in die Einheit erwachen" können.

ERVIN LASZLO
Begründer und Ehrenpräsident des Club of Budapest
19. Dezember 2006

Hinweis zur deutschen Übersetzung

Sie werden in diesem Buch die Begriffe „Deeksha“ und „Oneness Blessing“ finden. Hierzu möchten wir gleich am Anfang eine Erklärung geben.

Als die ersten „Westler” von ihrer Ausbildung an der Oneness University zurückkehrten, verwendeten sie ganz selbstverständlich das indische Wort „Deeksha“ für die Segnung bzw. Energieübertragung, die sie dort erhalten hatten und nun hier weiter vermittelten. In der spirituellen Szene wurde das sehr gut aufgenommen und verbreitete sich wie ein Lauffeuer um die Welt.

Aber sollte diese wunderbare Methode auf die spirituelle Szene beschränkt bleiben? Natürlich nicht. Es tauchte die Frage auf, wie man auch allen anderen Menschen Deeksha nahe bringen kann. Von Seiten der Oneness University in Indien wurde deshalb vor kurzem der Begriff „Oneness Blessing“ eingeführt. Zumindest im englischsprachigen Raum ist dieser Begriff leicht zu etablieren. Denn Oneness Blessing beschreibt genau das, was Deeksha tatsächlich ist - eine Segnung mit oder durch die Erfahrung der Einheit.

Leider ist „Oneness Blessing“ äußerst schwierig ins Deutsche zu übersetzen. „Einheits-Segen“, „Segnung zum Einssein“, „Oneness Segen“ waren die Vorschläge, die uns unterbreitet wurden. Mit keinem dieser Angebote waren wir zufrieden. Und so haben wir uns entschieden, in diesem Buch „Deeksha“ und „Oneness Blessing“ parallel neben einander stehen zu lassen. Je nach Situation wird mal der eine, mal der andere Begriff benutzt

Zugegeben: Beides sind keine deutschen Worte. Aber macht dies nicht gerade den Reiz einer lebendigen Sprache aus, dass sie für neue Gegenstände und Erfahrungen auch neue (nicht unbedingt deutsche) Begriffe zulässt?

Mit Deeksha und Oneness Blessing wird es unter Umständen ähnlich laufen. „Deeksha" ist der ältere, „Oneness Blessing" der neue Begriff für eine Sache, unter der Sie sich sowieso erst dann etwas vorstellen können, wenn Sie es selbst erfahren haben.

Und genau dazu soll dieses Buch ja anleiten ...

KAPITEL 1

DIE DIAMANT-OHRRINGE

Als mir mein alter Freund Micki Karlholm eine E-Mail schickte, in der er mir mitteilte, er sei gerade aus Indien zurückgekehrt und habe dort den Schlüssel zur dauerhaften Erleuchtung gefunden, war ich ratlos. Wie sollte ich ihm klarmachen, dass ich daran kein Fünkchen Interesse hatte?
Micki ist einer der Begründer des No-Mind-Festivals in Schweden; ich kenne ihn seit vielen Jahren. Er ist einer der liebevollsten und zutiefst ehrlichsten Menschen, die ich kenne. Dass er in einer neuen indischen Sekte untergetaucht war, überraschte und enttäuschte mich gleichzeitig. Ich dachte, darüber seien wir beide hinaus.

Ein paar Tage später telefonierten wir miteinander. Er erzählte mir eine einfache Geschichte.

Zwölf Jahre lang war Micki mit einer Frau in Dänemark verheiratet. Sie hatten auch gemeinsame Kinder. All die Jahre ihrer Ehe hindurch hatte er ihr immer versprochen, er werde ihr ein Paar Diamantohrringe kaufen. „Warte nur noch ein bisschen. Ich werde so viel Geld für uns verdienen, du wirst schon noch deine Ohrringe bekommen, warte ab." Sie wartete und wartete, und schließlich wurden sie geschieden. Keine Ohrringe.

Micki erzählte mir, dort in Indien habe man etwas mit ihm gemacht, was sich auf sein Gehirn ausgewirkt habe. Vor meinem inneren Auge sah ich Skalpelle, Schläuche, Leitungen und Apparate unter zweifelhaften hygienischen Verhältnissen. Bei einem dieser Prozesse habe man ihn beispielsweise all das Leid empfinden lassen, das er anderen Menschen unbewusst zugefügt hatte. So konnte Micki auf einmal jenes schlicht gebrochene Herz nachempfinden, das er in seiner Ex-Frau in Dänemark hinterlassen hatte - ja, ihre ganze Enttäuschung.

Als er aus Indien in seine schwedische Heimat zurückkehrte, ging er geradewegs zum Juwelier und kaufte ihr die Diamantohrringe. Dann fuhr er ohne Zwischenstopp nach Dänemark und klopfte an ihre Tür. Zunächst entschuldigte er sich und dann gab er ihr die Ohrringe.

„Micki", sagte ich zu ihm, „jetzt bin ich neugierig." Das war keine Geschichte von einzigartigen Erleuchtungserfahrungen, die sich jenseits des normalen Lebens abspielen, keine Geschichte von fixen Ideen oder „höheren Zuständen". Es war eine Geschichte über meinen Freund Micki, der zu einem noch liebevolleren menschlichen Wesen wurde. Sie passte hundertprozentig zu der Vision, die auch mein Leben bewegte.

Damals schloss ich gerade eine dreijährige Forschungsarbeit für mein Buch *Die lautlose Revolution* ab, das einen sehr detaillierten Überblick über die Spiritualität des 21. Jahrhunderts gibt. Ich hatte dafür Hunderte von Interviews geführt und zu guter Letzt Millionen von Worten zu einem Werk von nur 520 Seiten verdichtet. Das Buch erschien im Frühsommer 2005, begleitet vom üblichen Tamtam der Zeitungsinterviews, Lesungen in Buchhandlungen und Fernseh- und Radiosendungen. „Jetzt ist es sechs Uhr morgens, liebe Zuhörer im ländlichen Wisconsin, und unser Gast im Studio heute ist ... Arhuh Aghaaaaar (hab ich das jetzt richtig ausgesprochen, egal), also Herr Ahaaaar, was ist dieses trans...luminose Ding, hat das was mit dem zu tun, was Tom Cruise in Los Angeles gemacht hat? ... Ich meine, was schließen Sie aus seiner Attacke gegen Oprah? ... Reden wir doch mal davon ..."

Ich brauchte eine Pause. Und wie es häufig so ist: Ist einem einmal etwas über den Weg gelaufen, begegnet es einem immer wieder - gleichgültig, ob man es mag oder nicht. Ich stieß immer wieder auf diese Sache mit der Veränderung des Gehirns, von der mir Micki erzählt hatte. Man nannte es „Deeksha“ oder „Oneness Blessing“ und es kam ohne Operation und ohne jegliche piepsende Apparate aus. Die Deeksha bestand darin, dass ein Deeksha-Geber einem einige Minuten lang die Hände auf den Kopf legte, wodurch die Energie im Gehirn auf kraftvolle Weise in ein neues Gleichgewicht gebracht wurde. Zufällig landete einer der ersten Westler, die zu Deeksha-Gebern wurden, bei uns im Haus; er brachte jemanden mit dem Wagen zu uns, übernachtete schließlich bei uns und so ergab es sich, dass meine Frau und ich unsere erste Deeksha erhielten. Hätten wir nun Lichtblitze oder Feuerwerk oder Visionen von aufgestiegenen Meistern erlebt, wären wir möglicherweise nicht so gefesselt gewesen. Doch wir erfuhren eine wunderbare Vertiefung in dieselbe Stille, den Frieden, die Weite und die grundlose Liebe, die uns beiden als die Essenz der spirituellen Sehnsucht und Praxis vertraut war. In nur einer Minute fiel man in diese allumfassende Präsenz zurück, nur dadurch, dass man am Kopf berührt wurde. Der Duft von Zuhause-Sein, ganz einfach. Und in der Zeit danach schien irgendwie überall, wohin wir fuhren, auch ein Deeksha-Geber zu sein. Verfolgten uns diese Leute?

Die entscheidende Wende kam, als ich direkt eine Botschaft von der Oneness University in Indien erhielt, wo alle Deeksha-Geber ihre Ausbildung erhalten hatten. Anscheinend hatte der Gründer der Universität *Die lautlose Revolution* gelesen und schätzte das Buch. Ich wurde gefragt, ob ich nicht Lust hätte, den Ort zu besuchen.

Sowohl meine Frau als auch ich hatten jedenfalls dringend Urlaub nötig. War es teuer? „Kommt als unsere Gäste.“ Würden wir unser eigenes Zimmer bekommen und nicht den Schlafsaal? „Kein Problem.“ Würden wir uns nach Belieben ausruhen können? „24 Stunden am Tag.“ Ist der Ort ruhig? „Mitten in der Pampa.“ Würden wir ungestört unser eigenes Ding machen können? „Ihr könnt total in der Stille sein.“

Sie hielten ihr Versprechen. Der Campus befand sich in einem Mangowäldchen in der Nähe einer niedrigen Hügelkette. Die meiste Zeit hörte man nur das Zirpen der Vögel und das Quaken der Frösche. Wir schliefen und schliefen, aßen recht köstliches indisches Essen, machte kurze Spaziergänge ... und machten wieder ein Nickerchen. Der ganze Ort wurde von jungen indischen Männern und Frauen geleitet, die „Dasas" genannt wurden. Sie waren durchweg weiß gekleidet, verfügten offensichtlich über außergewöhnlich viel Energie und waren ständig und unerschütterlich gut gelaunt, obwohl sie anscheinend nie schliefen. Unser Dasa (wörtlich „Guide") hieß Pragyanand. Er tauchte stets morgens kurz nach acht auf, um zu hören, ob wir eine Deeksha wollten. Klar, warum nicht? Wir hatten also keinen dicht gedrängten Stundenplan. Jeden Tag verfolgte die Deeksha einen bestimmten Zweck: eine Ausgeglichenheit im Körper herzustellen, alte Beziehungen zu klären oder, wie bei Micki, einem das Leid bewusst zu machen, das man in anderen verursacht hatte. Eines Morgens kündigte beispielsweise ein junger Dasa an, wir würden eine Deeksha erhalten, um die Eindrücke zu klären, die aus unserer Mutterbeziehung stammten. Ich war skeptisch. In den siebziger Jahren hatte ich auf Kissen eingeschlagen und Urschreie ausgestoßen. Später hatte ich EST, Hypnotherapie, Psychotherapie und einige Darmtherapien gemacht. Ich war der Ansicht, mich ganz gut gereinigt zu haben - und hatte bestimmt länger als zehn Jahre nicht mehr über meine Kindheit nachgedacht.

Pragyanand machte seine Deeksha, ein Oneness Blessing, das nur ein oder zwei Minuten dauerte. Dann erhob er sich und sagte: „Jetzt ruht euch aus." Ausruhen? Spinnst du? Wir haben gerade 14 Stunden am Stück geschlafen und gestern haben wir dreimal am Tag geschlafen, echt , das ... Letzte, ... was ... ich ... jetzt ... brauche, ... ist ... ein ...

Und weg waren wir, als ob das Bett unversehens kraftvolle Magnete in sich eingebaut hätte. Dann setzte ein intensiver Strom von Bildern ein, Dinge, an die ich Jahrzehnte lang nicht gedacht hatte. Wie meine Mutter sich ihre Haare bürstete, bevor wir wegfuhren ... der Geruch des Waschmittels ... die merkwürdige Zeit, als sie sich in ihrem Zimmer einschloss und der Nachbar kommen musste und ... Das ging immer weiter, mehrere Stunden lang. Während die Bilder weiterliefen, konnte ich wirklich fühlen, wie sich Dinge in meinem Gehirn veränderten, als ob es von innen massiert würde. Und dann endete es, genauso wie es begonnen hatte, meist für uns beide - meine Frau und mich - gleichzeitig. Wir standen auf und gingen umher. Die Dinge waren ganz normal - mit einer Ausnahme: Als später im Laufe des Tages jemand beiläufig das Wort „Mutter" sagte, rief das eine enorm intensive Reaktion der Liebe und Dankbarkeit hervor. Es war, als sei zuvor Mobiliar da gewesen, das nun weggeräumt war, und Dankbarkeit sei an seine Stelle gerückt. Das Einzige, was übrig blieb, war: „Ich liebe meine Mutter" - der Rest war eine Geschichte, die keinem Zweck diente.

So ging es immer weiter. Eine kurze Deeksha, eine kraftvolle innere Öffnung wie eine schamanische Reise und daraufhin mehr und mehr Raum, Einfachheit, Liebe. Die Rückkehr zum natürlichen Zustand, wo die Dinge einfach so sind, wie sie sind - ohne einen Kommentar, der kundtut, die Dinge sollten in irgendeiner Weise anders sein, als sie es sind.

Am Ende unseres Aufenthaltes an der Oneness University setzte ich mich zu unserem Guide. „Das hier ist wirklich ziemlich powerful", sagte ich zu ihm. Er lächelte wieder sein unerschütterliches Lächeln. „Ich weiß", grinste er. Gerade mal 25 Jahre alt, besaß er die Unschuld eines Kindes und die tiefe Weisheit eines Weisen. Während dieses dreiwöchigen Urlaubs war ich Zeuge gewesen, wie er für weltbekannte Musiker, Politiker, Schriftsteller und Workshopleiter aus der ganzen Welt gleichermaßen ausnahmslos präsent gewesen war. Ich hatte beobachtet, wie er sowohl ihren Momenten der Ekstase als auch denen der Todesqualen mit derselben ruhigen Gefasstheit begegnet war. Er war von sechs Uhr morgens bis spät nach Mitternacht auf den Beinen. Ich war wirklich beeindruckt. „Ich glaube nicht, dass die Menschen in der übrigen Welt sich der Kraft dessen bewusst sind, was hier passiert. Ihr braucht dringend jemanden, der ein gutes Buch darüber schreibt." Er lächelte.

Ein paar Tage später kam er wieder auf mich zu. „Danke für deinen Vorschlag! Wir fänden es gut, wenn *du* das Buch schreiben würdest."

Es gab mehrere Dinge, die mich bei jenem ersten Besuch an der Oneness University wirklich beeindruckten. Das Erste waren diese 170 Dasas. Ich habe in meinem Leben recht ausgiebige Erfahrungen mit dem Umfeld organisierter Spiritualität gemacht. Die Situation war immer mehr oder weniger dieselbe. Es gab einen großen Lehrer, großartige Lehren, wunderbare Übungen, Meditationen oder Gebete - und unter den Anhängern herrschte immer ein gewisses Ausmaß an Hierarchiegerangel. Wer konnte es in der Organisation am weitesten bringen? Wer hatte die Macht? In jenen drei Wochen sah ich mir wirklich alles genau an. Wo war das Hierarchiegerangel? Ich konnte es selbst nach ausführlichster Suche nicht entdecken. Stattdessen fand ich eine außerordentliche Qualität von Einheit: Menschen, die zusammen leben, zusammen arbeiten und als viele Körper, aber ein Herz, ein Bewusstsein zusammen sind. Das nahm ich nicht nur in den Dasas wahr, sondern selbst beim Sicherheitspersonal, bei den Frauen, die sich um den Garten kümmerten, und bei den Fahrern.

Das Zweite, was mich an der Oneness University beeindruckte, waren die Deekshas selbst. Ich habe über all die Jahre hinweg viele Arten von Meditation praktiziert, mich auch mit Körperübungen und anderen Praktiken beschäftigt. Es war stets eine Glückssache. Man absolvierte täglich dieselbe Praxis - und manchmal knackte man den Jackpot und badete im Frieden, während man oft nur durch den Schlamm des Geistes waten musste. Oneness Blessing war anders: schnell, sauber und genau. Jedes Mal schien es ins

Schwarze zu treffen; es hielt, was es versprach. Darüber hinaus schien es eine eigene Intelligenz zu besitzen und zu wissen, wohin es sich richten musste und was notwendig war - sei es Heilung, sei es das Freisetzen von Erinnerungen oder sei es nur das Vertiefen von Stille.

Das Dritte, was mich berührte, war die Vision, aus der all dies hervorging. Die Leute hatten einen Plan, und zwar nicht nur für einige alte Meditierer wie mich und meine Freunde, sondern einen Plan zur Transformation des globalen Bewusstseins. Es war ein Plan, der beim ersten Hören lächerlich optimistisch klingen mochte, der jedoch die Beachtung und Unterstützung von Besuchern aus dem Vatikan ebenso gefunden hatte wie die von Moslemführern, Staatspräsidenten, Musikern, Schriftstellern und Hollywoodstars. Darüber werden Sie auf den nächsten Seiten mehr lesen - es ist ein Plan, der auch Sie nach und nach ansprechen könnte.

Ich verließ die Oneness University nach diesem ersten Besuch mit einer Mischung aus Begeisterung und Skepsis. Handelte es sich nur um eine weitere tolle Workshop-Erfahrung? Was geschieht mit den Deeksha-Leuten, wenn sie nach Hause zu ihren Arbeitsstellen, ihren Häusern und Kindern und ihrem Alltagsleben zurückkehren?

Dieses Buch ist die Antwort auf jene Fragen. Ich habe mehr als 300 Deeksha-Geber und Empfänger aus aller Welt interviewt. Manche der Menschen, denen Sie auf diesen Seiten begegnen werden, sind berühmt und in aller Munde. Viele sind ganz gewöhnliche Menschen, die ein normales Leben führen. Ich habe mit Ärzten gesprochen, die ihren Patienten Deeksha geben, mit Geschäftsführern, die Deeksha in ihre Firmen eingeführt haben, und mit Lehrern, die sie in ihre Klassen gebracht haben. Ich sprach mit Leuten, die Deeksha als die Rettung und Gnade betrachten, die ihr Leben transformiert hat; und ich sprach mit anderen, die sehr skeptisch und kritisch sind.

Im Sommer 2006 kehrte ich zur Oneness University zurück, um für dieses Buch zu recherchieren und einen Film zu drehen, und ich stieß auf ein erstaunliches Maß an Kooperation und Offenheit. Ich konnte für mehr als sechs Stunden ein Interview mit dem Gründer der Universität, Sri Bhagavan, führen und ebenso mit seiner Frau, Sri Amma, sprechen, die noch nie zuvor ein Interview gegeben hatte. Ich hatte freien Zugang zu allem, was an der Universität ablief, und konnte mir ohne jede Verpflichtung all die verschiedenen Aktivitäten ansehen.

Dieses Buch ist weder ein Evangelium der Bekehrung noch ein Enthüllungsroman. Es ist ein Versuch, die Wirkungen einer Bewegung zusammenzufassen, die sich außerordentlich schnell über die ganze Welt verbreitet und Millionen von Menschen beeinflusst hat. Sie werden von vielen Menschen in diesem Buch hören, die das Gefühl haben, ihr Leben sei von Grund auf verändert. Sie werden auch von den fünf Hauptkritiken an der Oneness-Bewegung hören, die täglich wie bei einer Tortenschlacht durchs Internet geschleudert werden. Auf der Basis Ihrer Lektüre werden Sie zu Ihren eigenen Schlussfolgerungen finden. Vielleicht eilen Sie zum nächsten Deeksha-Geber, oder Sie springen direkt ins Flugzeug, um zum nächsten Oneness-Prozess in Indien zu fliegen, oder Sie tun das Gelesene ab als lediglich einen weiteren Text über eine weitere neue Sekte. Einerlei, wie Sie reagieren - diese Bewegung hat sich als das am schnellsten wachsende spirituelle Phänomen seit vielen Jahrzehnten erwiesen. Gleichgültig, ob sich weiterhin viele zur Deeksha hingezogen fühlen oder viele ungläubig zurückweichen, diese Tatsache werden in den kommenden Jahren nur wenige Menschen ignorieren können.

KAPITEL 2

DER GOLDENE BALL

„Vater, in meinem Herzen ist ein goldener Mann und er spricht zu mir."

Der Schuldirektor schaute von den Papieren auf seinem Tisch auf, blickte zu Krishna, seinem elfjährigen Sohn, und lächelte. Der Direktor hatte ein rundes und sanftes Gesicht, volle Backen und immer freundliche Augen, selbst wenn sein restliches Gesicht unbewegt war.

„Was sagt er denn zu dir, Krishna?", fragte der Direktor. Seine Stimme war warm und tief und vermittelte ein Gefühl der Sicherheit, dass alles auf der Welt gut und stimmig war.

„Er sagt mir verschiedene Dinge, Vater." Krishna hielt inne. Er wusste, zu niemand anderem konnte er so sprechen - alle würden ihn auslachen oder für verrückt halten. Doch bei seinem Vater war es anders. Er konnte sich nicht daran erinnern, dass es je nicht so gewesen wäre. „Ich bitte ihn, mir verschiedene Erfahrungen zu geben, und er gibt sie mir. Heute Morgen hatte ich Hunger und bat ihn um einen Apfel. Sofort konnte ich den Apfel schmecken und mein Hunger war gestillt. Manchmal teilt er mir mit, was geschehen wird, und es geht in Erfüllung." Der Direktor hielt inne und schaute seinen Sohn unverwandt an. „Ich erfinde das nicht, Vater. Es ist absolut wirklich und die ganze Zeit da."

„Ich weiß, Krishna“, sagte der Direktor langsam. „Ich weiß. So wie du es beschreibst, klingt es, als habest du eine Vision von Prajapathi. Es kommt vor, dass die Menschen solche Visionen haben. Das ist etwas sehr Besonderes, Krishna, eine große Gnade. Du musst es in Ehren halten und mir oft davon berichten, was passiert.“

Krishna liebte seinen Vater mehr als einen Vater. Er war auch sein bester Freund. Er stellte nie in Frage, was dieser sagte, denn er vertraute seinem Vater mehr als irgendjemandem sonst. Von Prajapathi hatte er noch nie gehört, doch wenn sein Vater sagte, das sei etwas Gutes, dann wusste er, dass das stimmte. Alle Kinder an der Schule liebten den Mann, der für sie der „Herr Direktor“ war, und seine Frau Padmavati. Wann immer sich die Gelegenheit bot, ihnen nahe zu sein, rannten sie laut lachend zu ihnen. Keiner fühlte sich von ihnen verurteilt, jeder Junge und jedes Mädchen konnte einfach er oder sie selbst sein.

Krishna hob seine Hände, legte sie auf traditionelle Weise vor seinem Herzen zum Gruß „Namaste“ zusammen und rannte wieder nach draußen.

Er lief an dem großen Schild vorbei, das die Besucher der Schule willkommen hieß: *Eine Stiftung zum globalen Erwachen.* Er stürmte an dem Bottle-brush-Baum mit seinen hellroten Blüten vorbei, an der großen Buddha-Statue mitten auf dem Rasen und an den weiteren Schildern, die im Umkreis der Schule aufgestellt waren: *„Deine Gedanken sind nicht deine Gedanken. Dein Verstand ist nicht dein Verstand“* stand auf einem, und auf einem anderen stand: *„Der Mensch ist verrückt. Erleuchtung ist der normale Zustand.“* Krishna lief weiter und ließ die weißgetünchten Gebäude mit ihren rotgedeckten Dächern und die Mangobäume hinter sich. Er hatte nur noch eins im Kopf: Kricket.

„Krishna, wo warst du?“, rief eine schrille Stimme. Sie kam von Giri, Krishnas bestem Freund, der ein Jahr älter war. Giri war ein kleiner, dünner Junge, dessen Augen stets vor Begeisterung funkelten. Seine Mutter war gestorben, als er kaum sieben Jahre alt war, und es blieb seinem Vater überlassen, für ihn zu sorgen. Sogar während der Ferien blieb Giri oft bei Krishna und seinen Eltern in der Schule. Die beiden waren unzertrennlich wie Brüder. „Wir fangen gerade ein Spiel an. Komm Krishna, sonst verpasst du es, wenn die Mannschaften aufgerufen werden." Die beiden Freunde liefen jetzt zusammen an einem weiteren Schild vorbei, auf dem die Worte des großen libanesischen Dichters Khalil Gibran standen *„Deine Kinder sind nicht deine Kinder"*, und zu der offenen Fläche, die als Kricketfeld diente und auf der sich schon mindestens 50 andere Jungen versammelt hatten.

Jeevashram war keine normale Schule. Der Direktor hatte sie 1984 gegründet, um eine alternative Erziehungsform anzubieten. Er und seine Frau Amma sahen, dass das derzeitige Erziehungssystem das Kind zerstört. Sie wollten eine Schule aufbauen, in der die Kinder heranwachsen und erkennen konnten, wer sie tatsächlich sind. Der Schwerpunkt lag von Anfang an auf der spirituellen Reife, d.h. auf dem Bestreben, das Kind von dem Bewusstsein eines getrennten Ichs und seinen selbstbezogenen Beschäftigungen zu befreien. Sie strebten danach, eine angstfreie Atmosphäre frei von Wettbewerb zu schaffen.

Sie begannen mit nichts außer ihrer Vision. Sie fanden ein Grundstück im ländlichen Andhra Pradesh, das sie pachteten, weit entfernt von den anderen Siedlungen. Im ersten Jahr hatten sie eine Handvoll Schüler und nur ein Gebäude. Zunächst hatten sie geplant, ein Klassenzimmer mit Tischen zu haben und einen separaten Schlafsaal mit Etagenbetten. Doch aus Geldmangel musste beides in einem Gebäude untergebracht werden, und so erfand der Direktor das „Tischbett", das tagsüber ein Tisch war und nachts durch das Ausrollen einer dünnen Baumwollmatratze zum Bett wurde. Die Kinder liebten es.

Nach ein paar Jahren war die Schule so angewachsen, dass sie 180 Internatsschüler und -schülerinnen beherbergte. Außerdem wurde sie von 200 armen Dorfkindern aus der Umgebung besucht, die täglich kamen, ohne Schulgebühr zu bezahlen. Der Direktor beaufsichtigte das Ganze. Er ließ die Schilder auf dem Campus aufstellen und das anfängliche Gebäude wuchs zu einer ausgedehnten Anlage von Schlafsälen, Klassenzimmern, Speise- und Versammlungsräumen an. Die Kinder erwarben hervorragende Kenntnisse im Gartenbau, im Tischlern, in der Musik und im Kunsthandwerk sowie in den traditionellen Disziplinen.

Der Direktor übernahm die spirituelle Leitung der Schule und bat einen Freund, den er seit der Kindheit kannte, Schulleiter zu werden, d. h., sich mehr um die akademische Seite zu kümmern. Der Direktor selbst unterrichtete Meditation, verschiedene spirituelle Übungswege und Philosophie. Er ermutigte die Kinder immer wieder zu selbstständigem Denken und zur Ergründung tieferer philosophischer Fragen. Manchmal unterrichtete er auch Mathematik, das Fach, in dem er selbst sein Examen abgelegt hatte, oder Geschichte. Außerdem stellte die Schule noch einen Rektor ein, der mit den staatlichen Behörden zusammenarbeitete, sowie andere Fachlehrer.

Die Schule genügte sämtlichen staatlichen Anforderungen, doch die Kinder wurden nie unter intellektuellen Leistungsdruck gestellt. Sie wurden nicht eingestuft oder bewertet und kein Kind blieb aufgrund mangelnder intellektueller Leistung zurück. Der größte Wert wurde auf die Qualität der Beziehungen unter den Kindern gelegt, auf ihre Beziehung zu ihren Eltern und ihren Zustand inneren Glücks und Wohlbefindens. Die Lehrer wurden angehalten, die Kinder auf keinen Fall auszuschimpfen oder sie zu bestrafen. Der Schulleiter gab sich alle Mühe, Lehrer zu finden, die den Kindern sowohl Liebe als auch Wissen geben konnten und die selbst innere Freiheit und Freude erfuhren. Das Experiment war ein großer Erfolg: Als die Kinder ihre Prüfungen ablegten, übertrafen ihre akademischen Leistungen die der anderen Schulen bei weitem. Viele dieser Kinder sind heute Ärzte, Ingenieure oder führende Geschäftsleute.

Als Giri an der Schule aufgenommen wurde, war er gerade mal neun Jahre alt. Jedes Jahr wurden nur 17 neue Internatsschüler aufgenommen. Als Giris Vater seinen Sohn das erste Mal zu einem Gespräch mit dem Direktor mitnahm, hatte er andere Ziele für seinen Sohn. „Ich wünsche mir, dass mein Sohn zum IIT (Indian Institute of Technology) gehen kann. Das ist die beste Schule für Ingenieurwesen und Technik in ganz Indien. Ich möchte, dass er ein erfolgreicher Software-Ingenieur wird. Können Sie das schaffen?", fragte er den Schuldirektor. Der Direktor sah ihn mit seinen ruhigen, lachenden Augen an.

„Ich bin sicher, dass wir das schaffen könnten, ja. Ich bin mir gewiss. Aber zuvor habe ich eine Frage an Sie. Was ist, wenn ihr Sohn eine andere Leidenschaft besitzt? Was ist, wenn er lieber Vieh hütet oder gern mit Ton arbeitet und ein Töpfer werden möchte? Sind Sie auch darauf eingestellt? Werden Sie ihn dann immer noch lieben, werden Sie immer noch seine Vision unterstützen?"

Giris Vater schwieg eine Weile. Diese Frage hatte er vom Direktor nicht erwartet. Er war davon ausgegangen, dass der nur am Schulgeld interessiert sei ... Schließlich stimmte er zu, er könne diese Bedingung akzeptieren. „Bewerber zugelassen", grinste der Direktor und stempelte den Bewerbungsbogen mit einer schwungvollen Bewegung.

Alle Kinder haben den Jeevashram als einen wundervollen Ort in Erinnerung. Äußerlich war er recht einfach, er bestand aus schlichten Betongebäuden. Der Direktor und seine Freunde lebten in einem einfachen, weißgetünchten Gebäude, das nur spärlich möbliert war. Sie hatten kein Auto. Jyoti, ein junges Mädchen, das im selben Jahr zu der Schule stieß wie Giri, erinnert sich:

Von Anfang an war es ein wunderbares Gefühl, dort zu sein. Äußerlich war es so ein schöner Ort. Ich war mir damals nicht wirklich bewusst, was Stille war. Zumindest konnte ich sie nicht als Stille definieren. Sofort stellte sich ein Gefühl weiten

Raums und der Ehrfurcht ein. Das Gefühl weiten Raums war außen – es war schließlich ein großer Campus –, aber es war auch innen in mir. Es erfüllte mich mit Frieden. Wir fühlten, dass so viel Liebe und Zuneigung von dem Direktor und seiner Frau ausgingen. Innerhalb von drei oder vier Tagen beschloss ich: „Bei ihnen will ich mein Leben lang bleiben." Die Frau des Direktors kümmerte sich um die allgemeine Verwaltung und betreute auch die Mädchen. Sie war wie unsere Mutter, unsere beste Freundin. Sie war jemand, der uns total aufbaute und alles für uns möglich machte. Es gab keine Begrenzung in ihrer Gegenwart.

Von Anfang an war es für die Kinder etwas ganz Normales, mystische Erfahrungen zu machen. Das Gebet wurde für sie eine wirklich starke Kraft und sie gewöhnten sich daran, dass alles, wofür sie beteten, in Erfüllung ging. Im Sommer 1989 wurden die Geschehnisse sehr intensiv. Mathew war ein sehr ernsthafter und intellektueller Junge aus einer christlichen Familie. Er betete stets darum, in seinen Examen noch besser abzuschneiden. Eines Tages rief ihn der Direktor ins Büro. „Du betest so intensiv, im Unterricht gut mitzukommen", sagte der Direktor, „warum betest du nicht, dass die Gnade auf dich herabkommt und du erleuchtet wirst?" Mathew folgte dem Rat des Direktors. Einige Stunden vergingen. Dann kam er in den Speisesaal. Er sah aus wie ein Weiser: Sein Blick war tief und durchdringend, die Bewegungen seines Körpers langsam und bewusst wie bei einem Tänzer. Er konnte kaum sprechen. Am nächsten Tag erklärte er dem Direktor, ein riesiger goldener Ball sei vor ihm erschienen und in ihn eingegangen. Der Ball habe ein Wort in einer Sprache zu ihm gesprochen, die er nicht verstand.

Einige Tage später geschah dasselbe mit Chandra, einem der etwas frecheren Schüler. Er spielte gerne mit Fröschen und den anderen oft Streiche. In Südindien wird es im Frühling sehr heiß, und während einer Mathematikstunde wurden die Kinder nachmittags sehr müde. Plötzlich fühlte Chandra ebenfalls, wie ein goldener Ball durch seinen Scheitel herabkam und sich in seinem Herzen verankerte. Sofort war er in Stille versunken, in einem Gefühl ekstatischen Friedens, das ihn völlig erfüllte. Als der Unterricht zuende war und die Kinder eines nach dem anderen nach draußen in die Hitze gingen, blieb Chandra an seinem Platz. Er war noch immer in seiner Verzückung versunken. Es dauerte mehrere Stunden, bis er sich wieder bewegen konnte; danach war er völlig verwandelt. Bald darauf geschah zwei anderen Kindern nahezu dasselbe.

An einem Augustnachmittag rief der Schuldirektor Krishna in den schlichten Raum, in dem er zuweilen Sprechstunde hielt. Der Raum war leer, bis auf einen langen, niedrigen Tisch in der Mitte. Draußen fiel sintflutartiger Regen. „Jetzt schauen wir mal, ob du deine Erfahrung des goldenen Wesens auch anderen übertragen kannst", sagte er zu seinem Sohn. Krishna gab zu, er habe keine Ahnung, wie er das machen könne, doch der Schuldirektor versicherte ihm, er brauche nichts zu tun, alles werde ganz von selbst geschehen. Nach einer Weile rief er Jyoti hinzu. Sie war damals etwa 13 Jahre alt. Jahre später erinnerte sie sich:

> *Der Direktor sagte bloß: „Krishna wird dir etwas geben, nimm es." Keine andere Erklärung folgte. Dann bat er mich, meine Augen zu schließen. Krishna legte einige Augenblicke lang seine Hände auf meinen Kopf, dann nahm er sie zurück und setzte sich. Ich konnte nur ein riesiges Licht sehen, das in mich einging. Als er seine Hände auflegte, geschah ein Erwachen, ein Feuer loderte auf. Es schoss von unten auf, intensive Hitze verbreitete sich bis zu meinem Kopf und dann fing langsam jedes Chakra meines Körpers an, aufzugehen. Ich sah, wie sich alle möglichen Gottheiten in meinem Körper befanden. Das Ganze schien mir wirklich lange Zeit anzudauern. Und doch passierte es nur innerhalb von zwei bis drei Minuten.*

Als ich meine Augen öffnete, war ich wie betäubt. Ich verstand nicht, was mit mir geschehen war. Ich ging in den Schlafsaal zurück, und wenn ich meine Augen schloss, erblickte ich immer noch Gottheiten. Es schien anzuhalten. Was Krishna mir gegeben hatte, befand sich immer noch wie ein Same in meinem Körper und entfaltete sich langsam.

Einige Wochen später fuhr ich in den Septemberferien nach Hause. Ich las ein Buch, legte mich hin und schloss meine Augen. Eine ungeheure Süße erfasste mein Herz, in der Mitte meiner Brust. Ich konnte es nicht glauben. Ich sah den Direktor in meinem Herzen. Da war er, in mir! Nach einigen Tagen sah ich ihn dort auch zusammen mit seiner Frau. Die Energie explodierte immer weiter. Seit jenem Tag fühle ich, wie das bis heute so weitergeht. Die Liebe hatte alles übernommen. Plötzlich war ich zu einer Dichterin geworden, alles hatte sich verändert, göttliche Liebe verzehrte mich. Nach den Ferien klopfte ich an die Tür des Direktors. „Bitte, Sir, ich kann Sie in meinem Herzen sehen. Sie haben zu mir gesprochen." Er sagte nur: „Das geschieht manchmal." Das war alles.

In jenem Herbst gab Krishna vielen der Kinder diese Deeksha. Sie stellten sich in einer Reihe auf und sagten: „Bitte berühr mich, bitte berühr mich", und sogleich begannen sich außergewöhnliche Erfahrungen einzustellen. Der Ort wurde ein Märchenreich, ein magischer Platz. Die Erfahrungen hatten die verschiedensten religiösen und ethnischen Hintergründe. Die christlichen Kinder erblickten nach der Deeksha Jesus, sie spürten seine Liebe und lernten ihn auf ganz persönliche Weise kennen. Die Moslems begegneten dem Propheten Mohammed und begaben sich mit ihm in den islamischen Himmel. Manche Kinder sprachen mit Buddha oder mit Krishna, mit Rama oder den Hindugöttern. Viele Kinder erfuhren einfach einen großen und überwältigenden Frieden, ein helles

Licht, das ihren ganzen Tag erleuchtete. Sie entdeckten eine Intelligenz, die sie führte und ihnen alles mitteilte, was sie wissen mussten. Der Direktor erklärte ihnen in den spirituellen Unterweisungen, dies werde *Antarayamin* genannt: der im Herzen Wohnende, der alle Wesen zur größeren Wahrheit führt.

Viele Kinder stellten fest, dass sie außerhalb ihrer physischen Körper reisen konnten. Sie konnten sich einfach hinlegen, ihr Zuhause besuchen und beobachten, was ihre Familien machten. Wenn ihre Eltern sie dann später bei Ferienbeginn abholten, sagten die Kinder: „Mutter, Vater, vor drei Tagen habe ich euch gesehen. Mutter, du hast dein gelbes Kleid getragen. Vater, du hast mit deinem Freund aus Delhi telefoniert und hast ihm von der Arbeit erzählt, die du in ..." Dann fragten die Eltern: „Woher weißt du das alles?" Und die Kinder sagten: „Ich war dort." Mit der Zeit wurde das zu einer ganz alltäglichen Angelegenheit.

Die Kinder erfuhren ohne jeden äußeren Anlass Zustände großer Freude und entdeckten eine ungeheure Liebe - füreinander, für die Tiere und die Pflanzen. Nichts davon wurde ihnen beigebracht, alles kam von innen. Heilung wurde zu etwas Normalem an der Schule; die Kinder fanden heraus, wie sie einander heilen konnten.

Giri erinnert sich:

> *Die Kinder heilten sich von allen möglichen Krankheiten. Niemand trug eine Brille. Wenn ein Kind eine Brille trug, berührte ein anderer dieses Kind und es war geheilt. Drei Jahre lang hatten wir nie einen Arzt auf dem Schulgelände. So viele erstaunliche Dinge passierten. Wir gingen in andere Dimensionen, legten uns nieder und berührten die Sterne.*

Krishna und Giri standen vor Morgengrauen auf, sprangen auf ihre Räder und machten sich zu den großen Felsen auf, die sich an der äußeren Grenze des Geländes befanden. Dort legten sie sich auf den Rücken unter den Sternenhimmel und wurden in andere

Dimensionen befördert. Sie erblickten den Schuldirektor und seine Frau als göttliche Wesen. Manchmal erschienen sie in einer goldenen Gestalt, manchmal waren sie auch von anderen goldenen Wesen umgeben. Wenn sich die Visionen auflösten, öffneten Krishna und Giri ihre Augen und flüsterten einander zu, was sie gesehen hatten. Beide hatten immer wieder dieselbe Vision. Im Laufe der Zeit hatten viele der anderen Kinder ähnliche Visionen von dem Direktor und seiner Frau und sahen beide allmählich mit ganz anderen Augen. Sie begannen, den Schuldirektor Sri Bhagavan zu nennen, sinngemäß „der Heilige", und seine Frau Sri Amma oder „Göttliche Mutter". So werden die beiden bis heute genannt.

Krishna hatte schon immer das Gefühl gehabt, dass sein Vater anders als die Eltern anderer Jungen war, und nun bestätigten die Visionen diese Ahnung. Er hielt sein Versprechen und berichtete all seine Erfahrungen seinem Vater.

„Jetzt sehen wir dich und Mutter in unseren Herzen und ihr scheint auch golden zu sein", berichtete Krishna seinem Vater eines Tages. „Wer bist du, Vater? Ich weiß, dass du nicht so wie andere Menschen bist." Bhagavan blickte seinen Sohn lange Zeit in die Augen, ohne ein Wort zu sagen. Als er schließlich seinen Mund öffnete, konnte Krishna bereits in seinem Herz fühlen, was sein Vater sagen würde.

„Wir sind beide Avatare, Krishna. Das bedeutet einfach, dass wir geboren wurden, um der Menschheit zu helfen. Wir haben eine Arbeit auf der Welt zu tun, eine große Veränderung wird im Moment auf Erden, in den Herzen der Menschheit, benötigt. Du wirst sehen, auch du wirst eine große Rolle dabei spielen und ebenso Giri und viele andere, die hier sind."

• • •

Bhagavan wurde im März 1949 in Nattham, einem kleinen Dorf in Tamil Nadu, geboren. Er beschreibt die Umstände seiner Geburt folgendermaßen:

Meine Mutter war eine sehr schlichte Frau aus dem Dorf. In der indischen Tradition glaubt man an die Möglichkeit, dass Gott als das eigene Kind geboren wird. Meine Mutter war 13 Jahre alt, als sie verheiratet wurde. Sie pflegte zum Tempel zu gehen und dort Krishna zu verehren. Sie sagte zu ihm: „Du musst als mein Kind geboren werden." Sie pflegte Gott als das Baby Krishna in sich zu sehen. Krishna sprach auch von innen zu ihr und sie fühlte, er war derjenige, der ihr als Sohn geschenkt werden würde. Als sie gebar, verschwand Krishnas Form in ihr. Vielleicht hat mich das beeinflusst, ich weiß nicht. Doch seit dem frühesten Zeitpunkt, an den ich mich erinnern kann, konnte ich spüren: Die Menschen meiner Umgebung erfuhren nicht das, was ich erfuhr. Ich fragte mich immer, wie ich es ihnen weitergeben könnte. Dann erkannte ich, es muss ihnen tatsächlich übertragen werden. Diese Arbeit begann also bereits, als ich ein Kind war.

Sein Vater war der Chef der Buchhaltung der örtlichen Eisenbahn. Er besaß außerdem eine kleine Farm im Dorf Nemam, nicht weit von der Regionalhauptstadt Madras entfernt. Als Bhagavan sechs Jahre alt war, zog die Familie nach Madras.

Mein Vater war ein Atheist, eine nüchterne Person. Ich verbrachte die meiste Zeit allein. Er fragte mich immer: „Was willst du mit deinem Leben anfangen?" Ich sagte: „Ich werde die Welt verwandeln." Dann fragte er: „Für wen hältst du dich?", und ich antwortete: „Ich bin Gott." Das jagte ihm wirklich Angst ein. Die Familie versammelte sich und fragte sich, ob sie mich zu einem Psychiater bringen sollten. Vielleicht litt ich ja unter einem Messiaskomplex. Aber sie stellten fest, dass ich ansonsten ganz normal war. Ich war gut in den wissenschaftlichen Fächern. Ich machte meine Arbeit und bereitete anderen keine Probleme. Mein Vater fand sich im Laufe der Jahre damit ab. Er fragte mich immer wieder: „Was willst du tun?" Und er bekam immer wieder dieselbe Antwort.

Ich sage oft, ich bin Gott. Das muss richtig verstanden werden. Für mich ist alles Leben eins. Es gibt nur ein Leben: das, was durch dich fließt, durch mich, durch den Löwen, den Elefanten, den Tiger, die Ameise, durch die Bäume, die Sonne und den Mond und das Universum. Dasselbe eine Leben drückt sich durch all diese unterschiedlichen Formen aus und jenes Leben nenne ich Gott. Insofern bin ich Gott, du bist Gott, die Ameise ist Gott, der Elefant ist Gott, der Mann im Gefängnis ist Gott, der Gauner ist Gott, der Heilige ist Gott und der Weise ist Gott. All sie sind verschiedene Manifestationen Gottes. Gott ist zu ihnen allen geworden. Er ist nicht von der Schöpfung getrennt. Er ist wie die Spinne, die aus ihrem eigenen Körper ihr Netz hervorbringt. Gott ist zu all dem geworden.

Die Erfahrung Gottes ist eine reale Erfahrung, die in Reichweite aller Menschen liegt. Sie ist keine Erfindung, keine philosophische Spekulation., Sie ist etwas, das eure alltägliche lebendige Erfahrung sein kann. Dahin sollten euch die Deekshas letztendlich führen. Dann könnt ihr kühn behaupten: „Ich bin Gott." Deshalb sage ich, dass ich Gott bin. Das ist seit meiner Kindheit mein Gefühl.

Von Kindheit an erkannte Bhagavan, dass die Art und Weise, wie er die Welt erfuhr, nicht mit der Wahrnehmung der anderen Menschen übereinstimmte. Vor dieser Einsicht hielt er sich nicht für einen Avatar, er hielt seine Erfahrungen einfach für ganz normal.

Ich beobachtete, wie sich die Menschen verhielten und fragte mich, warum sie sich so verhielten. Seit meiner Geburt kann ich das erfahren, was andere Menschen erfahren. Ich entdeckte, dass sich ihre Realität sehr von meiner unterschied. Wenn ich die Welt fühle, höre ich beispielsweise einen Klang und stelle fest, dass ich ihn nicht interpretiere. Auch wenn ich etwas anschaue, erfolgt keine Interpretation. Es ist niemand da, der hört, niemand da, der sieht. Niemand ist da, nur die Erfahrung von Sehen, Hören, Denken. Als ich mir erlaubte, die Erfahrungsweise anderer Menschen zu erleben, stellte ich fest, dass sie das Gefühl hatten, jemand tue diese Dinge. Für mich war das nie der Fall. Ich musste andere Menschen erfahren, um zu erleben, welche Beziehung sie zur Welt hatten. Ich ging nie durch irgendeinen Erleuchtungsprozess, da Erleuchtung von Anfang an da war.

Also beschloss ich, es muss hier etwas getan werden. Meine Erfahrung schenkte mir Freude. Die anderen Menschen hingegen spürten überhaupt keine Freude, fand ich heraus. Ich erkannte, dass die Vorstellung eines Jemand verschwinden muss. So fing alles an.

Der junge Bhagavan besuchte die Don-Bosco-Schule in Madras, wo er von Jesuitenpriestern erzogen wurde, und er machte sein Examen in Mathematik. Er war intellektuell brillant, obwohl er auf seine Studien nicht viel Aufmerksamkeit verwendete. In jenen Jahren der Kindheit fühlte er sich ständig von einer höheren Macht - etwas, das er nicht begriff - dazu gedrängt, bestimmte Mantras zu rezitieren und seinen Körper in bestimmten Stellungen verweilen zu lassen. Sehr häufig erschien ein riesiger goldener Ball vor ihm. All diese Dinge geschahen nicht aus freiem Willen, ja, oft wollte er lieber mit seinen Freunden spielen gehen und an ihren Kricket- und Fußballspielen teilnehmen. Doch er sah sich nahezu gezwungen - er fühlte sich im Bann dieser höheren Macht - alle möglichen spirituellen Übungen durchzuführen. Erst als derselbe goldene Ball sich in Mathew herabsenkte und sich in den folgenden Jahren zu erkennen gab, verstand er die Bedeutung seiner Kindheitsvisionen.

Sein Vater fragte den Jungen auch weiterhin, was er mit seinem Leben zu tun plane, und er erhielt immer dieselbe Antwort: „Ich plane, die Welt zu verändern.“ Da entschied man, das Beste werde wohl sein, dass der junge Mann heirate. Das würde ihm ein Gefühl der Verantwortung und Verpflichtung in der Welt geben. Da der junge Bhagavan immer alles tat, was ihm möglich war, um seine Eltern glücklich zu machen, war er mit dem Plan einverstanden. Nach indischer Tradition übernahmen die Eltern die Suche nach der Frau, und man fand eine passende Braut im nahegelegenen Dorf Sangam. Gemeinsame Freunde der Familien arrangierten ein Treffen der beiden und bereits in den ersten Sekunden fand ein tiefes, gegenseitiges Wiedererkennen statt.

Ammas Mädchenname war Padmavati. Auch sie hatte eine ungewöhnliche Kindheit. Sie pflegte sehr früh morgens aufzustehen, zum Fluss bei ihrem Haus zu gehen, zu beten und Rituale, die sie selbst erfand, für Gott durchzuführen. Und sie war ganz und gar beseelt davon, Gott zu heiraten. Die anderen Mädchen waren an Kleidung interessiert, an Jungen oder am Kino, Padmavati freilich blieb fest bei dieser einen Absicht. Diese ausschließliche Leidenschaft, die bereits von Kindheit an in ihr lebte, führte dazu, dass die frommen Menschen ihrer Umgebung und die Älteren sie als eine Inkarnation der Göttlichen Mutter verehrten. Heute führen die jungen Mädchen jenes Dorfes all die Rituale weiter, die Amma einst am Flussufer erfand - in der Hoffnung, auch zu solch einer Traumpartie von Ehemann zu kommen.

Bhagavan erzählte weiter:

Mein Vater fragte mich weiterhin: „Für wen hältst du dich?“, und ich ließ nicht ab, zu antworten: „Ich bin Gott.“ Als ich dann über 20 war, meinte er, jetzt reiche es wirklich. Folglich arrangierte er meine Heirat und ich war damit einverstanden. Die Hochzeit fand statt, aber das Geschehen setzte sich fort. Nur noch schlimmer: Ich sagte nämlich immer noch „Ich bin Gott“, und jetzt sagte meine Frau: „Ich habe darum gebetet, Gott zu heiraten, und jetzt bin ich Gottes Frau!" Das konnte mein Vater mit seinem starken atheistischen Hintergrund nicht verkraften. Eines Tages kam er zu mir und sagte: „Wenn das alles wahr ist, überzeuge mich. Zeige mir, dass es wahr ist, gib mir irgendeine Bestätigung." Ich sagte: „Ja." Er hatte viele mystische Erfahrungen und wurde sehr glücklich. Einige Monate später starb er. Er starb in purer Glückseligkeit.

Bald nach der Hochzeit begannen Amma und Bhagavan Pläne zu machen, eine Schule zu eröffnen. Von Anfang an spielte Amma eine wesentliche Rolle bei deren Gründung.

• ● •

Bis 1991 hatte sich die Schule völlig verändert. Die akademischen Fächer wurden weiterhin gelehrt, aber wie für den jungen Bhagavan stellten sie sowohl für die Kinder als auch für die Lehrer nun eine zweitrangige Beschäftigung dar. Jeder machte tiefe mystische Erfahrungen, sei es von verschiedenen Gottheiten, von tiefer Stille oder von tiefer grundloser Freude und Liebe. Die Menschen nahmen ohne Anlass alle möglichen Arten von heiligen Düften wahr - wie Räucherstäbchen usw. Sie vernahmen Gesänge in verschiedenen Sprachen, als ob sich ein Chor von Engeln herabgesenkt hätte. Selbst Leute, die draußen auf der Straße vorbeigingen oder etwas auf dem Gelände ablieferten, machten diese Erfahrungen.

Die Eltern der Kinder reagierten auf all das mit gemischten Gefühlen. Einige waren sehr angetan, sodass sie sogar dieselben Visionen wie ihre Kinder haben wollten. Andere beklagten sich und sagten: „Wir haben unsere Kinder hierhin geschickt, damit sie Ärzte, Rechtsanwälte und Buchhalter werden, jedoch keine Mystiker. Was machen Sie mit ihnen?" Folglich beschloss Bhagavan einfach, die Schule nach und nach zu schließen und ein Zentrum für spirituelle Arbeit zu eröffnen. Innerhalb weniger Wochen nahmen die mystischen Erfahrungen der Kinder deutlich ab und stattdessen wurde das erste Retreat für Eltern angeboten. Jyoti erinnert sich an ihre damalige Begegnung mit Bhagavan:

> *Meine Eltern hatten große Angst. Ich wollte nicht die Prüfung machen, die normalerweise auf die 10. Klasse folgt. Ich wollte mit der Schule aufhören, bei Amma und Bhagavan bleiben und an der spirituellen Arbeit teilnehmen, die begann. Unser erstes Intensive hatte stattgefunden und ich wollte bei dieser Arbeit mitmachen. Ich wusste, es würde viel von mir verlangt werden. Bhagavan sagte zu mir: „Jetzt fängt dein Kampf an. Du musst total einsatzbereit sein." Er sagte: „Sitz vor mir." Ich setzte mich hin. Er sagte: „Lass deine Augen offen." Als ich nach etwa 15 Minuten aufstand, hatte ich das Gefühl, ich war bereit, alles anzupacken. Die vorhergehende Gipfelerfahrung war vorbei, die Intensität jener Erfahrung verschwunden. Dann begannen meine Kämpfe: Ich musste nach Hause fahren und meine Eltern überzeugen. Sie waren nicht einverstanden. Ich legte dann eh meine Prüfung nach der 10. Klasse ab, das Lernen war nicht mehr schwer. Es fiel sehr leicht. So viel Aufmerksamkeit wurde uns geschenkt. Amma und Bhagavan gaben uns stets das Gefühl, dass die Schule sehr leicht war. Die Sorgen waren weggeblasen. Nichts ist schwierig zu lernen.*

Nachdem sie die Schule beendet hatte, ging Jyoti wieder nach Hause, um mit ihrer Familie zu leben und konnte die Schule nur noch gelegentlich besuchen. Es dauerte drei Jahre, bis ihre Familie gestattete, dass sie an dem entstehenden Projekt teilnahm, und als sie schließlich zurückkehrte, erhielt sie den Namen Samadarshini. Heute ist sie einer der drei leitenden Lehrer oder Acharyas an der Oneness University.

Es dauerte drei weitere Jahre, bis die Schule ganz geschlossen wurde. Bhagavan bestand darauf, dass alle Kinder ihre Schulzeit bis zum Ende absolvierten, deshalb musste die jüngste Klasse noch sämtliche Jahre bis zur Prüfung durchlaufen. Gleichzeitig begannen jedoch die spirituellen Kurse. Die ersten fanden auf dem Schulgelände für die Eltern statt, doch bald wurde ein zweites Gelände - näher bei Madras - namens Somangalam eröffnet. Der Direktor zog mit einer kleinen Gruppe von Schülern, die mittlerweile Teenager waren, dorthin. Aus Giri wurde Anandagiri und aus Satish Vimalkirti. Diese sind jetzt die beiden anderen Acharyas an der Universität.

Es wurden Kurse für drei, sechs und zehn Tage angeboten. Dabei ging es hauptsächlich darum, eine angemessene Grundlage für das volle Erwachen des Bewusstseins zu schaffen: Beziehungen zu klären, den Körper zu heilen und die Fähigkeit zu entwickeln, unterdrückte emotionale Verletzungen zu fühlen und auch die Verletzungen zu fühlen, die man bei anderen ausgelöst hat. Die Betonung lag immer auf der direkten Erfahrung, auf einer Veränderung im Gehirn. Folglich ging es kaum um Belehrungen oder spirituelle Übungen: Das Kernstück war stets die Deeksha. Die Teilnehmer erkannten, wie sie ihre Beziehungen ungeklärt hinterlassen hatten, ihren Schmerz nicht gefühlt hatten, und sie erkannten ihr eigenes Unvermögen, daran etwas zu ändern. Man ermutigte sie, um göttliche Hilfe zu bitten. Dann gaben Krishna, Anandagiri und die anderen Jungen, die gerade erst Teenager waren, die Deekshas, und die Teilnehmer erfuhren in jeder Dimension ihres Lebens deutliche Heilungen. Alle Kurse waren kostenlos, obwohl manche Teilnehmer Spenden gaben. Die meisten Teilnehmer waren Inder. Ein junger Schwede, der in Indien reiste, war einer der ersten Westler, die jene Kurse der ersten Stunde besuchten. Er erinnert sich:

Ich besuchte den ersten umfassenden einwöchigen Kurs. Es gab keine Unterweisung, Anandagiri und Krishna übertrugen einfach bestimmte Energien. Ich war erfüllt von Licht, völlig in Ruhe versetzt, und dann folgte eine Flut von Offenbarungen und Einsichten, ganz wie von selbst. Der Direktor der Schule leitete den Kurs, aber alle Deekshas wurden von jenen Jungen zwischen 13 und 15 Jahren gegeben. Ich war in Indien herumgekommen und war vielen Erleuchteten begegnet, sei es Ammachi oder anderen Lehrern im Ramana Ashram. Sie alle hatten mich sehr beeindruckt. Doch irgendwie war mein Herz noch viel mehr von diesen Kindern berührt. Ich weinte einfach, ich konnte meine Tränen nicht zurückhalten. Sie besaßen so eine göttliche Unschuld und Schönheit – wie in einem Märchen. Ich fuhr zum Ramana Ashram zurück, nachdem sie mir gesagt hatten: „Jetzt kannst du alle möglichen Meditationen machen, du kannst die göttliche Präsenz innen bitten, dir zu helfen. Du kannst jede spirituelle Erfahrung erbitten.“ Mein Geist wurde losgelöst und unwahrscheinlich friedvoll. Alles, was ich nach jenem Kurs ausprobierte, hatte Erfolg.

• • •

Im Sommer 1994 legten schließlich die letzten Schüler ihre Examen ab und die Schule wurde offiziell geschlossen. Das Gelände wurde in Satyaloka umbenannt und die jungen Acharyas kehrten dorthin zurück. Das Interesse an diesem außergewöhnlichen Geschenk, das diese Teenager durch bloße Berührung am Kopf übertrugen, wuchs in ganz Indien. Bhagavans Schwester und ihr Mann hatten die erste öffentliche Veranstaltung 1993 in Madras organisiert und danach kamen von überall her Einladungen. Die Teenager begannen, quer durch Indien zu reisen und Kurse anzubieten; Amma und Bhagavan zogen sich praktisch aus der Öffentlichkeit zurück. Sie zogen in ein Privathaus in der Nähe der Küste von Madras, wo sie ganz in Ruhe ihr Leben lebten, spazieren gingen und sich an ihrer gegenseitigen Gemeinschaft erfreuten. Etwa einmal im Monat trafen sie sich mit der Gruppe der jungen Acharyas, waren zufrieden damit, dass alles gut lief, und kehrten dann in ihre Einsamkeit zurück. Dies ging etwa vier Jahre so.

Bald zeigte sich, dass es nicht ausreichend Lehrer gab, die herumreisten, und es wurde beschlossen, einen Orden von Dasas oder Guides zu gründen, dem sich junge Männer und Frauen anschlossen. Einige stammten aus Familien, die bereits Deeksha erfahren hatten, doch viele waren Teenager, die ohne äußeren Anlass intensive Visionen hatten oder einen Ruf verspürten, ihr Leben in den Dienst der spirituellen Weiterentwicklung der Menschen zu stellen. Sie hatten beispielsweise eine Vision von Amma oder von Bhagavan, oder sie vernahmen die Aufforderung, zu einer bestimmten Zeit an einen bestimmten Ort zu reisen und dort die jungen Acharyas zu treffen.

Viele indische Jugendliche, die damals dazustießen, können faszinierende Geschichten erzählen. Der Orden der Dasas hatte keine der Regeln, die ein monastischer Orden gewöhnlich hat. Sie aßen, was sie wollten, kleideten sich, wie sie wollten, und konnten den Orden jederzeit verlassen, ohne darüber Rechenschaft ablegen zu müssen. Sie selbst schufen nach und nach die Übereinkünfte, nach denen sich ihr Zusammenleben richtete. Niemals wurden von außen Regeln verhängt.

In jenen Jahren empfingen Hunderttausende von Menschen in Indien Oneness Blessings von den Acharyas und von den Dasas, ohne Amma oder Bhagavan jemals persönlich gesehen zu haben. Man vertraute immer mehr auf eine innere Verbindung, und diese innere Verbindung wuchs. Damals war Amma auf ihren eigenen Wunsch hin nahezu unbekannt, und das Hauptaugenmerk richtete sich auf Bhagavan als Initiator des Deeksha-Phänomens. Irgendwann gelangten einige Menschen in Nordindien an die Kopie eines Bildes von Amma, das an der Schule aufgenommen worden war. Es verbreiteten sich Geschichten über Wunderheilungen im Zusammenhang mit jenem Bild – etwa die Heilung von Beziehungen oder die Lösung finanzieller Probleme. Amma erlangte einen Ruf als eine Inkarnation der Göttlichen Mutter – obgleich die Menschen nicht wussten, wer sie war oder dass sie gar mit Bhagavan verheiratet war.

Heute werden Amma und Bhagavan in Indien weithin als Zwillingsinkarnation desselben avatarischen Bewusstseins anerkannt. Amma erklärt das folgendermaßen:

> *Amma und Bhagavan sind eins. Sie sind der mütterliche und väterliche Aspekt des Göttlichen. Bhagavan schenkt den Menschen die Gnade als Vater, Amma erfüllt als Mutter ihre Wünsche und Bedürfnisse und hilft ihnen bei ihren gesundheitlichen Problemen, ja bei allem. Bhagavan kümmert sich mehr um das spirituelle Wachstum der Menschen und führt die Menschen zu Mukti (zum spirituellen Erwachen). Das ist sein Ziel, während Amma damit beschäftigt ist, die Wünsche der Menschen zu erfüllen.*

Selbst als Amma und Bhagavan sich zurückgezogen hatten, verbreitete sich das Deeksha-Phänomen wie ein Lauffeuer in ganz Indien. In der Zeit um Bhagavans Geburtstag im März 1997 wurden hundert verschiedene Veranstaltungen in der Stadt Madras organisiert, bei denen die jungen Dasas Ansprachen hielten und Deekshas gaben. Jede Veranstaltung zog große Menschenmassen an und die Regierung wurde auf die Sache aufmerksam. Sie sah, dass sich viele junge Menschen versammelten und schloss daraus lediglich, es bilde sich vielleicht eine neue politische Partei, die eine Bedrohung für ihre Macht darstellen könnte. Im Fernsehen kursierten Gerüchte über Entführungen Minderjähriger, ja selbst über Mord und Gewalt im Hauptsitz von Satyaloka. Die Polizei rückte an, aber keines dieser Gerüchte bestätigte sich. Doch sie reichten aus, um in der Öffentlichkeit massive Ängste zu erzeugen. Gleichzeitig brachte die herrschende Regierung das Gerücht in Umlauf, Amma und Bhagavan existierten nicht wirklich, sondern seien erfundene Galionsfiguren einer anarchistischen politischen Partei - kreiert von den Dasas.

Um diese Gerüchte zu zerstreuen, beendeten Amma und Bhagavan ihren Rückzug und traten wieder ins öffentliche Leben. In jenem Frühjahr trafen sie sich auf dem Rasen hinter ihrem alten Haus in Satyaloka mit den Dasas, die mittlerweile auf über Hundert angewachsen waren. Für Mai wurde ein öffentlicher Darshan angekündigt, zu dem dann 150.000 Menschen aus ganz Indien kamen. Sie warteten in kilometerlangen Schlangen darauf, die beiden Avatare von Angesicht zu Angesicht zu erblicken, welche sie zuvor nur auf Bildern gesehen hatten.

Nachdem Amma und Bhagavan nun wieder regelmäßig an die Öffentlichkeit traten, wuchsen ihre Arbeit und ihr Ansehen zusehends. Man eröffnete ein zweites Zentrum in Nemam auf einem landwirtschaftlichen Grundstück von Bhagavans Vater, das ausschließlich für Ammas öffentliche Darshans bestimmt war, die bis heute täglich bis zu 10.000 Menschen anziehen. Gleichzeitig erfuhren eine Handvoll Westler von dem Phänomen, das bis dahin vor allem Indern vorbehalten gewesen war. Der erste Kurs nur für westliche Teilnehmer fand 1998 mit 40 Teilnehmern aus Russland, den USA und Skandinavien statt.

Jedes Jahr wuchs das Interesse mehr und es wurde klar, dass sogar das 200 Morgen umfassende Gelände in Satyaloka nicht groß genug war, um die wachsende Anzahl der Gäste unterzubringen. Eine intensive Suche nach einem geeigneten Grundstück begann. Krishna, der mittlerweile fast 20 Jahre alt war, reiste mehrere Jahre lang mehr als 80.000 Kilometer jährlich, um ein geeignetes und ausreichend großes Stück Land zu finden. 1999 erhielt Anandagiri, der gerade zusammen mit anderen Dasas ein 40-tägiges internationales Retreat in Satyaloka beendete, einen Anruf von Krishna. „Ich habe das Gefühl, du solltest sofort herkommen", sagte er, „ich habe etwas sehr Spezielles gefunden. Komm her und ich treffe dich in Varadayapalem." Wie wir später noch hören werden, war Varadayapalem damals einer der heruntergekommensten und unattraktivsten Orte in Südindien – berüchtigt für Alkoholismus,

Missbrauch der Frauen, Schlägereien und eine hohe Arbeitslosenziffer. Krishnas Anruf war etwa wie eine Einladung nach St. Pauli. Aber Anandagiri fuhr hin.

Krishna nahm ihn zu einem sehr speziellen Platz mit, eingebettet inmitten des staatlichen Waldgebietes, der zum Verkauf angeboten wurde. Mit seinem Wasserfall und seinen Bächen glich er einem Stück Paradies. Beide wussten: Sie hatten es gefunden! Einige Brüder hatten es von ihrem Vater unter der testamentarischen Auflage geerbt, es könne nur einer spirituellen Gemeinschaft verkauft werden, die dort ein Werk leiste, das der Menschheit zugute komme. Das wurde als das erwartete Zeichen genommen. Geldspenden trafen ein und das Land konnte erworben werden. In den folgenden Monaten wurden noch weitere Grundstücke von verschiedenen Interessenten hinzuerworben. Auf diesem Gelände steht nun die Oneness University mit ihren elf großen Campusarealen und einem der größten Tempel Indiens, der der Einheit als solcher gewidmet ist und nicht einer besonderen Gottheit. Sie ist auch der Hauptsitz sozialer Projekte, die mehr als 140 Dorfgemeinschaften Aufschwung geben und damit 100.000 Menschen erreichen sollen. Davon werden wir später in diesem Buch noch hören.

Bhagavan und die Dasas zogen im Jahr 2000 in den ersten fertiggestellten Campus. Der Umzug bedeutete nicht nur eine Ortsveränderung, sondern auch eine dramatische Bewusstseinsveränderung. Bhagavan hatte immer schon von Erleuchtung als dem natürlichen Zustand des Menschen gesprochen, der mit einer bestimmten Funktionsweise des Gehirns einhergeht, und nun wurde es zum Hauptziel der Arbeit an der Universität, die Menschen ganz in den Zustand zu bringen, in dem das Gehirn so funktioniert. All die mittlerweile 170 Dasas durchliefen einen intensiven Kurs zur Vorbereitung und entsprechende Deekshas, und sie alle passierten jene Schwelle im Bewusstsein, die Bhagavan als Erleuchtung oder Erwachen in die Einheit definiert. Die Universität begann sogenannte Mukti-Kurse mit abgestuften Intensitätsgraden anzubieten, die hauptsächlich darauf abzielten, die Teilnehmer zum Erwachen und zur Erfahrung höherer Bewusstseinszustände anzuleiten.

Im Januar 2004 bot die Universität ihren ersten 21-Tage-Kurs für Westler an - jenes Programm, das heute in der ganzen Welt am bekanntesten ist. Dieser Kurs ist notwendig, damit man Deeksha bzw. Oneness Blessing selbst weitergeben kann. Dieser sogenannte Oneness-Prozess findet auf einem speziell angelegten Campus statt, auf der anderen Straßenseite des Oneness-Tempels. Jeden Monat kommen mehrere Hundert Besucher aus der ganzen Welt zur Oneness University und durchlaufen einen intensiven Prozess, der größtenteils im Schweigen stattfindet. Der Kurs wird ständig weiterentwickelt und wird jedes Mal neu von Dasas - aufbauend auf den Erfahrungen der vorhergehenden Kursteilnehmer und Absolventen - entworfen. Im letzten Kapitel des Buches werden Sie ein wenig mehr über die Erfahrungen lesen, die die Menschen beim Oneness-Prozess gemacht haben.

In den letzten zwei bis drei Jahren wurden mehr als 12.000 Menschen aus der ganzen Welt ermächtigt, in mehr als 50 Ländern Deeksha zu geben. Dazu zählen Psychotherapeuten, Ärzte, Schriftsteller, Schauspieler, christliche Bischöfe, moslemische Imams, jüdische Rabbis, Hindu Sadhus, einheimische Schamanen und alle möglichen anderen Personengruppen. Schätzungsweise zehn Millionen Menschen haben Deeksha bzw. Oneness Blessing seitdem erhalten und die Anzahl wächst täglich.

Was hat es mit diesem Phänomen auf sich, das die Herzen so vieler Menschen ganz unterschiedlicher Herkunft in so kurzer Zeit entflammt hat? Um diese Frage zu beantworten, müssen wir zuerst das Phänomen Deeksha selbst ein wenig genauer betrachten und seine Auswirkung auf das Gehirn und unser Nervensystem verstehen.

KAPITEL 3

WAS IST DEEKSHA / ONENESS BLESSING?

„Geh einen Schritt auf Gott zu“, sagte meine Großmutter immer zu mir, „und Gott wird 100 Schritte auf dich zu gehen.“ Ich war mir nie ganz sicher, wie ich das anfangen sollte. Gebet, Ritual, Meditation - all diese Wege haben wir über Jahrtausende hinweg entdeckt, um einen Schritt auf das Göttliche hin zu machen. Dieser endlose Durst, Gott zu erkennen, hat sowohl unsere religiöse Inbrunst als auch Gedichte, Musik, Architektur, Literatur und Mythologie beflügelt.

Oneness Blessing jedoch stellt eine Möglichkeit dar, das Göttliche 100 Schritte auf uns zukommen zu lassen. Deeksha beeinflusst das Gehirn auf eine Weise, dass wir von der Gnade berührt werden können. Wir erfahren eine Segnung, die alle Ebenen unseres Seins berührt, und kommen mit der Quelle von all dem in Berührung, wonach wir uns immer gesehnt haben. Sie ist ein Geschenk.

Deeksha scheint von einer Person zur anderen übertragen zu werden, doch ist das laut Bhagavan nur das äußere Abbild. „Deeksha ist das Phänomen, bei dem sich das Göttliche dem Menschen anbietet“, sagt er. „Die Person, die Deeksha bzw. Oneness Blessing gibt, macht sich offen für das Göttliche und wird zum Instrument. Es spielt keine Rolle, wer es ist. Denn es hängt lediglich davon ab, wie sich das Göttliche ihrer bedienen will; sie dient nur als Kanal dafür.“

Nach der Teilnahme am 21-tägigen Oneness-Prozess in Indien sind die Absolventen fähig, anderen Oneness Blessing zu geben. Doch das ist keine Fertigkeit, die man erlernen kann, oder etwas, worin man gut wird. Während des Kurses wird man schlicht in sich selbst geläutert, indem man Neues erfährt und Altes loslässt, das man aus der Vergangenheit festgehalten hat. Nach ausreichender Vorbereitung kann die Deeksha durch den Deeksha-Geber hindurchfließen; der Gebende hat lediglich entdeckt, wie er still sein und aus dem Weg treten kann. Die Gnade, die durch die Deeksha zu fließen beginnt, ist zeitlos. Wir alle sind in unserem Leben irgendwann einmal von dieser Gnade berührt worden, insofern ist das nichts Neues. Manchmal erkennen wir sie und manchmal nicht. Oneness Blessing ist jene Gnade, aber ungeheuer gebündelt und bewusst eingeleitet. Sie besitzt eine Richtung und eine göttliche Intelligenz. Sie ist die Kraft des Göttlichen, welche die Menschheit zu ihrem vollen Potenzial erwecken will. Jetzt liegt es an uns, den nächsten evolutionären Schritt gemeinsam zu unternehmen, um in eine noch größere Phase von Lebendigkeit einzutreten.

Deeksha bzw. Oneness Blessing kann sich auf verschiedene Weise durch den Deeksha-Geber manifestieren. Am verbreitetsten ist die Übertragung durch Berührung, was in Indien *Sparsha Deeksha* genannt wird. Der Deeksha-Geber legt ein bis zwei Minuten lang seine Hände auf den Kopf des Empfängers. Deeksha kann aber auch durch Blickkontakt gegeben werden, das ist die sogenannte *Nayana Deeksha.* Dabei schaut der Deeksha-Geber mehrere Minuten lang in die Augen des Empfängers. Und schließlich kann sie rein durch gedankliche Absicht gegeben werden, was *Smarana Deeksha* genannt wird. Dabei behält der Deeksha-Geber den Empfänger einige Minuten lang im Bewusstsein und lässt auf diese Weise zu, dass die Deeksha fließt. So kann Deeksha aus jeder Entfernung gegeben werden oder auch einer ganzen Gruppe von Menschen gleichzeitig.

WIE FÜHLT ES SICH AN, EINE DEEKSHA ZU BEKOMMEN?

Wenn man ein Oneness Blessing erhält, kann dies auf vielerlei Weise erfahren werden; man könnte sagen, auf „gute", „schlechte" und „neutrale" Weise. Jede subjektive Erfahrung der Deeksha ist vorübergehend. Die Veränderungen im Gehirn jedoch, über die wir später in diesem Kapitel sprechen werden, werden sich unabhängig davon ereignen, wie wir die Deeksha erfahren. Und sie sind beständig.

Einige Menschen, doch keinesfalls alle, haben extrem angenehme Erfahrungen während der Deeksha. Lindsey Wagner (in den 70er Jahren als die „bionische Frau" bekannt) beschreibt ihre erste Deeksha-Erfahrung, die durch Kontakt gegeben wurde, wie folgt:

> *Alles verschwand. Es gab nicht mehr meinen Körper oder seinen Körper, nur eine Wahrnehmung von seinem Auge und meinem Auge. Dann war nichts da und das war's. Ich begann zu lächeln und zu lachen. Irgendwann nahm der restliche Raum wieder Gestalt an und die normale Wahrnehmung von mir und ihm im Raum stellte sich wieder ein. Danach legte er seine Hände auf meinen Kopf, um mir Deeksha zu geben. Ich schloss meine Augen und ging schließlich, um mich hinzulegen. Während ich dalag, ertönte ein leises Summen, wie von einem laufenden Motor. Ich spürte es in meinem ganzen Körper, ähnlich wie man es nach intensiver mentaler Arbeit hat, nachdem man sich hinsetzt und entspannt. Ich fühlte, wie sich die Energie in meinem Kopf beruhigte und in anderen Teilen meines Körpers öffnete. An einem gewissen Punkt fühlte ich, wie Kummer durchkam. Ich fing an zu weinen. Dann war er vorbei. Die ganze Erfahrung ähnelte dem Verliebtsein. Man ist nicht bei dem Geliebten, aber man sitzt irgendwo und denkt an ihn. So fühlte es sich an. Nichts war da, kein Wunsch nach irgendetwas. Keine Angst vor irgendetwas. Nur dieser süße Zustand zu existieren, sich voller Frieden zu fühlen*

und zu spüren: „Es ist gut, zu leben." Danach war vieles anders. Essen, das normalerweise gut schmeckt, schmeckte jetzt wirklich gut, d. h., meine Sinne waren viel lebendiger und ebenso mein Zustand des Friedens, der wärmer und tiefer war.

Doch nicht jeder fühlt sich bei der Deeksha wohl. Sie kann auch schwierige Gefühle freisetzen, die zu erfahren wir zuvor nicht bereit waren und die im Körper festgehalten wurden. Aber selbst wenn Menschen die Deeksha subjektiv so erfahren, erkennen sie diese interessanterweise dennoch als eine positive Erfahrung an.

Rick Allen ist der einarmige Drummer der Heavy-Metal-Band „Def Leppard". 1984 erlitt Rick auf dem Gipfel der Karriere seiner Band einen furchtbaren Verkehrsunfall in der Nähe seiner Heimatstadt in Nordengland. Als er versuchte, ein anderes Auto in einer Kurve zu überholen, verlor er die Kontrolle über das Fahrzeug, das daraufhin einen steilen Hang herabstürzte. Der Sicherheitsgurt löste sich und klemmte seinen Arm ein. Rick landete 100 Meter weiter in einem Feld; sein Arm blieb im Auto zurück, zusammen mit seiner Freundin. Er kam sechs Monate ins Krankenhaus und die Ärzte teilten ihm mit, er werde niemals wieder Schlagzeug spielen können. Das gab ihm die Motivation, die er brauchte, um sich und der Welt das Gegenteil zu beweisen: Ein spezielles Schlagzeug wurde für ihn angefertigt, mit dem er seine beiden Füße und den einen verbliebenen Arm einsetzen konnte, und in weniger als einem Jahr spielte die Band wieder. Die Entschlossenheit, die Rick aufbrachte, um sich seiner Herausforderung zu stellen, erlaubte ihm, das Trauma des Unfalls voll zu erfahren. Hier ist Ricks erste Erfahrung mit Deeksha:

Ich kann euch keine tolle Geschichte erzählen. Ich war danach echt wütend. Es war, als wäre ich in ein Wespennest getreten, es hat wirklich viel in mir aufgewühlt. Während der Deeksha begann ich Farben zu sehen: Pulsierende Rot- und Blautöne, und dann erschienen alle möglichen Bilder vor mir.

Wir standen dann bald auf, um wegzufahren. Auf dem Heimweg spürte ich, wie viel Wut in mir hochkam. Ich nörgelte etwas herum, dann hielt ich an; ich wusste nicht, was los war. Da müssen viele Dinge in mir gewesen sein, die Rückstände aus alten Lebenserfahrungen waren. Ich fühlte mich verwirrt und frustriert. Ich erinnere mich, wie ich mit der Faust auf das Steuerrad einschlug. Ich hatte das bekannte Gefühl, dass zu viele Eindrücke auf mich einstürmten, ich konnte kaum noch denken, ich fühlte mich wie gefangen. Damit waren keine unheimlichen und tollen Geschichten verbunden. Es war praktisch nur die Erfahrung dieser Wut in meinem Körper. Man sagt, der Körper erinnert sich an alles. Ich glaube, in jener Nacht setzte er etwas frei.

Das löste einen noch tieferen Prozess in Rick aus, bis sich die Dinge schließlich offenbarten:

Ich wusste, dass es mehr gab als das, was ich in meinem Leben erfuhr: die Frustrationen, die ich täglich erlebte, weil ich versuchte, alles in meiner Umgebung zu kontrollieren. Ich begann zu erkennen, dass nicht ich hier Regie führe. Dann veränderte sich etwas. Nach den weiteren Deekshas begann ich ohne besonderen Grund, Freude zu empfinden. Ich begann, mich mit allem verbunden zu fühlen. Ich konnte etwas anschauen und mich einfach daran erfreuen. Ich begann, mich mit Ameisenkolonnen zu unterhalten und mich wirklich mit allem eins zu fühlen.

Das Interessante an Ricks Geschichte – und vielen anderen – ist: Er ließ sich weitere Deekshas geben, obwohl seine subjektive Erfahrung nicht angenehm war. So wie wir uns nach der Einnahme eines homöopathischen Heilmittels anfangs gar nicht gut fühlen, weil eine Heilkrise ausgelöst wird, weiß eine tiefere Intuition in uns, dass die Deeksha uns zur Heilung führen kann.

Catherine Oxenberg ist vielen für ihre Rolle in „Dynasty" bekannt sowie für ihre Darstellung von Lady Diana Spencer in der TV-Serie „The Royal Romance of Charles and Diana". Sie verbrachte gerade das Wochenende mit ihrer Familie in San Francisco, als Marci, ihre Gastgeberin, sie zu einer Deeksha-Veranstaltung in Santa Cruz einlud:

> *Ich war skeptisch, zynisch und hatte kein Interesse, aber wir mussten sowieso nach Santa Cruz. Ich nahm auch meinen Mann mit. Er fuhr; unsere 13-jährige Tochter begleitete uns. Da saßen wir also in einer Gruppe von Alt-Hippies. Wir kamen spät und brachen früh wieder auf. Marci fühlte sofort etwas. Ich war neidisch, weil ich nichts fühlte. Die Menschen im Raum hatten alle möglichen Erfahrungen und wir lachten darüber; meine Tochter schämte sich, dass wir uns so schlecht benahmen. Also gingen wir einfach. Wir fuhren mit dem Auto heim, als ich eine erste Veränderung bemerkte. Mein Mann quasselte wie üblich, und was er sagte, hätte mich normalerweise wieder rasend gemacht. Ich hätte darauf eingehen können und dann sicher wieder das übliche Gefühl im Bauch verspürt, wenn mein Körper Widerstand meldet. Stattdessen fühlte sich alles, was aus seinem Mund kam, in meinem Körper an wie Freudenbläschen. Ich erkannte, dass ich ihn vielleicht zum ersten Mal wirklich erlebte, ohne gleich auf ihn zu reagieren. Nichts während der Oneness-Veranstaltung hatte mir einen Hinweis darauf gegeben, dass da überhaupt etwas passiert war. Nichts. Doch jetzt erkannte ich, dass ich eine tiefgehende Bewusstseinsveränderung erfahren hatte, ohne es überhaupt mitbekommen zu haben.*

Catherine erkannte bereits auf ihrem Heimweg im Auto, dass sich etwas verändert hatte. Bei anderen dauert es manchmal Tage oder sogar Wochen, bis sie dies bemerken. Trotzdem hat die Deeksha ihre Wirkung hinterlassen.

Bhagavan beteuert immer wieder, dass unsere subjektiven Gefühle während der Deeksha letztlich nicht wichtig sind. Wie wir später noch sehen werden, geschehen die Veränderungen, die die Deeksha im Gehirn auslöst, ohnehin - ganz egal, wie sich unsere Erfahrung anfühlt. Laut Bhagavan gibt es drei Faktoren, die Einfluss darauf haben, dass wir während oder nach der Deeksha ein bestimmtes Gefühl haben:

> *Ein Faktor ist die Person, welche die Deeksha erhält, ein weiterer ist die Person, welche die Deeksha gibt, und der dritte Faktor ist das Göttliche selbst. Es hängt davon ab, wie empfänglich du bist, was deine Glaubenssätze und deine Konditionierungen sind. Trotzdem haben wir bemerkt, dass Menschen, von denen wir dachten, dass sie kaum weitergehen würden, dramatische Fortschritte machen. Es gab Menschen, die in den Kursen geschlafen haben und dennoch zu höherem Bewusstsein erwacht sind. Wir hatten Menschen, die man vielleicht unmoralisch nennen mag, also Personen, von denen man meinen könnte, sie seien der Deeksha nicht würdig. Aber es hat sich dann herausgestellt, dass sie sich am meisten verwandelten. Es hängt auch von der Person ab, die die Deeksha gibt. Und dann natürlich vom Göttlichen, das letztlich die Quelle all dessen ist. Was immer das Göttliche entscheidet, geschieht.*

ALLGEMEINE WIRKUNGEN

Die subjektiven Erfahrungen sind zwar von Mensch zu Mensch und auch bei ein und derselben Person von einem Oneness Blessing zum nächsten unterschiedlich, doch in Anbetracht von Millionen von Menschen, die auf der ganzen Welt Deeksha erhalten haben, lassen sich gewisse allgemeine Tendenzen feststellen. Diese allgemeinen Erfahrungen können sowohl während als auch direkt nach der Deeksha auftreten. Sie können sich auch über den Zeitraum mehrerer Monate, in denen man Deeksha empfängt, steigern. Hier eine erste Übersicht:

- **Weniger mentale Unruhe und gesteigerte Sinneswahrnehmung**

Sowohl während des Oneness Blessings selbst als auch drei bis vier Monate danach erfahren die Teilnehmer oft ein Zur-Ruhe-Kommen der mentalen Aktivität. Je öfter man Deeksha erhält, desto mehr geht die Wirkung ins tägliche Leben über. Farben werden leuchtender, Geschmäcker und Gerüche kräftiger und alles wird interessanter.

Rani Kumar lebt in der Gegend der San Francisco Bay. Sie war eine der ersten Amerikanerinnen, die durch das Deeksha-Training gingen, und hat seitdem Tausenden von Menschen Deeksha gegeben. Sie sagt:

> *Der Geist wird gereinigt, die Sinne werden geschärft und das Gefühl der Trennung nimmt ab. Deine Wahrnehmung aller Dinge verändert sich. Die Probleme existieren vielleicht weiterhin, aber sie scheinen nicht mehr so dominant zu sein, weil du sie jetzt aus einer anderen Perspektive siehst. Vorher schwatzte der Verstand und du hast andere beurteilt und dich selbst auch. Jetzt nimmst du es ganz anders wahr. Im Verstand herrscht kein Konflikt mehr, deshalb ist alles, was du tust, voller Energie.*

- **Spontanes Empfinden von Frieden und Wohlbefinden**

Deeksha wurde im Hinblick auf ihre Wirkungen manchmal mit verschiedenen Arten der Meditation und anderen spirituellen Übungen verglichen. Aber gerade Menschen mit jahrzehntelanger Meditations-Praxis stellen fest, dass Deeksha für sie ganz andere, neue Dimensionen öffnet. Rani Kumar:

> *In der Meditation erfährst du vielleicht Frieden und der Verstand beruhigt sich. Aber wenn du dann aufstehst und zu*

deiner Routinearbeit zurückkehrst, gehst du in den Konflikt des Verstandes zurück. Du kehrst ins Leiden zurück.

Ralf Franziskowski ist ein Arzt in Traunstein, Deutschland. Er ist Fachmann in Naturheilkunde und Psychotherapie und hat jahrzehntelang Meditation auf längeren Retreats und als Teil seines Tagesablaufs praktiziert:

Das Ergebnis meiner Meditationspraxis war, dass ich kurze Erfahrungen des Einsseins und Nicht-Getrenntseins hatte. Aber das übertrug sich nur wenig auf mein tägliches Leben, in dem ich mich von allem sehr getrennt fühlte. Ich war sehr traurig über diese Spaltung. Seitdem ich Deeksha erhalten habe und vor allem seit ich nach Indien gereist bin und gelernt habe, Deeksha zu geben, ist diese Spaltung immer mehr zurückgegangen. In der Meditation kam ich öfter an einen Punkt, an dem die Angst überhand nahm. Dann zog ich mich zurück und sagte mir: „Nein, weiter möchte ich nicht gehen." Es wurde schwierig zu fühlen, was in meinem Körper passierte. Diese Angst ist jetzt völlig verschwunden und einem natürlichen Gefühl des Friedens gewichen. Auch in meinem täglichen Leben bin ich nun mehr mit dem Bewusstsein der Einheit verbunden, wie ich es aus meiner Meditationspraxis kenne.

• Verringerung innerer Konflikte

Was die Menschen, die regelmäßig Deeksha erhalten, am häufigsten berichten, ist, dass die Dinge im Leben leichter und wie von selbst gehen. Man muss weniger Entscheidungen fällen. Maneesh de Moor, ein holländischer Musiker, sagte mir: „Ich habe das Gefühl, ich fließe jetzt mehr durchs Leben, statt irgendwo festzuhängen. Der Fluss fließt, ich fließe mit ihm, ohne hier oder dort blockiert zu werden."

Anandagiri, einer der drei Acharyas an der Oneness University, drückt es so aus:

Nach einer Weile wird es offensichtlich, dass dies keine Veränderung im Denken ist – es ist eine klare Veränderung in der Art und Weise, wie wir Dinge erfahren. Es sind nicht einfach neue Verhaltensmuster oder eine neue Ideologie. Die Menschen fühlen sich wirklich wohl in sich. Sie beklagen sich nicht darüber, wer sie sind. Ein tiefer Friede und ein allgemeines Wohlgefühl breiten sich aus; innere Konflikte verschwinden zusehends.

Ein Beobachter werden

Wir sind daran gewöhnt, uns voll mit unseren Gedanken und Gefühlen zu identifizieren. Wenn eine Welle des Ärgers in uns aufsteigt, haben wir das Gefühl „ich bin ärgerlich" - statt zu beobachten, wie diese Welle aufkommt, wie sie durch uns hindurchgeht und sich letztendlich wieder auflöst. Dadurch werden wir zu Sklaven des Ärgers. Er beherrscht uns und wir verlieren die Möglichkeit, diesbezüglich eine Wahl zu treffen. Dasselbe gilt für unsere Glaubenssätze. Wir verteidigen sie, als ob unser Leben davon abhinge. Die Menschen, die Deeksha bekommen haben, berichten, dass diese Gewohnheit sehr schnell durchbrochen wird und dass uns die Veränderungen im Gehirn erlauben, unsere Gedanken und Gefühle frei zu erfahren. Rick Allen:

Ich glaube, das Bemerkenswerteste ist die Fähigkeit, ein Beobachter zu sein. Statt sich in dem klebrigen inneren Brei zu befinden, kann man aus sich selbst herauskommen und sich beinahe so betrachten, wie man eine andere Person anschaut. Das ist recht nützlich, denn man wird nicht mehr so nervös, ganz gleich in welche Situation man kommt. Man lässt nicht mehr zu, dass die eigenen Emotionen die Welt regieren. Es ist toll, wenn man das als Paar durchlebt, weil man sich dann gegenseitig daran erinnert. Dann sagt man sich: „Es ist sinnlos, sich darüber aufzuregen. Es ist okay." Zuerst ist es fast unmerklich, aber es wird dann wirklich in vielen Situationen als starke Kraft spürbar.

Das Durchbrechen von Mustern

Viele Menschen berichten, dass - zusätzlich zu der Fähigkeit, gewohnheitsmäßige Gedanken und Gefühle zu beobachten, ohne von ihnen beherrscht zu werden - auch diese Muster selbst beginnen, sich natürlich aufzulösen und zu verschwinden. Von den mehreren Hundert Menschen, die für dieses Buch interviewt wurden, berichteten viele, wie sie irgendwann plötzlich rückblickend bemerkten, dass sich eine Gewohnheit schon geraume Zeit nicht gemeldet hatte. Das war ohne Bemühung oder Entscheidung von ihrer Seite geschehen; sie verschwand einfach von selbst. Hören wir Samadarshini, eine der älteren Acharyas an der Oneness University:

> *Gewöhnlich bewegen wir uns im Kreis, indem wir immer wieder dasselbe denken. Ich habe festgestellt, dass Deeksha diesen Kreislauf durchbricht. Die Leute sagen dann: „Mein Gott, meine Zwangsvorstellung ist weg." Die Deeksha erlaubt dir zu sehen, dass deine Zwangsvorstellung nur eine Zwangsvorstellung war, und dann verändert sie sich. Sie besaß keine Realität. Ich habe gesehen, wie Leute unwahrscheinlich glücklich wurden. So glücklich, dass Süchte nicht mehr relevant waren. Sie fielen einfach ab.*
>
> *In der Universität sagen wir den Leuten nie, sie müssten Abhängigkeiten aufgeben. Wir sagen niemandem, er müsse dies oder jenes tun. Die Dinge ergeben sich einfach, weil die Leute so glücklich sind. Etwas geschieht mit ihrem Gehirn, wodurch sie diese Dinge nicht mehr zu brauchen scheinen. Sie sind darüber hinausgewachsen. Sie brauchen auch kein Leid mehr. So oft wird unser Leben durch Leid bestimmt, nicht wahr? Leid definiert unser Leben. Die Menschen brauchen dann anscheinend kein Leid und keine Schmerzen mehr. Sie verschwinden wie von selbst.*

• Gipfelerfahrungen

Die Veränderungen, die wir bis jetzt aufgezeigt haben, beziehen sich darauf, dass sich unser gewöhnliches Alltagsleben verbessert - es wird angenehmer, stressfreier und praktischer. Diese Veränderungen sind real und willkommen, doch die Menschen berichten häufig auch von ganz anderen Wirkungen. Diese Veränderungen können wir als Veränderungen an unserer bekannten Persönlichkeit wahrnehmen. Es kommt jedoch auch vor, speziell bei längeren Deeksha-Kursen, dass sich die Wahrnehmung unserer isolierten Persönlichkeit völlig auflöst und ein Erwachen in die Einheit stattfindet. Wir werden zu diesem Thema in einem späteren Kapitel noch detaillierter Stellung nehmen.

Bhagavan sagt:

Wir sind davon überzeugt, dass Deeksha letztlich zu dem führt, was wir Einssein nennen. Man verliert das Bewusstein der Trennung. Die Menschen haben das Gefühl, alle zur selben Familie zu gehören. Wir glauben, dass die Welt zu einer globalen Familie wird. Das wird bald geschehen.

• Absicht

Bis jetzt haben wir die Wirkungen von Deeksha im Sinne eines universalen Heilmittels beschrieben, das Stress reduziert und uns zu einem Gefühl der Einheit führt. Zusätzlich kann auch eine evolutionäre oder heilende Absicht damit verbunden werden, wenn Deeksha gegeben wird, um dem Prozess eine spezifische Ausrichtung zu geben. Diese Absicht, die an der Oneness University *Sankalpa* genannt wird und vom Deeksha-Geber, vom Empfänger und letztlich von der göttlichen Intelligenz selbst ausgeht, ist der entscheidende Impuls für die Wirkung der Deeksha.

Sankalpa kann nicht exakt ins Deutsche übersetzt werden, daher benutzen wir einfach das Sanskritwort. Bhagavan erklärt dies anhand eines Beispiels von jemandem, der krank ist:

bloße Erschöpfung, die sie einschlafen ließ? Letztendlich ist es unwichtig und wir werden es nie wissen.

An der Oneness University in Indien setzen Bhagavan und seine Frau Amma oft selbst starke *Sankalpas*: manchmal für eine bestimmte Person, manchmal für eine Gruppe und manchmal für den ganzen Campus von 10.000 Menschen oder mehr. Samadarshini erinnert sich an so eine Begebenheit:

> *Ich habe bemerkt, dass sich das Oneness Blessing nach der Absicht von Bhagavan richtet. Das, was Amma und Bhagavan entscheiden, passiert in der Deeksha an der Universität. Sie bestimmen die Richtung. Das ist meine Erfahrung in den letzten 17 Jahren. Sie geben auch den Dasas Deekshas. Wenn es ihre Absicht ist, dass wir Stille erfahren, kommt Stille. Vor kurzem sagte Bhagavan: „Ich möchte, dass eine Explosion der Freude in den Dasas stattfindet." Und das geschah.*
> *Das ganze Camp bebte vor Freude. Die göttliche Kraft ist immer da, aber durch sie, durch ihre Absicht, bekommt sie eine Richtung.*

Wenn wir als Westler solche Geschichten hören, haben einige vielleicht Angst, dass wir einer Gehirnwäsche unterzogen werden und unseren freien Willen verlieren. In unserer Kultur verherrlichen wir die individuelle Willenskraft und es gilt als nicht angemessen, eine andere Person zu beeinflussen. Für viele Amerikaner drückt sich dies in Frank Sinatras Song *I Did it My Way* aus. Aber auch wenn unsere Kultur heute völlig in der Überlegenheit des individuellen Willens schwelgt, war das nicht immer so – und selbst heute gilt das nicht für jede Kultur. Fast jede spirituelle Tradition hat erkannt, dass Hingabe an den göttlichen Willen oder an einen weisen Führer ein durchaus vernünftiger Lebensweg sein kann. „Läutere mich von mir selbst", sagt Rumi. „Nicht mein Wille, sondern Dein Wille geschehe", sagt Thomas von Aquin.

Letztlich ist es der göttliche Wille selbst, der das Resultat der Deeksha bestimmen wird. Vielleicht wünscht sich jemand viel Geld und bittet den Deeksha-Geber, die Absicht darauf zu richten. Doch wenn dann die Deeksha gegeben wird, kommen im Deeksha-Empfänger alle möglichen Erinnerungen und Gefühle in Bezug auf seinen Vater hoch. Das ist schon oft passiert. Die Deeksha hat ihre eigene Intelligenz. Sie weiß, was zu tun ist und wohin sie sich zum größten Wohl des Empfängers richten sollte.

KAPITEL 4

ONENESS BLESSING UND DAS GEHIRN

Zumindest für Menschen mit einiger Erfahrung in spirituelller Praxis ist dies vielleicht die umstrittenste Behauptung der Oneness University: Spirituelles Erwachen ist primär ein neurobiologischer Prozess. So viele von uns haben ihr Vertrauen darin gesetzt, Lehren zu empfangen, ein neues Verstehen zu entwickeln, Gewohnheiten und Überzeugungen zu verändern, uns die richtigen Fragen zu stellen und in Achtsamkeit zu üben. An der Oneness University wird diesen Dingen so gut wie keine Aufmerksamkeit geschenkt. Oft werden Oneness Blessings für ein bestimmtes *Sankalpa* praktisch ohne jegliche Erklärung gegeben. Die Dasas berichten, dass die Veränderungen im Gehirn, die das Erwachen unterstützen, sich leichter ohne die bewusste Beteiligung des Empfängers einstellen. Unsere Versuche, zu erwachen, können sich sogar als eher hinderlich denn hilfreich erweisen.

Anandagiri sagt dazu:

> *Wie wir unsere Umgebung erfahren, wie wir zu uns selbst stehen, zu unseren Mitmenschen und den Dingen, die uns umgeben, wie wir auf Situationen reagieren – all das hängt davon ab, wie unser Gehirn funktioniert. In dem Maße, in dem Gehirnaktivität wieder ihr Gleichgewicht findet, löst sich auch langsam das Bewusstsein der Getrenntheit auf. Man*

fühlt sich den Menschen mehr und mehr verbunden, man spürt eine größere Nähe zu ihnen, man fühlt sich mit seiner Umgebung in Interaktion. Man empfindet sich wirklich als eins mit allem. Man spürt immer mehr Freude, immer mehr Liebe. Wie man mit den alltäglichen Erfahrungen umgeht, mit den einfachen Dingen des Alltags, verändert sich. Insofern sollte es möglich sein, die Veränderungen im Gehirn aufzuzeichnen und dann die Veränderung im Verhalten der Person zu erforschen. Und ich gehe davon aus, dass sie einander völlig entsprechen. Wenn all das vom Gehirn bestimmt wird, was für eine Rolle spielt es dann, welcher Lehre man folgt oder welchem Glauben? Das ist völlig unwichtig.

Bevor wir mit diesem Kapitel fortfahren, lassen Sie mich etwas Wesentliches vorauschicken: Ich bin kein Wissenschaftler. Ich hatte meinen letzten Biologieunterricht mit 15 in der Schule und hatte eine Drei. Das Einzige, was ich dort über das Gehirn lernte, war, dass es grau ist, sich im Schädel befindet und ganz nützlich dafür sein kann, Dinge zu bewerkstelligen. Ein seriöser Wissenschaftler würde mir vielleicht den Rat erteilen, das Thema besser gar nicht anzusprechen, was einige auch schon getan haben. Der Grund dafür, hier etwas über das Gehirn zu sagen, ist, dass in den Gesprächen über das Oneness Blessing sehr viel über mögliche Auswirkungen auf das Gehirn spekuliert wurde. Über dieses Phänomen zu schreiben, ohne diese Erwägungen einzubeziehen, wäre, als würde man über Italien schreiben und das Essen und den Wein auslassen, weil man selbst nicht kocht. Um dieses Problem ein wenig besser in den Griff zu bekommen, interviewte ich Dutzende von Menschen, die etwas Interessantes beitragen konnten. Einige waren Schulmediziner, andere naturheilkundliche Ärzte oder Psychologen, deren Auffassungen über das, was im Gehirn geschieht, auf ihren klinischen Beobachtungen beruhten. Einige waren Neurologen, die bereit dazu waren, auf der Basis sehr beschränkter

Daten und ihrer - subjektiven - Erfahrung des Oneness Blessing erste Hypothesen aufzustellen. Und schließlich teilten auch Bhagavan und die Dasas an der Oneness University mir ihre Sicht dessen mit, was im Gehirn während Deeksha geschieht.

Worüber sich all diese Menschen einig waren: Das menschliche Gehirn stellt für die moderne Wissenschaft eines der geheimnisvollsten Forschungsgebiete dar. In den letzten Jahrzehnten wurden zahllose Bücher und Studien verfasst und sie scheinen nur in einem Punkt durchgängig einer Meinung zu sein: dass es noch vieles gibt, was wir nicht über das Gehirn und die Beziehung zwischen Gehirnaktivität und unserer subjektiven Erfahrung wissen. Wenn wir Vermutungen über die Wirkung des Oneness Blessing auf das Gehirn anstellen, handelt es sich nicht um die Beschreibung eines Prozesses, sondern eher um die Betrachtung von Visionen des Möglichen. Was Sie also hier finden, ist Spekulation - und nicht etwa empirisch gesichertes Wissen.

Zur Zeit der Abfassung dieses Buches waren noch in keiner wissenschaftlichen Einrichtung kontrollierte Forschungen zur Wirkung des Oneness Blessing durchgeführt worden; es gab noch nicht einmal Pilotstudien, obwohl mittlerweile mehrere seriöse Forschungseinrichtungen ihr Interesse daran bekunden. Der erste Kurs, um Deeksha-Geber vorzubereiten, begann erst 2004, und wissenschaftliche Forschung bedarf langfristiger Planung, einer entsprechenden Finanzierung und - was am wichtigsten ist - der Wissenschaftler, die daran interessiert sind, das Phänomen tiefer zu ergründen.

Was wir stattdessen besitzen, ist eine Fülle „anekdotischer Berichte", wie der Wissenschaftler sie vielleicht nennen würde. Hier werden zuweilen auch alternative wissenschaftliche Methoden verwendet. Ein Wissenschaftler bezeichnete das als nichts weiter als „Gerede über das Gehirn". Zu diesem Gerede haben mittlerweile genügend Quellen und Disziplinen beigetragen, um eine interessante Erörterung daraus zu machen, die jedoch zwangsläufig in gewisser Hinsicht unzureichend bleiben muss. Die meisten Beteiligten, die Messwerte gesammelt hatten, verdeutlichten, dass die Wirkung des Oneness Blessing auf das Gehirn unmittelbar eintrete: Die Veränderungen wurden bereits in den ersten 30 Sekunden von den Geräten registriert, und diejenigen, die die Messungen vornahmen, hatten den Eindruck, dass diese nicht durch die normalen Schwankungen der Gehirnaktivität erklärt werden konnten. Darüber hinaus wurde auch darauf hingewiesen, dass die Veränderungen kumulativ sind. Mit anderen Worten: Das Gehirn kehrt nach dem Blessing nicht ganz zu seinem Ursprungszustand zurück, sondern behält etwas von der Wirkung des Blessing bei und weitere Oneness Blessings würden diesen Prozess intensivieren.

„GEREDE ÜBER DAS GEHIRN"

Dr. Eric Hoffman beispielsweise ist ein klinischer Psychologe in Kopenhagen, Dänemark, der schon jahrelang bei seinen Patienten einfache EEG-Messungen (ein sog. Elektroenzephalogramm, ein Hit bei Buchstabierwettbewerben) als eine Form von Bio-Feedback benutzt hat. Er lehrt die Menschen zu entspannen, sich zu konzentrieren oder zu meditieren, und sie können die Ergebnisse direkt als farbliche Veränderungen auf einem Bildschirm sehen.

Er erzählte mir, dass EEG-Messungen auf Forschungsansätze in den ersten Jahrzehnten des 20. Jahrhunderts zurückgehen. Dabei werden kleine Metallelektroden an bestimmten Stellen der Kopfhaut aufgeklebt, welche die elektromagnetischen Impulse des Gehirns in Mikrovolt messen. Die Ergebnisse wurden damals auf Papier ausgedruckt, das einen halben Meter breit war, heute werden sie auf Computerbildschirmen angezeigt. In der Auswertung werden dann sowohl der Unterschied zwischen zwei Elektroden als auch der zwischen einer spezifischen Elektrode und einem festgelegten Bezugspunkt verglichen. Bei den EEG-Messungen wird die Frequenz der Kurven bewertet, deren verschiedene Reichweiten in

Delta, Theta, Alpha, Beta und Gamma eingeteilt werden. Dr. Hoffman zeigte mir Dutzende von Bildern, die mithilfe seiner Software hergestellt worden waren und das Gehirn von oben zeigten. Die Software erzeugt verschiedene Farben, um verschiedene Frequenzen anzuzeigen, die an verschiedenen Stellen an der Kopfhaut gemessen wurden. Er sagte mir, dass die Veränderungen, die er auf diesen Bildern im Anschluss an das Oneness Blessing sieht, von ganz anderer Natur und Intensität sind als das, was er sonst mithilfe des EEG als Bio-Feedback misst, um den Menschen zu Entspannung oder Meditation zu verhelfen. Und er stellte fest: Die Ergebnisse waren nicht direkt übertragbar - etwa, indem er Menschen bat, selbst einen subjektiven Zustand herbeizuführen.

Henner Ritter ist ebenfalls ein Psychologe. Er lebt in Stuttgart, Deutschland, und nahm 2005 am 21 Tage dauernden Oneness-Prozess teil. Sein Kollege und Nachbar ist Dr. Gunther Haffelder, Direktor eines privaten Forschungsinstituts, dessen Schwerpunkt auf Lernen, Lernförderung und Gehirnschäden liegt. Dr. Haffelder hat eine Form eines EEG von hoher Dichte entwickelt, indem er die Spektralanalyse zur grafischen Darstellung benutzt, um tieferen Einblick in die funktionalen und dynamischen Prozesse des Gehirns zu gewinnen. Durch die erhöhte Anzahl von Elektroden sowie seine spezielle Software kann er dreidimensionale Bilder des Gehirns erzeugen und sehr viel mehr Information als aus dem einfachen EEG erhalten. Er führte Messungen bei Henner Ritter vor und nach dessen 21-Tage-Kurs durch und stellte genügend Veränderungen fest, die seiner Ansicht nach eine fruchtbare Basis für weitere Studien liefern.

Dr. Susan Schmidt ist eine pensionierte Professorin für Nervenkrankheiten und Augenheilkunde an der Harvard Medical School in USA. Obwohl sie mittlerweile 73 Jahre alt ist, hat sie eigene Untersuchungen zum Oneness Blessing durchgeführt, bei denen sie ein EEG eines Laboratoriums in Santa Monica benutzt hat, welches der Universität von Kalifornien in Los Angeles angeschlossen ist. Obwohl die Kontrollgruppe nur aus sechs oder sieben Leuten bestand, sagte mir Dr. Schmidt: „Die Aktivität der Parietallappen war bei allen Untersuchungen sehr reduziert und gleichzeitig war die Aktivität der Gammawellen über den vorderen Schläfenlappen stark erhöht."

Weitere Messungen zu Deeksha bzw. Oneness Blessing wurden mit eher unkonventionellen Untersuchungsgeräten durchgeführt, die zwar nicht offiziell wissenschaftlich anerkannt sind, jedoch mehr und mehr akzeptiert werden, vor allem bei Ärzten der Alternativmedizin und vor allem in Russland und Westeuropa. Das erste dieser Geräte namens KARNAK wurde von der neuropsychiatrischen Abteilung der Universität von Mailand entwickelt. Ohne dass die Testperson irgendwie berührt oder beeinflusst wird, misst dieses Gerät die Aktivität im Gehirn ebenso wie die Beziehung zwischen Gehirn und vielen lebenswichtigen Organen. Es funktioniert so, dass es die Ausstrahlung elektrischer Energie aufzeichnet - und zwar in Bezug auf Qualität und Quantität bei einer Entfernung von einem halben bis zu einem Meter. Das Gerät liefert präzise Messungen für verschiedene Gehirnbereiche und zeigt die Frequenz der Gehirnwellen, Magnetströme und einige andere Parameter.

AMSAT ist ein weiteres ähnliches Gerät, das für die russische Raumfahrt entwickelt wurde und das elektromagnetische Frequenzen misst, indem die Werte des Hautwiderstands an der Stirn, den Händen und den Füßen aufgezeichnet werden. Dann liefert es ein detailliertes, farbig abgestuftes Bild des körperlich-energetischen Gesundheitszustandes. Es wird häufig in russischen Krankenhäusern benutzt sowie von Akupunkteuren und ganzheitlich arbeitenden praktischen Ärzten.

Beide nicht-klassischen Mittel - KARNAK und AMSAT - wurden ausgiebig von Dr. Ralf Franziskowski, einem Arzt aus Traunstein, Deutschland, und Christian Opitz, der aus der theoretischen Physik kommt, eingesetzt. Sie nahmen damit vor, während und nach dem Oneness Blessing Messungen vor. Die Ergebnisse wurden abgeglichen mit jedem der Geräte, mit der subjektiven Erfahrung des Blessing-Empfängers und mit den Werten von Personen, die kein Blessing erhalten hatten. Und auch wenn sie keinerlei offizielle wissenschaftliche Anerkennung erfahren, sind diese Werte höchst aussagekräftig, was die Wirkung des Oneness Blessing auf das Gehirn betrifft.

Schließlich gibt es noch ein Mittel, Veränderungen im Gehirn zu messen, das bei Deeksha-Empfängern angewandt wurde - wahrscheinlich wissenschaftlich ganz und gar unhaltbar, jedoch insofern relevant, als es sowohl auf die empirische Forschung als auch auf die subjektive Erfahrung der Testpersonen Bezug nimmt. Vielleicht erinnern Sie sich daran, dass wir im vorigen Kapitel von einigen Schülern (jetzige Dasas) berichteten, die die Fähigkeit entwickelten, von innen her Informationen zu bekommen, und dass Bhagavan ihnen gesagt hatte, dies sei der *Antaryamin*, der „Innewohnende", der ihnen diese Information vermittelte. Diese Art der direkten Offenbarung hat seitdem noch zugenommen. Es gibt mittlerweile ausgebildete Oneness-Blessing-Chirurgen (in Indien), die spontan - durch ein inneres Wissen - den Impuls bekommen, wo die richtige Stelle für einen operativen Eingriff ist, auch wenn das hundertprozentig im Gegensatz zu den jeweiligen äußeren Symptomen stehen kann. Und darüber hinaus gibt es eine kleine Gruppe von Dasas an der Oneness University in Indien, welche sogar die Fähigkeit besitzen, „ins Gehirn zu schauen" und seine Aktivität zu messen. Bhagavan erklärt genau, wie das funktioniert:

> *In Indien haben wir schon von Alters her mit dem gearbeitet, was wir den* Antaryamin *nennen. Ein guter Astrologe benutzt nicht nur das Horoskop, er befragt auch den Antaryamin, der ihm sagt, wie die Zukunft sein wird. Wenn ein ayurvedischer*

> *Arzt den Patienten diagnostiziert, wird ihm der* Antaryamin *sagen: „Das sind die Beschwerden und das ist das Heilmittel." Wir haben hier nun Dasas, die diesen* Antaryamin *einsetzen, um Messungen am Gehirn vorzunehmen. Sie wenden sich nach innen und fragen: „Wie aktiv ist der Frontallappen dieser Person, wie aktiv der Parietallappen?" Und sie bekommen die Ergebnisse. Sie können auch in die inneren Organe schauen; sie können sehen, wie das Herz schlägt, wie intensiv einzelne Gehirnbereiche zusammenarbeiten etc. Sie merken, wenn sich spektakuläre Veränderungen im Gehirn vollziehen. In bestimmten Bereichen des Gehirns sinkt die Aktivität, während andere Bereiche aktiver werden. Wir haben eine Methode gefunden, mit deren Hilfe wir die Veränderungen aufzeichnen können. Dadurch sind wir zu der Schlussfolgerung gekommen, dass durch Deeksha eine deutliche Veränderung im Gehirn initiiert wird, und zwar in den Gehirnbereichen, die verschiedene Bewusstseinszustände erzeugen. Es hat den Anschein, als seien in diesem Prozess nicht nur das Gehirn, sondern auch viele Körperorgane beteiligt, aber aus praktischen Gründen konzentrieren wir uns mehr auf die Frontal- und die Parietallappen des Gehirns.*

Um das Bild auch „von der anderen Seite" zu vervollständigen, sprach ich mit einer Reihe von Wissenschaftlern, die eine schulmedizinisch neurologische Ausbildung absolviert hatten. Mittlerweile gibt es auch hier einige, die ausgebildet wurden, Deeksha zu geben. Einige von ihnen haben die Wirkung des Oneness Blessing messen lassen, dabei kamen recht unterschiedliche Methoden zur Anwendung, doch alle waren sehr zurückhaltend, wenn es darum ging, darüber zu sprechen - und stimmten dem nur unter der Bedingung strengster Anonymität und einem nicht genannten Gesprächsort zu. Ich fragte mich wirklich, ob ich etwas erforschte, was im Gehirn passierte - oder irgendeinen Skandal im Weißen

Haus. „US-Wissenschaftler sind eine sehr konservative Gattung", sagte mir einer von ihnen anonym. „Es braucht wirklich Jahrzehnte, um eine Grundlage der Glaubwürdigkeit und Achtung herzustellen, und die kann über Nacht zerstört werden, wenn man etwas behauptet, was nicht bewiesen werden kann. Die Leute denken, wenn etwas aufgeschrieben wurde und sie es gelesen haben oder weil man vielleicht beiläufige Vermutungen darüber angestellt hat, müsse es deshalb schon wahr sein und habe die Rückendeckung der experimentellen Wissenschaft. Das ist das Problem. Deshalb spekulieren wir nicht."

Damit etwas wissenschaftlich akzeptiert wird, muss es bestimmte klar definierte Kriterien erfüllen. Frau Dr. Schmidt zum Beispiel erklärt, dass jede Forschung von klassischen Wissenschaftlern erst dann für gültig erachtet wird, wenn sie mindestens fünf Standards erfüllt: Sie wird unter nachprüfbaren Bedingungen durchgeführt; sie kann von anderen Wissenschaftlern an anderen Orten mit anderen Testpersonen wiederholt werden; ein Doppelblindversuch wird durchgeführt; sie wird von anderen Wissenschaftlern auf das Gegenteil hin überprüft; die Ergebnisse werden in wissenschaftlich anerkannten Zeitschriften veröffentlicht.

„Trotzdem", fährt Dr. Schmidt fort, „folgt jeder seiner Vision. Einstein nennt das den Gebrauch der Vorstellung. Natürlich kann es die Ergebnisse beeinflussen, wenn Sie etwas erwarten, wenn Sie nach etwas suchen. Aber wir können die Tatsache, dass jeder spekuliert, nicht umgehen." Dr. Schmidt sagte mir, sie sei mittlerweile davon überzeugt, dass das Oneness Blessing eine starke Wirkung auf unser Gehirn habe. Ausgehend von ihren eigenen ersten Messergebnissen und denen anderer hat sie reichlich Ideen, was passieren könnte, und da sie pensioniert ist, ist sie bereit, sich auch öffentlich dazu zu äußern. „Es wird interessant in den nächsten Jahren sein", sagt sie, „herauszufinden, wie viel von diesen Vermutungen im Laboratorium nachgewiesen werden kann."

VERMUTUNGEN ÜBER VERÄNDERUNGEN IM GEHIRN

Dieses Spannungsfeld zwischen disziplinierter Forschung und intuitiver Vermutung im Hinterkopf behaltend, kann man das „Gerede" darüber, welche Wirkung das Oneness Blessing auf das Gehirn haben könnte, in fünf Hauptkategorien einteilen. Nicht jeder, mit dem ich sprach, erwähnte all diese fünf möglichen Veränderungsbereiche. Aber über jeden der Punkte waren sich mehrere Leute einig und entsprechend will ich sie jetzt hier aufführen.

1. Eine Verlagerung weg vom Reptiliengehirn

Obwohl wir „das Gehirn" oft als eine Einheit auffassen, stimmt diese Annahme nicht ganz. Dr. Paul D. MacLean, ein bekannter Gehirnforscher, hat ein Modell der Gehirnstruktur entwickelt, das er das „dreieinige Gehirn" - triune brain - nennt, und das besagt, dass die Menschen nicht ein Gehirn haben, sondern drei. Nach MacLean entspricht das menschliche Gehirn „drei miteinander verbundenen biologischen Computern", von denen jeder Biocomputer „seine eigene spezielle Intelligenz, seine eigene Subjektivität, sein eigenes Zeit- und Raumgefühl, sein eigenes Gedächtnis, seinen eigenen Antrieb und andere Funktionen besitzt".

MacLean behauptet, dass jedes der drei Gehirne einer wesentlichen Entwicklungsphase der Menschheit entspricht. Das Reptiliengehirn - es besteht aus dem Hirnstamm - ist das primitivste der drei und repräsentiert die frühste Phase. Es funktioniert überwiegend in Kampf- oder Fluchtreflexen und bestimmt viele der grundlegenden Körperfunktionen. Das Säugetiergehirn, das aus dem limbischen System besteht, ist das soziale Gehirn - es bestimmt, wie wir unsere Beziehungen führen und mit unserem Standort in der Gesellschaft umgehen. Das Säugetiergehirn ist problemorientiert; man könnte sagen, es lebt in einer ständigen Seifenoper. Die Großhirnrinde - der dritte Bereich - ist das am höchsten entwickelte Gehirn. Es umfasst viel von dem, was den Menschen von anderen

Säugetieren unterscheidet, und auch höhere Funktionen, in die wir noch hineinwachsen können. Wie wir entdecken werden, hat es viele unterschiedliche Lappen, so wie die Röschen eines Blumenkohls, die mit verschiedenen Typen von Aktivität verbunden sind. MacLean meint, wenn ein Psychiater seinen Patienten auffordere, sich auf die Couch zu legen, dann würde er sie (die Großhirnrinde) auffordern, sich neben ein Pferd (das Säugetiergehirn) und ein Krokodil (das Reptiliengehirn) zu legen.

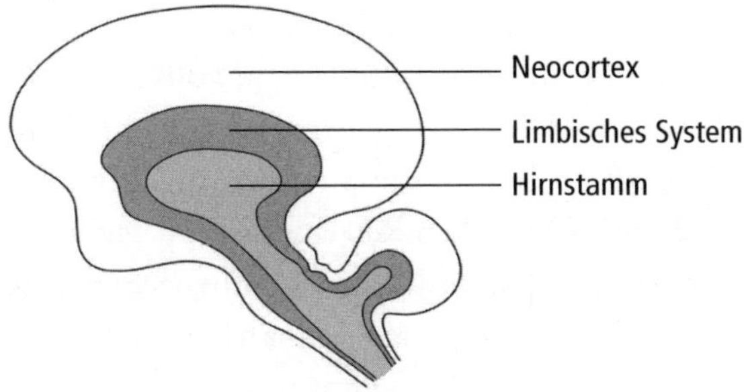

Eine Vermutung über die Wirkung des Oneness Blessing auf das Gehirn besteht darin, dass es die Verlagerung der Aktivität vom Hirnstamm (dem Reptiliengehirn) zur Großhirnrinde auslöst. Diese Ansicht wurde mehr seitens jener Beteiligten geäußert, die unkonventionelle Messgeräte benutzten. Sie meinen, wir seien immer noch sehr von unserem Reptiliengehirn beeinflusst, das eine große Rolle für unser aggressives Verhalten spielt, für territoriales Verhalten und rituelle und soziale Hierarchien. Ein Neurologe drückte es folgendermaßen aus: „Es sieht so aus, als ob wir im 21. Jahrhundert mit einer 30 Millionen Jahre alten Hardware leben." Dr. Hans Selye, der im Zusammenhang mit dem menschlichen Verhalten das Wort „Stress" prägte, zeigte in den 50er Jahren, dass das Reptiliengehirn im Menschen permanent in einem Zustand funktioniert, der für andere Arten einer tatsächlichen Lebensbedrohung entspricht. Dr. T. D. A. Lingo sagte: „Würden wir diesen Teil des Gehirns bei einer Katze in demselben Maß aktivieren, wie er beim Menschen von Natur aus aktiv ist, würde die Katze in panischer Angst vor einer Maus davonrennen."

„Das Reptiliengehirn im Menschen ist hauptsächlich damit beschäftigt, zu wählen und Entscheidungen zu treffen, wofür es schlecht ausgerüstet ist", sagte ein Wissenschaftler. „Reptilien spielen nicht, sie drücken keine Freude aus und kennen keine emotionale Bindung. Sie sind nur mit dem Überleben beschäftigt. Wenn das Reptiliengehirn im Menschen dominiert, sind auch wir hauptsächlich in Kampf oder Flucht verwickelt.

Was sich für uns real anfühlt, wird von der neurologischen Intensität bestimmt. Für das Gehirn sind es nicht so sehr die Fakten, die zählen. Wenn eine bestimmte Erfahrung mit einer ausreichend intensiven neurologischen Reizladung einhergeht, fühlt es sich für uns völlig real an. Wenn sich das Reptiliengehirn entspannt, ist die Aufmerksamkeit weniger aufs Überleben gerichtet und dadurch steht mehr Energie zur Verfügung, mit den Dingen zu sein, wie sie sind."

2. Ausgleich und Beruhigung des limbischen Systems

Ärzte wie Craig Wagstaff, dem wir im nächsten Kapitel noch einmal begegnen werden, betonen, dass Überaktivität im Stammhirn anstrengend ist und vor allem zu einem Ungleichgewicht bei den Transmittern und Hormonen im limbischen System führt. Die Folge ist, dass wir emotional reaktiv werden. Während das Stammhirn nur mit dem physischen Überleben verbunden ist, ist das limbische System - so Wagstaff - für kultiviertere Anwendungsbereiche zuständig. Diese Anwendungsbereiche betreffen soziale Fähigkeiten, soziales Engagement, alle möglichen Wünsche und Verlangen einschließlich der spirituellen Suche. Wenn das limbische System ausgeglichener funktioniert, bemerken wir weniger Verlangen und Unzufriedenheit und der Körper richtet sich auf einer neuen Ebene von Ruhe und Zufriedenheit ein. Die Wirkung des Oneness Blessing besteht darin, das limbische System auf diese Weise auszugleichen und dadurch die körperliche Gesundheit zu verbessern, was wir im nächsten Kapitel noch ausführlich darstellen werden. Das limbische System ist für alle Drüsen im Körper zuständig, die das Gleichgewicht unserer Körperfunktionen aufrechterhalten.

3. Verminderung der Aktivität in den Parietallappen

Obwohl die Parietallappen eigentlich zur Großhirnrinde oder dem höher entwickelten Gehirn gehören, besteht eine starke Verbindung zwischen dem Stammhirn und den Parietallappen der Großhirnrinde, die zuweilen auch Orientation Association Area oder assoziativer Orientierungsbereich genannt wird, erklärt Dr. Susan Schmidt wie viele andere. Die Parietallappen, vor allem der rechte Parietallappen, verleiht uns die Fähigkeit, im dreidimensionalen Raum zurechtzukommen. Es ist eine bestimmte Aktivität in den

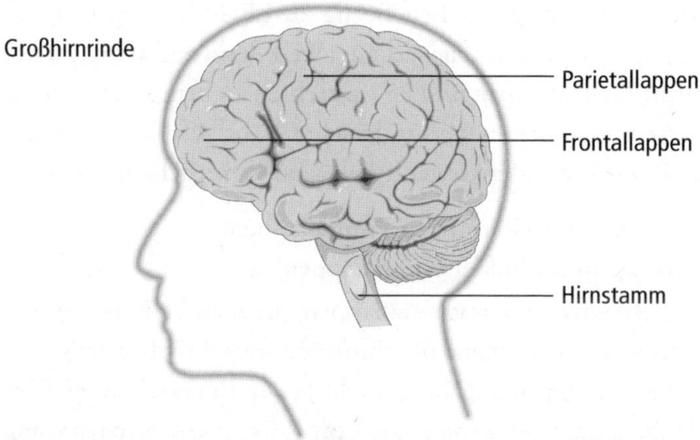

Parietallappen notwendig, um durch eine Tür zu gehen, sich seine Kleidung anzuziehen und den Unterschied zwischen dem eigenen Körper und der äußeren Umgebung zu erkennen. Dr. Schmidt betrachtet die Parietallappen als eine funktionale Ausdehnung des

Reptiliengehirns, weil sie im Zusammenhang mit äußeren Grenzen stehen. Wenn das Überleben auf dem Spiel steht, wird das Körperbewusstsein ausgeprägter. Ihrer Ansicht nach nimmt durch die Verminderung der Reaktionsmuster des Reptiliengehirns automatisch auch die Überaktivität in den Parietallappen ab.

Laut Bhagavan sind die Parietallappen dreimal aktiver, als es eigentlich notwendig wäre, um ihre gesunde Funktion auszuführen. Aufgrund dessen erzeugen sie außer der Fähigkeit der räumlichen Orientierung ein starkes Bewusstsein von Getrenntheit: ein Ich und ein Nicht-Ich. Insofern meint Bhagavan, dass die überaktiven Parietallappen der biologische Sitz des Egos sind: Ihre Überaktivität erschafft die Illusion eines unvollständigen, getrennten Ichs, das ständig etwas unternehmen muss, um ein Problem zu lösen. Bhagavan erklärt, dass die Dasas bei den meisten Leuten unmittelbar nach deren Ankunft intuitiv Wertangaben zwischen 56 und 60 erhalten. (Diese Skala wurde von Bhagavan und den Dasas entwickelt und hat keinen Bezug zu EEG-Messungen in Mikrovolt). Die Dasas versuchen, diesen Wert dann auf weniger als 30 im linken Parietallappen und 25 im rechten zu bringen. Wenn die Aktivität einmal diesen Wert unterschreite, behaupten sie, würde sich das Bewusstsein der Getrenntheit ganz natürlich auflösen.

4. Erhöhte Aktivität in den Frontallappen, vor allem im linken Frontallappen

Im Gegensatz zu den Parietallappen, die man beim heutigen Menschen übereinstimmend als chronisch überaktiv beurteilt, erhalten die Frontallappen angeblich nicht genug Energie. Einige Forscher schätzen, dass wir weniger als fünf Prozent der Kapazität unserer Frontallappen nutzen. Daher ist die Vorstellung davon, wie ihr gesundes Funktionieren aussehen könnte, etwas undeutlich. Lehrbücher über das Gehirn beschreiben die Frontallappen als Sitz der Konzentration, der Vernunft und anderer „höherer Funktionen". Ich fragte einen seriösen Wissenschaftler, was diese anderen höheren Funktionen seien. Er vertraute mir an, niemand wisse es genau.

Zu den Veränderungen, die unmittelbar durch das Oneness Blessing geschehen, gehört ein deutlicher Anstieg der Aktivität der Frontallappen, vor allem im Gamma-Bereich. Die Veränderung spiegelt eine deutliche Dominanz des linken Frontallappens wider, mit einem Verhältnis, das oft höher als 1:1,2 liegt. Dr. Hoffman in Kopenhagen stellte zuweilen nach weniger als einer Minute des Oneness Blessing einen zwanzigfachen Anstieg der Aktivität fest, vor allem im Gamma-Bereich. Er erklärte dies aus zwei Gründen als bedeutsam: Zum einen ist es das genaue Gegenteil dessen, was normalerweise im menschlichen Gehirn geschieht - meist ist das Verhältnis so niedrig wie 1:0,8 - was bedeutet, dass der rechte Frontallappen dominiert. Zweitens stimmen diese Resultate bei den Gebern und Empfängern des Oneness Blessing mit den Ergebnissen von Dr. Newberg und mit den Ergebnissen von Dr. Richard Davison von der Universität Wisconsin überein, die beide die Gehirne von Langzeitmeditierenden untersucht haben. Beide stellten eine erhöhte Aktivität in den Frontallappen fest, wobei der linke Frontallappen dominierte, der auch als „Frohsinnslappen" bekannt wurde, weil bei den Testpersonen grundlose Gefühle der Glückseligkeit und Liebe auftreten.

Bhagavan erklärt, was die Beobachtungen der Dasas uns über die Bedeutung der erhöhten Aktivität der Frontallappen sagen:

> *In diesen Visionen sehen wir, dass der linke Frontallappen derjenige ist, der dazu beiträgt, dass wir Erfahrungen machen. Wenn Sie eine Tasse Kaffee trinken und der linke Frontallappen aktiv genug ist, dann werden Sie diese Tasse Kaffee wirklich erfahren. Normalerweise jedoch ist der rechte Frontallappen aktiver als der linke und gibt seinen laufenden Kommentar ab: „Das ist ein wirklich guter Kaffee ... vielleicht ist er doch nicht so gut ... oder es ist Nescafé ... oder frisch gemahlener Kaffee", und plötzlich stürzt er sich dann*

wieder auf etwas anderes – vielleicht ein Baseballspiel oder ein Kricketspiel. Er erlaubt Ihnen nie, das zu erfahren, was gerade passiert. Ein Unterschied von mindestens 20 (nach ihrer eigenen Messskala) *gibt Ihnen eine gewisse Fähigkeit, die Realität so zu erfahren, wie sie ist. Alles, was wir voll und ganz erfahren, ist reine Freude und Glückseligkeit. Selbst wenn jemand Sie körperlich verletzen würde, wäre es reine Freunde und Glückseligkeit, wenn Sie es voll und ganz erfahren dürften, es wäre nicht leidvoll. Sie könnten es ausprobieren, wenn Sie das nächste Mal von einer Ameise gebissen werden. Sie könnten es zulassen, dass die Ameise Sie beißt, und könnten versuchen, das Experiment zu machen. Alles, was wir voll und ganz erfahren, ist nichts als Freude und Glückseligkeit.*

Die Erkenntnisse der Dasas in Indien stimmen in hohem Maße mit den Forschungen über Meditation und höhere Bewusstseinszustände überein, die man an Universitäten in den USA und Europa durchführte. Dr. Newberg fasst seine Ergebnisse bei Langzeitmeditierenden so zusammen: Das Bewusstsein der Getrenntheit verschwindet völlig, sobald die Aktivität der Parietallappen unter einen bestimmten Punkt absinkt und die Aktivität der Frontallappen sich ausreichend erhöht. Die Testpersonen haben dann das Gefühl, eins mit jedem und allem im Universum zu sein. Er nennt das „absolutes einheitliches Sein".

5. Erhöhte Kohärenz des Gehirns

Das letzte Ergebnis, das immer wieder bei allen Vermutungen formuliert wurde, betrifft die Art und Weise, wie das Gehirn als eine integrierte Einheit funktioniert. Nach Hoffman weist das *corpus callosum*, ein Nervenstrang, der die linke und die rechte Gehirnhälfte verbindet, eine erhöhte neurologische Aktivität auf, wenn man wiederholt Deeksha erhält, was wiederum zeigt, dass der Informationsfluss zwischen den Zentren im Gehirn erhöht wird. Er erklärt, dass im durchschnittlichen menschlichen Gehirn eine Vielfalt neurobiologischer Aktivitäten stattfindet, die etwas willkürlich erscheinen, als mache jeder Teil des Gehirns sein eigenes Ding und sei irgendwie getrennt von den anderen Teilen. Seiner Meinung nach erzeugt der Empfang des Oneness Blessing über einen längeren Zeitraum hinweg eine Synchronizität zwischen diesen verschiedenen Bereichen. Die verschiedenen Bereiche mögen zwar verschiedene Frequenzen und Mikrovolt ausstrahlen, doch geschieht das in Abstimmung - synchronisiert.

WAS BEDEUTET EIN NORMALES FUNKTIONIEREN DES GEHIRNS?

Jeder dieser verschiedenen Ansätze im „Gerede über das Gehirn" wäre leicht abzutun, wenn es isoliert für sich dastehen würde. Das Oneness Blessing steht für sich selbst, ob mit oder ohne wissenschaftliche Untermauerung: Es wird durch die Intensität der subjektiven Erfahrungen sehr vieler Menschen bekräftigt. Die Fülle der Vermutungen über Auswirkungen auf das Gehirn - sei es von Seiten der Wissenschaftler, sei es von Bhagavan und anderen - lässt nicht zu, dass wir es ignorieren. Während ich dieses Buch schreibe, sind Forschungsprojekte an mehreren Orten in Vorbereitung. Wenn Sie jetzt lesen, sollten bereits die Ergebnisse der ersten Pilotstudien auf der Website dieses Buches - www.awakeningintooneness.org - einsehbar sein. Es wird faszinierend sein zu beobachten, welche dieser Vermutungen von der Forschung gestützt werden und welche sich als bloßes Gerede herausstellen.

Einer der Gründe, warum diese Erörterungen so wichtig sind, betrifft das, was wir als normales menschliches Verhalten bezeichnen. Ein konventioneller Gehirnneurologe in einem durchschnittlichen großen Krankenhaus würde sagen, dass die Werte, die wir gewöhnlich bei einem gesunden „normalen" Menschen vorfinden, die gesunden Werte für ein menschliches Wesen sind und dass also die beschriebenen „unnormalen“ Zustände tatsächlich pathologisch sind. Doch immer mehr Wissenschaftler beginnen, diese Annahme zu hinterfragen. Vielleicht sind die sogenannten „normalen“ Werte gar nicht so normal, wie wir denken. Vielleicht ist unsere Definition der Normalität tatsächlich eine Art Pathologie und das, was wir beim Oneness Blessing beobachten, eine Rückkehr zu gesunden Verhältnissen!

Professor Haffelder zufolge ist ein Faktor, der diese Denkrichtung anspornt, die Auffassung von „Parametern neurologischer Effizienz“. Diese Parameter legen fest, wie effizient unser Gehirn akustische oder visuelle Reize verarbeitet oder wie leicht es sich an Informationen erinnern oder Entscheidungen treffen kann, die sich sowohl jetzt als auch später gut anfühlen. All diese Einstufungen verbessern sich, wenn sich die Parietallappen beruhigen und der linke Frontallappen mehr Energie erhält. Dann wird mehr erreicht durch weniger an Bemühung und Konflikt. Dr. Haffelder konnte diese Effizienzparameter mit einem differenzierteren EEG genau messen und eichen. Da alle Auswirkungen des Oneness Blessing - ebenso wie die Forschung bei Langzeitmeditierenden - auf eine verbesserte neurologische Effizienz hinweisen, erscheint es in zunehmenden Maße wahrscheinlich, dass das Bewusstsein der Getrenntheit wie auch Gefühle des Überlebenskampfes, der Angst, der Verurteilung und des Hasses, so normal sie auch erscheinen mögen, tatsächlich nicht *natürlich* sind. Möglicherweise gibt es einen weit natürlicheren und gesünderen Funktionszustand von Gehirn und Nervensystem, den wir messen und dem wir vertrauen können.

In den nächsten Kapiteln werden wir erforschen, wie diese gesündere und normalere Funktionsweise des Gehirns unsere Gesundheit und unsere Beziehungen beeinflussen kann und was ihr Beitrag für unser persönliches Leben und für den gesamten Planeten sein könnte.

KAPITEL 5

ONENESS BLESSING UND DER KÖRPER

Die Veränderungen hinsichtlich der Neuverteilung der Energie im Gehirn - wie in Kapitel 4 beschrieben -haben auch unmittelbaren Einfluss auf das Hormonsystem, das alle lebenswichtigen Funktionen des Körpers reguliert. Wenn die Aktivität der Neurotransmitter im Stammhirn nachlässt, die Überaktivität in den Parietallappen zurückgeht und mehr Energie in die Frontallappen kommt, hat das eine sofortige Wirkung auf das limbische System. Die Adrenalin- und Kortisonwerte, die als unsere Kampf- bzw. Fluchthormone gelten, sinken. Je geringer der Wert dieser Hormone ist, desto mehr erhöht sich die Produktion von Oxytocin, das zuweilen auch das „Liebes- und Zärtlichkeitshormon" genannt wird. Diese Veränderungen, die allgemein als Anzeichen von Stressminderung gelten, gehen mit einer besseren Immunabwehr, verbessertem Schlaf und einer größeren Fähigkeit zur Regeneration einher. Sie „streicheln" den Körper gleichsam und beeinflussen das Drüsensystem, den Blutdruck, die Ausscheidungsmechanismen und Blutzuckerwerte. Das sind die ersten und herausragendsten Wirkungen der Deeksha - die wir jetzt etwas näher betrachten wollen. Sie befinden sich im Bereich des Erklärbaren. Gegen Ende des Kapitels werden wir uns auch mit dem anderen Ende des Spektrums beschäftigen: mit Geschichten spontaner Wunderheilungen, die bis heute unerklärlich bleiben.

Angesehene Forscher wie Dr. Herbert Bensen und Dr. Hans Selye schätzen, dass ein weit höherer Prozentsatz von Krankheiten, als wir uns meist vorstellen, ihrem Ursprung nach psychosomatisch sind; manche sind der Ansicht, es seien bis zu 85 Prozent. Dennoch widmet sich die konventionelle Medizin weiterhin vor allem der Symptomlinderung, indem sie uns mit Tabletten versorgt, durch die wir uns vielleicht besser fühlen, die Wurzeln des Problems jedoch ignoriert. Deeksha beeinflusst den Menschen als Ganzes - dass sich dabei körperliche Symptome klären, ist häufig eine Nebenwirkung. Die Bereitschaft, Oneness Blessing in einen Behandlungsablauf zu integrieren, erfordert eine ganzheitliche Orientierung; die meisten Ärzte, von denen Sie hier hören werden, praktizieren auf diese Weise. Deeksha erlaubt uns, mehr zu fühlen, präsenter mit dem zu sein, was ist. Wenn wir alten Schmerz und alte Verletzungen fühlen können, dann vermögen wir alte Traumata aus dem Körper zu lösen und körperliche Unbefindlichkeiten klären sich wie von selbst. Bhagavan sagt:

> *Viele körperliche Beschwerden, die ihrem Ursprung nach psychosomatisch sind, werden mit der Zeit durch Deeksha geheilt. Die Wirkung hängt von der Absicht des Heilers und der Empfänglichkeit des Kranken ab. Mitgefühl ist der Schlüssel. Je mehr Mitgefühl da ist, desto mehr Heilung kann geschehen. Mitgefühl wächst, weil man früher oder später entdeckt, dass kein Jemand da ist. Du scheinst zwar zu existieren, doch es ist niemand da. Dann ist das Mitgefühl wirklich stark. Du fühlst ein Einssein mit der übrigen Menschheit. Sobald das der Fall ist, wirst du ein großartiger Heiler.*

Einer dieser großen Heiler ist der schon zitierte Dr. Craig Wagstaff, ein naturheilkundlicher Arzt in Vancouver, Kanada. Dr. Wagstaff wurde in westlicher Medizin, chinesischer Akupunktur, Homöopathie und etlichen anderen Behandlungsformen ausgebildet. Er hat seit mehr als 25 Jahren eine Privatpraxis und empfängt täglich etwa

20 Patienten. Er besitzt das außergewöhnliche Geschenk der intuitiven Diagnose. Als ich ihn für dieses Buch interviewte, war der digitale Recorder nach einiger Zeit voll und musste auf mein Laptop heruntergeladen werden, was etwa fünf Minuten dauerte. Wir mussten eine Pause im Interview einlegen. In jener kurzen Pause gab er mir eine vollständige Diagnose meiner Gesundheit bis dahin, dass er wusste, dass der Bruder meiner Großmutter an Tuberkulose gestorben war und das Zellgedächtnis meines Körpers eine Erinnerung daran trägt, die mir gewisse Lungenprobleme verursacht. Woher im Himmel wusste er das?

Dr. Wagstaff besuchte die Oneness University im Herbst 2005 und gibt mittlerweile all seinen Patienten Oneness Blessing. Er sagt:

> *Wenn ich Deeksha gebe, sprechen die Patienten auf alles andere, was ich tue, besser an. Ob ich ihnen Nahrungsmittelergänzungen oder etwas zur Reinigung, Akupunktur oder was auch immer empfehle, wenn ich gleichzeitig Deeksha gebe, dann sind die Ergebnisse viel besser. Deeksha beschleunigt die Fähigkeit des Körpers zur Selbstheilung.*
>
> *Viele Patienten leiden unter einem Ungleichgewicht zwischen jenen Hormonen, die für engagierte Aktivität sorgen, und jenen, die dafür zuständig sind, dass wir abschalten und uns entspannen, das Essen verdauen oder uns ausruhen. Die meisten dieser Menschen sind etwas zu verspannt: Ihr Adrenalinspiegel beeinflusst ihren Blutdruck und verursacht Sorgen und Schlaflosigkeit. Wenn wir ihnen Deeksha geben, dann verfügt ihr System über einen sensibleren Kontrollmechanismus, eine bessere Fähigkeit, vom Alarmzustand auf eine ausgeglichenere, entspanntere Funktionsweise umzuschalten. Ein ungesunder Mensch ist wie ein schlecht gestimmtes Klavier. Deeksha wirkt auf einer sehr hohen Ebene, um das ganze System in Übereinstimmung zu bringen. Je mehr der Körper in Harmonie ist, desto gesünder wird er.*

BLUTHOCHDRUCK

Seit der Ausbildung zum Oneness-Blessing-Geber hat Dr. Wagstaff mit zahlreichen Patienten gearbeitet, die unter Bluthochdruck leiden, ein Symptom, das überwiegend durch Stress bedingt ist. Die meisten Patienten, die zu ihm kommen, nehmen Medikamente, und viele leiden unter Sorgen und Schlaflosigkeit. Er beobachtete während und unmittelbar nach dem Empfang der Deeksha eine signifikante Absenkung des Blutdrucks und stellte außerdem fest, dass der Grundwert zwischen den Praxisbesuchen niedriger blieb. Anfangs fragte er sich, ob es sich dabei einfach um einen Placeboeffekt handelte, und führte deshalb in seiner Praxis einen einfachen Test durch:

> *Einer Gruppe von Bluthochdruckpatienten gaben wir Oneness Blessing und die andere Gruppe baten wir, sich einfach nur zehn Minuten hinzulegen. Bei der zweiten Gruppe sank der Blutdruck auch ein wenig, aber nur um zehn Punkte in jeder Richtung. Sobald sie wieder aktiv wurden, stieg er wieder auf den ursprünglichen Wert an. Auch bei den Personen, die Deeksha erhalten hatten, stieg er wieder an, aber nicht jedes Mal wieder so hoch. Er blieb die ganze Woche über bei neuen Werten von 180 zu 170 oder 165. Beim nächsten Mal pendelte er sich auf einige Werte darunter ein. Im Laufe der Zeit konnten wir etwa 80 Prozent unserer Bluthochdruckpatienten in den grünen Bereich bekommen und sie konnten die Medikamente absetzen.*

Dr. Wagstaff veranschaulicht diese Entwicklung anhand des Fallbeispiels einer 75-jährigen Deutschen, die an chronischem Bluthochdruck und 20 Pfund Übergewicht litt, ohne dass sie jemals geraucht hatte. Wir werden sie Frau S. nennen. Sie war bereits mehrere Jahre lang zu Dr. Wagstaff gekommen, bevor er Deeksha in seine medizinische Therapie integriert hatte. Ihr Blutdruck betrug sogar mit Medikamenten 210/100 zu 160/90. Sie hatte Vasotech und verschiedene Hydrochlorothiazide eingenommen sowie die meisten anderen gängigen allopathischen Medikamente. Sie wirkten einige Monate lang und dann ließ ihre Wirkung irgendwann nach. Frau S. kam aus einer reichen Familie und hatte Spezialisten in Europa und den USA und die besten Kliniken der Welt besucht. Dr. Wagstaff stellte zwei weitere Phänomene bei ihr fest, die für sie scheinbar nicht wesentlich waren. Erstens trank sie sehr viel Rotwein, manchmal bis zu eineinhalb Flaschen an einem Abend, damit sie nachts schlafen konnte. Zweitens hatte sie eine schwierige Beziehung zu ihrer 95-jährigen Mutter. Diese lebte in Europa und Frau S. lebte von dem Vermögen einer Schenkung, die zeitlebens von ihrer Mutter verwaltet wurde. Beide stritten sich viel. Dr. Wagstaff hatte die allopathischen Medikamente bereits mit einer Reihe naturheilkundlicher Maßnahmen kombiniert: Veränderungen in der Ernährung, Phenoltherapie, ein Gymnastikprogramm und Homöopathie. Er sah, dass seine Patientin unter starkem körperlichen und emotionalen Stress litt, der in keinem Verhältnis zu ihren Lebensumständen stand. „Ihr Körper stellte ihre Lebensumstände übertrieben dar", erklärte er. Man konnte ihren Zustand verbessern, aber ihren Blutdruck bekam man einfach nicht in den grünen Bereich.

Frau S. gehörte zu den ersten Patienten, denen Dr. Wagstaff Oneness Blessing gab. Mit ihrer Erlaubnis gab er ihr wöchentlich eine Deeksha durch Handauflegen. Innerhalb von sechs Wochen sank der obere Wert ihres Blutdrucks um 10 und stabilisierte sich zwischen den Behandlungen auf dieser Höhe. Nach drei Monaten senkte er sich auf 140 zu 85. Nachdem sich ihr Zustand verbessert hatte, nahmen ihre Praxisbesuche ab, sie kam nur noch ein-, zweimal im Monat, doch ihr niedrigerer Blutdruck blieb konstant.

Außerdem gab es zwei sehr bedeutsame weitere Veränderungen in ihrem Fall, die beispielhaft für die Wirkung von Deeksha auf unsere Gesundheit sind. Erstens ging sie durch eine drastische

Veränderung in ihrer Beziehung zu ihrer Mutter. „Sie hörte auf, ihrer Mutter die Schuld für ihr Leben zu geben", erklärt Dr. Wagstaff. „Sie hörte auf, sie am Telefon anzuschreien und verbringt jetzt tatsächlich viel mehr Zeit mit ihrer Mutter in Europa. Ich würde sagen, sie hat gelernt, ihre Mutter anzunehmen und Verantwortung für ihr Leben zu übernehmen. Sie hat spontane Vergebung gezeigt." Das Zweite war, dass sie, obwohl sie jahrelang ihre Alkoholprobleme abgestritten hatte, jetzt plötzlich einen Berater aufsuchte, eine Entziehungskur durchführte und mittlerweile ganz mit dem Trinken aufgehört hat. Aus Dr. Wagstaffs Perspektive ergab sich daraus Frau S. drastische Verbesserung der Gesundheit. Indem sie den Frontallappen mehr Energie zuführte, glich die Deeksha ihr Gehirn dergestalt aus, dass sie sich der Realität mehr stellte. Folglich nahm sie ihre Beziehung zu ihrer Mutter und ihre Sucht ernst. Sie setzte sich mit diesen Problemen auseinander, ihr Stresspegel senkte sich und ihr Zustand wurde besser.

Kim Yougsen ist der Generaldirektor der Suwa Kikaku Ltd. in Japan, einer Immobilienfirma, die sich auf Freizeiteinrichtungen spezialisiert hat. Mit 300 Angestellten hat er einen Jahresumsatz von 25 Milliarden US-$. Wie die meisten Geschäftsleute in seiner Position arbeitet er unter großem Stress und sein Herz ist in einer kritischen Verfassung. Die Deeksha konnte seinen Stress spontan reduzieren. „Ich bin von Natur aus cholerisch", sagt er, „aber seit Kurzem kümmert es mich nicht mehr. Wenn ich Probleme habe oder etwas in meinem Geschäft nicht gut läuft, werde ich immer noch gestresst und habe negative Emotionen, aber sie dauern längst nicht mehr so lange an wie vorher, und ich kann klar sehen, dass ich negative Gefühle und Stress empfinde. Deshalb lasse ich mich von ihnen nicht mehr so beeinflussen wie vorher." Obwohl er sein Herzmittel nicht mehr nimmt, ist sein Herz seit der Teilnahme am 21-tägigen Oneness-Prozess in viel besserer Verfassung.

ENTZÜNDUNG

Dr. Wagstaff behandelt viele Patienten mit Multipler Sklerose (MS), mit Allergien oder Asthma. Nach seiner Erfahrung leiden sie allesamt an einem Ungleichgewicht des Autoimmunsystems. Wie viele Ärzte verwendet er einen einfachen Test namens ESR oder „Sed Rate", der misst, in welcher Entfernung sich rote Blutkörperchen in unverklumptem Blut nach unten in einer speziell markierten Teströhre absetzen. Erhöhte Werte weisen auf eine Entzündung hin, ein häufiges Element bei Autoimmunerkrankungen. Entzündung wird auch mit Krebs in Verbindung gebracht.

> *„Die Übersäuerung des Körpers ist eine der Ursachen für Entzündungen"*, sagt Wagstaff. *„Wir versuchen, das mit Ernährung ins Lot zu bringen. Wir haben auch herausgefunden, dass größere Übersäuerung und damit mehr Entzündungen hervorgerufen werden, wenn das Nervensystem die ganze Zeit über im Alarmzustand ist und man aus dem Reptiliengehirn heraus lebt. Je mehr Deekshas ein Patient erhält, umso mehr senkt sich die Sed Rate. Entsprechend lassen die Symptome nach und die Patienten haben weniger Schmerzen und Entzündungen. Sie kommen vorbei und sagen: ‚Tja, ich kann meine Hand jetzt bewegen, ich kann eine Tasse Kaffee halten.‘*
>
> *Entzündungen und Übersäuerung lösen alle möglichen biochemischen Reaktionen im Körper aus, eine erstaunliche Anzahl von Krankheiten. Man hört ja davon, dass man Aspirin nehmen soll, um das Risiko von Darmkrebs zu verringern. Aspirin ist nämlich entzündungshemmend. Gerade in den letzten Jahren hat man viel darüber geforscht und nachgewiesen, dass Entzündungen eine der Hauptursachen zahlreicher Krankheiten sind. Wir wissen nicht, warum ein Mensch Arthritis bekommt und ein anderer Krebs. Da der Ausgleich*

im Gehirn durch die Deeksha anscheinend auch die Übersäuerung und den Grenzwert für Entzündungen senkt, scheint Oneness Blessing auch für viele andere Zustände hilfreich zu sein. Nicht für alle, aber für die meisten.“

DIABETES

Dr. Wagstaff hat einen weiteren Patienten, der an Diabetes Typ II leidet und der ein gutes Beispiel für jenen Dominoeffekt ist, der häufig in Gang kommt, wenn Deeksha in einen Therapieplan aufgenommen wird. Eine seiner regelmäßigen Patientinnen war mit einem sehr konservativen Arzt verheiratet, den wir Dr. N. nennen werden. Die Frau erhielt wöchentlich Deeksha, doch ihr Mann hatte kein bisschen Interesse an irgendeinem ganzheitlichen Ansatz. Er hatte Diabetes und zog außer allopathischen Medikamenten und Insulin nichts zur Behandlung in Betracht, da nur diese Maßnahmen schulmedizinisch akzeptiert waren. Morgens, auf nüchternem Magen, lagen seine Werte zwischen 8 und 12 nach kanadischem System, was 230 in den USA entspricht und sehr hoch über dem Normalwert liegt. Er war für ein Jahr eingestellt und nahm zunehmend mehr Medikamente. Nachdem ihn seine Frau hergebracht hatte, riet Dr. Wagstaff zu einer veränderten Ernährung, körperlichem Training und Heilkräutern; doch er wunderte sich, nach zwei Monaten gar keine Veränderungen zu sehen. Deshalb schlug er Deeksha vor, aber er stieß auf unnachgiebigen Widerstand. Dr. N.s Frau setzte ihrem Mann zu und schließlich willigte er ein, obgleich er die Augen verdrehte und herumnörgelte. Zwei Minuten nach der ersten Deeksha schlief er für eine halbe Stunde ein. In der nächsten Woche musste man ihn nicht mehr zu Dr. Wagstaff hinschleifen. „So gut habe ich noch nie in meinem Leben geschlafen“, sagte er, „ich habe, so lange ich denken kann, unter Schlaflosigkeit gelitten. Können Sie das noch mal machen?“

Dr. N.s Blutzucker änderte sich sechs Wochen lang nicht, aber er kam regelmäßig wieder, weil seine Schlaflosigkeit aufgehört hatte. Er begann, besser auszusehen und hatte tagsüber mehr Energie. Nach der siebten Behandlung sagte er zu Dr. Wagstaff: „Mein Blutzuckerwert war heute Morgen so niedrig, dass ich gar kein Insulin genommen habe." Sein Wert war bei 3, d.h. 70 in den USA. Es war sein erster Morgen ohne Spritzen seit vielen Monaten. Seit jener Zeit hat sich sein Blutzuckerwert normalisiert und er nimmt nicht mehr drei Tabletten Metformin täglich, sondern nur noch eine.

Das ist ein sehr typischer Fall dafür, was passiert, wenn ein Arzt Oneness Blessing in seinen Behandlungsplan integriert. Mit ziemlicher Wahrscheinlichkeit wird die Deeksha die zugrundeliegende Ursache der Symptome ansprechen und erst zweitrangig, beinahe als Nebeneffekt, die aktuellen Beschwerden bearbeiten. In diesem Fall blieb Dr. N.s Diabetes sechs Wochen lang unverändert, doch seine Schlaflosigkeit verschwand auf der Stelle. Der gute Schlaf brachte den Blutzucker wieder in Ordnung und mit ausreichender Ruhe fand sein Körper zu seinem eigenen Gleichgewicht zurück.

Etwas sehr Ähnliches passierte Sada Chen in Taiwan. Bei den taiwanesischen Präsidentschaftswahlen war sie die Wahlkampfleiterin für die einzige weibliche Kandidatin. Sada war zum einen selbst Mutter und zum andern war es ihr ein leidenschaftliches Anliegen, Frauen in politisch einflussreiche Positionen hineinzubringen. Als ihre Kandidatin nicht gewann, brach sie zusammen. Ihr Blutzuckerwert war sehr hoch, trotz einer strikten zuckerfreien Ernährung, Medikamenten und Spritzen. Außerdem nahm sie das Präparat „Adebung" für ihre Schilddrüsenüberfunktion. Ohne die Medikamente stieg ihre Herzfrequenz direkt auf 142 pro Minute und sie landete in der Notfallstation. Als sie Deeksha bekommen hatte, wirkte sich diese zunächst einmal auf ihren Schlaf aus. Seit der Wahl konnte sie nicht mehr ohne Schlaftabletten schlafen. Sada nahm an einem 21-Tage-Kurs an der Oneness University in Indien teil. Schon währenddessen ermöglichte die Deeksha ihr, sofort einzuschlafen, und zwar ganz von selbst, ohne Tabletten. Als sie in ihre Heimat zurückkehrte, hatten sich ihr Blutzuckerwert und ihr Herz normalisiert und sie konnte alle Medikamente absetzen.

Sie befragte den Oberarzt eines Krankenhauses in Taipeh dazu. Vom Background seiner Ausbildung her hatte er keinen Anhaltspunkt, was mit ihr passiert war. „Wo waren Sie, was haben Sie gemacht?“ wollte er wissen. „Wie sind Sie behandelt worden?“ Sie versuchte, es ihm zu erklären. Einige Monate später nahm der Arzt an einer internationalen Ärztekonferenz teil und stellte ihren Fall vor. Man machte sich über ihn lustig - niemand unter den Konferenzteilnehmern war bereit, diese Veränderungen für möglich zu halten.

DIE GEFÜHLE FÜHLEN

Dr. Wagstaff hatte eine weitere Patientin, bei der Deeksha die Symptome auf indirekte Weise linderte. Frau R. ist eine 43-jährige Frau, die wegen einer intestinalen Zystitis kam, einer Autoimmunerkrankung der Blase, die oft für eine Blasenentzündung gehalten und dementsprechend behandelt wird. In Wirklichkeit greift der Körper die Blasenschleimhaut an. Der Patient hat ständig Schmerzen und man kann nicht viel dagegen machen. Frau R. hatte alle konventionellen Behandlungsformen durchlaufen, ohne nennenswerte Ergebnisse. Zuerst hatte Dr. Wagstaff sie vor allem wegen der Auswirkungen der Antibiotika und Steroide behandelt, weniger wegen der Krankheit an sich, indem er sie von innerem Pilzbefall befreite und ihr Immunsystem stärkte. Doch diese Behandlungen hatten keine Auswirkungen auf die Schmerzen selbst. Frau R. hatte Yoga und Meditation ausprobiert und bat selbst darum, dass Dr. Wagstaff ihr Deeksha geben möge. Nach zwei Tagen hörte der Schmerz zum ersten Mal nach 15 Jahren auf. Die Erleichterung hielt einen Tag lang an - dann kamen die Schmerzen zurück. Frau R. erhielt einmal wöchentlich weiterhin Deeksha sowie auch ihre anderen Behandlungen, und mit jedem Mal gingen die Symptome für eine längere Zeit zurück. Nach etwa einem Monat begann sie, sehr intensiv von sexuellem Missbrauch zu träumen. Zunächst waren diese Träume symbolisch und man musste sie interpretieren, jedoch mit der Zeit wurden sie immer deutlicher. Sie hatte sich zuvor nicht an einen sexuellen Missbrauch erinnern können.

Frau R. hatte Dr. Wagstaff nicht aufgesucht, um sich von ihren Erinnerungen an sexuellen Missbrauch freizumachen. Sie war sich noch nicht einmal dessen bewusst gewesen, dass sie ein solches Trauma erfahren hatte. Die erhöhte neuronale Aktivität in den Frontallappen sowie die durch Oneness Blessing initiierte Entspannung des Stammhirns und der Parietallappen erlaubten ihr, Gefühle und Erinnerungen zu integrieren, die sie vorher nicht bereit gewesen war, zu erfahren, und ihre körperlichen Symptome verschwanden dadurch von selbst.

DER GEIST BEHERRSCHT DEN KÖRPER

Elena Upton ist eine homöopathische Ärztin in Santa Monica, Kalifornien. Viele Hollywood-Stars gehören zu ihren Patienten. Sie hat sich ausschließlich auf Homöopathie konzentriert, weil diese sich ihrer Ansicht nach am wenigsten an Symptomen orientiert. Stattdessen betrachtet die Homöopathie alles, was im Körper geschieht, das Denken und die Gefühle, als Manifestationen eines tieferen energetischen Ungleichgewichts. Dr. Upton arbeitet mit einem Diagnosegerät namens Nutrienergetics System, welches das Energiefeld lesen kann. Sie beschreibt es als eine Art „Akupunktur in einem Computerprogramm, wobei die Heilmittel wie Akupunktur in einer Flasche sind. Ich kann energetisch herausfinden, wo die Blockierungen liegen. Es ist extrem genau. Die Leute kommen mit ihren Blutproben oder erzählen mir ihre Symptome und ich lasse das Programm anlaufen und auf dem Bildschirm zeigt sich mir sofort, was ihre Probleme sind“. Die meisten ihrer Patienten sind skeptisch, wenn sie zum ersten Mal zu Besuch kommen. Doch wenn sie einmal gesehen haben, dass das Gerät ihre Krankheitsgeschichte und die Symptome genau wiedergeben kann, ohne dass sie selbst zusätzliche Information geben, sind sie überzeugt.

Dr. Upton ist der Ansicht, dass sich Symptome im Geist manifestieren, bevor sie den Körper erreichen. Patienten „holen" sich nicht einfach Krankheiten wie Krebs, Lupus oder Nahrungsmittelunverträglichkeit, meint sie. Vielmehr kommt es in ihrem Bewusstsein zu einer Veränderung, die dann die Krankheit in Übereinstimmung mit einer bestimmten Auffassung ihrer selbst und der Welt bringt. Sie sagt:

> *Ich arbeite nie mit der Krankheit, ich arbeite mit der Person. Ich betrachte die Situation anders als ein Arzt; ich schaue mir an, was im Inneren der Menschen vor sich geht. Was ich bis jetzt beobachtet habe, ist, dass Deeksha meinen Patienten dabei hilft, ihren Verstand für Neues zu öffnen. Krankheiten beginnen im Geist, und Oneness Blessing räumt als Erstes das ganze mentale Geschwätz aus dem Weg. Sie verlangsamt den unruhigen Geist, sodass die Menschen sich selbst mehr unter Kontrolle haben, anstatt nur vom Verstand geleitet zu werden.*

Bhagavan sieht die Wirkung des Oneness Blessings auf den Körper ganz ähnlich:

> *Wir beobachten eine deutliche Verbesserung der Gesundheit, denn all die Beschwerden, die von negativen Gedanken und Traumata verursacht wurden, verschwinden ab einem bestimmten Zeitpunkt. Für viele Menschen verschwinden sie nicht nur aus dem Geist, sondern im Geist selbst findet auch eine Veränderung statt. Diese Menschen werden dann geheilt. Wir glauben daran, dass Gedanken diesen Körper und die Umgebung geschaffen haben. Wenn wir eine Veränderung in der Denkstruktur bewirken können, so wird das auch körper-*

liche Veränderungen nach sich ziehen. Deeksha hat die Kraft, unsere Gedanken neu zu strukturieren. Und sobald das geschieht, können sich die Dinge auf der körperlichen Ebene innerhalb von wenigen Augenblicken dramatisch verändern. Wenn ich von einer Transformation des Denkens spreche, dann meine ich eine Veränderung im Bewusstsein. Sobald das geschieht, kann man Wunder damit erzielen. Man kann Dinge materialisieren, man kann sie verschwinden lassen. Man kann alles tun, was man will, weil man dann tatsächlich Gott ist. Die Menschen haben noch nicht die ungeheure Kraft erkannt, die sie in sich tragen. Wenn man sie einmal entdeckt hat, wird vieles zum Kinderspiel.

Dr. Upton hat mit ihren Patienten in kurzer Zeit außergewöhnliche Ergebnisse erzielt. Frau B. kam beispielsweise mit verschiedensten Allergien zu ihr, die sie zu einer Gefangenen in ihrem eigenen Heim machten. Dr. Uptons Praxis hat sich auf Allergie-Patienten spezialisiert und war für Frau B. die einzige Anlaufstelle, die diese sich finanziell leisten konnte. Doch es brauchte nur jemand vorbeizugehen, der Parfum an sich trug, oder ein Geruch aus einem nahe gelegenen Restaurant zu kommen, und sie musste die Praxis verlassen.

Frau B. hatte mit 23 promoviert und danach bald das Gefühl, mit der Welt fertig zu sein. Sie heiratete und bekam zwei Kinder, doch die Welt schien ihr immer weniger wichtig zu sein. Dr. Upton hatte den Eindruck, dass Frau B. sich selbst von allem abschottete.

Körperlich war alles in Ordnung bei ihr. Sie hatte alle erdenklichen medizinischen Untersuchungen machen lassen, Blutuntersuchungen, Untersuchungen im Hinblick auf Katzenallergie, Urin- und Stuhluntersuchungen im Hinblick auf Parasiten – alles war normal. Sogar Dr. Uptons Diagnosegerät konnte keine Ursache für die Überempfindlichkeit erkennen. Deshalb konzentrierte sich Dr. Upton überwiegend auf die Gedanken, die in Frau B.s Kopf herumgingen.

Der Beweis dafür, dass Frau B.s Zustand mehr durch ihr Denken als durch ihren Körper verursacht wurde, kam für Dr. Upton eines Tages im Zusammenhang mit dem Tod von Frau B.s Vater. Frau B. kam in die Praxis, sie war aufgebracht und ärgerlich, weil ihr Vater in einem anderen Teil des Landes lebte und sie kein Flugzeug nehmen konnte – weder, um ihn noch im Krankenhaus zu sehen, noch, um zur Beerdigung zu kommen. Zuhause war sie sehr isoliert, tagsüber waren ihr Mann und ihre Kinder fort, und sie musste Dampf ablassen. Während sie in der Praxis war, kam jemand herein, der sehr parfümiert war. Sogar Dr. Upton reagierte darauf, doch Frau B. bemerkte es noch nicht einmal, da sie so damit beschäftigt war, über ihren Vater zu sprechen.

Dr. Upton schlug verschiedene Heilmittel für Frau B. vor, doch auf jedes Mittel war die Reaktion so stark, dass sie es sofort absetzen musste. Sie waren in eine Sackgasse geraten. Dr. Upton schickte sie zur nächst erreichbaren Deeksha-Geberin; sie sollte sich Deeksha geben lassen. Das erste Resultat nach drei Wochen war: Frau B. begann sich dafür zu interessieren, neue Heilmittel auszuprobieren. Sie wollte den Heilungsprozess beschleunigen und verlangte nach Dingen, die ihr helfen könnten. Ihr Denken hatte sich verändert. Heute sagt sie, wenn sie Oneness Blessing erhält, kann sie tatsächlich spüren, dass sich in ihrem Gehirn etwas verändert. Sie hat nicht mehr so viele Sorgen und mentalen Stress. Sie ist sich bewusst, dass sie ständig von ihrem überaktiven Denken verfolgt wurde, das viele Ängste erzeugte. Als beispielsweise ihr Sohn vor Kurzem beim Zelten krank wurde, geriet sie nicht wie sonst in Panik, sondern blieb ruhig und gefasst. Sie berichtet, dass ihr Geist nach der Deeksha ruhig wird und ihre Allergien sich legen. Auch wenn sie gegenwärtig – zum Zeitpunkt der Niederschrift dieses Buches – nicht völlig beschwerdefrei ist, reagiert sie nicht mehr so stark auf Gerüche und andere unangenehme Situationen, die sie in der Vergangenheit aus der Bahn warfen.

Bei vielen ihrer Patienten nimmt Dr. Upton Symptome als indirektes Mittel wahr, ein tieferes Bedürfnis zu erfüllen. Dies wird im NLP (Neurolinguistisches Programmieren) der sekundäre Gewinn genannt. Eine anscheinend unangenehme Situation - wie eine Krankheit, die sich niemand bewusst aussuchen würde - verspricht einen verborgenen Nutzen, den das Unterbewusstsein höher schätzt. In Frau B.s Fall wurde Anfang 20 ein zutiefst unbewusster Entschluss getroffen, sich von der bedrohlichen Außenwelt abzuschotten. Die Allergien schienen dafür ein geringer Preis zu sein - für das Reptiliengehirn, das die Entscheidung traf -, wenn sie stattdessen ein Gefühl der Sicherheit bekam. Als die Energie aufgrund von Deeksha die höheren Bereiche des Gehirns durchflutete, wurde diese Entscheidung revidiert und ihre Symptome gingen zurück.

Dr. Upton und andere Ärzte behaupten nicht, dass Oneness Blessing Krankheiten durchgängig und unmittelbar heilen kann. Ihrer Ansicht nach verändert Deeksha das energetische Gleichgewicht im Gehirn und ermöglicht so, dass Entscheidungen neu formuliert werden. Der sekundäre Gewinn, der auf der Sorge ums Überleben basiert, wird aufgegeben und das unbewusste Motiv für die Krankheit löst sich auf.

DEEKSHA UND AYURVEDA

Dr. Sunil Joshi ist eine der herausragendsten Autoritäten auf dem Gebiet des Ayurveda, der altindischen Kunst des Heilens. Heute ist Ayurveda ein geläufiger Begriff, im Westen wurde er durch Deepak Chopra und andere bekannt. Dr. Joshi zählt Chopra und den verstorbenen George Harrison zu seinen Patienten. Ayurveda wird von einigen für das am deutlichsten ganzheitliche Heilsystem gehalten: Es behandelt die Person als Einheit und berücksichtigt körperliche, emotionale, mentale und spirituelle Symptome bei der Diagnose und Behandlung gleichermaßen. Im Ayurveda wird jeder

Mensch als Synthese von drei grundlegenden „Doshas" oder Elementen gesehen: *Vata, Pitta* und *Kapha.* Ganz einfach gesagt: *Pitta* ist feurig, kraftvoll und aktiv; *Vata* ist schnell, ätherisch und mental und *Kapha* ist sanftmütig, erdig und langsam. Bei den meisten Menschen dominiert eine dieser Energien. Sie bestimmt ihren grundlegenden Konstitutionstyp. Außerdem besitzt jeder in einem dieser Bereiche auch gewisse Schwachpunkte. Dr. Joshi erklärt:

> *Doshas sind jene Faktoren, welche eine Person von einer anderen unterscheiden. Wenn Sie sich die Funktionen des Körpers anschauen, dann sind wir absolut identisch. Es gibt keinen Unterschied zwischen Ihnen und mir oder irgendjemand anderem. Deshalb kann jeder Chirurg es wagen, Ihren Körper zu öffnen, weil er weiß, wo er jene bestimmten Organe im Körper finden wird. Aber unsere Körper reagieren nicht auf dieselbe Art und Weise; jede Person reagiert anders, sei es auf chirurgische Eingriffe, auf Medikamente oder auf einen Heilungsprozess. Was Sie von anderen unterscheidet, ist die Intelligenz hinter dem Körper, die Art und Weise, wie er programmiert ist – die Doshas. Das ist wie bei einem Computer. Die Hardware setzt den Computer noch nicht in Gang, sondern es ist die Software, die die Hardware steuert. Wenn Sie immer nur die Organe behandeln und die Symptome und nicht die Ursache, dann helfen Sie niemandem. Es wird ihm nur noch schlechter gehen. Deshalb ist es sehr wichtig, das Konzept der Doshas zu verstehen, weil es uns ein tiefes Verständnis verschafft.*

Im Allgemeinen besteht das Ziel von Ayurveda darin, für einen bestimmten Konstitutionstyp das Gleichgewicht der Doshas wiederherzustellen. Beispielsweise wird vielleicht jemand mit einem natürlichen Gleichgewicht von 60 Prozent Pitta, 20 Prozent Vata und 20 Prozent Kapha geboren. So ein Mensch wäre recht aktiv und durchsetzungsfähig, hätte eine gute Verdauung und eine ziemlich gutes Immunsystem. Er würde auch noch eine gewisse ätherische, mentale Energie besitzen und auch eine langsamere, beruhigende Energie, aber diese drei Elemente würden in einem einzigartigen Gleichgewicht existieren. Wenn so eine Person ein Vata-Ungleichgewicht entwickeln würde, beispielsweise durch zu viel Reisen, spätes Zubettgehen oder zu viel mentale Aktivität, könnte sie Symptome wie nervöse Störungen, langfristig Arthritis oder einen Reizdarm entwickeln. Ein ayurvedischer Arzt würde versuchen, jenes Ungleichgewicht der Doshas auszugleichen, indem er die Person zu ihrem natürlichen Konstitutionszustand zurückbringt. Dr. Joshi hat herausgefunden, dass Deeksha die Doshas auf ähnliche Weise ausgleicht, wie es seine anderen Behandlungen tun. Seine besondere Therapie ist die Panchakarma-Kur, eine tiefe Reinigung und Wiederherstellung des körperlichen Systems, die einige Tage bis Wochen dauern kann. Dr. Joshi sagt:

> *Durch die Deeksha können Patienten ihren Geist und ihren Körper von innen heraus transformieren. Bei Menschen, die Deeksha empfangen hatten, stellte ich fest, dass sie leichter loslassen und auf die Behandlung besser reagieren.*

Das war zu erwarten. Doch Dr. Joshi entdeckte auch etwas, was aus ayurvedischer Perspektive viel schwerer zu erklären war. Als er den Puls bei einigen der Dasas in Indien und auch bei einigen langjährigen Deeksha-Gebern fühlte, entdeckte er, dass nicht nur die Doshas für einen speziellen Konstitutionstyp zurück ins Gleichgewicht kamen, sondern dass sie auch in ein vollkommenes Gleichgewicht untereinander fanden. „Das ist etwas, was ich noch nie zuvor beobachtet habe", sagt er. „Es ist eine sehr merkwürdige Erfahrung, die ich mir ehrlich gesagt noch nicht erklären kann. Es hat mich total verblüfft, alle Erfahrungen, die ich mit dem Pulsfühlen gemacht habe, wurden plötzlich über den Haufen geworfen."

Wir sollten uns einen Moment bewusst werden, dass Sunil Joshi als einer der weltweit größten Experten ayurvedischer Pulsdiagnose gilt. Er ist kein Anfänger!

> *Die Doshas liegen so nah beieinander, dass man sie nicht verschieden wahrnehmen kann. Der Puls des einen Dasas fühlt sich fast genauso an, wie der eines anderen: ein völliges Gleichgewicht von Vata, Kapha und Pitta. Man muss sehr sorgfältig hinspüren, um einen Unterschied zu bemerken. Alle haben einen sehr gleichmäßiger Puls.*

Aus ayurvedischer Perspektive ist das die physiologische Entsprechung der Auflösung jeglichen Gefühls von Getrenntsein. Joshi maß mehrmals Puls von Shri Anandagiri, als beide durch New Mexico reisten.

> *Es war ein typischer Vata-Puls mit Vata-Ungleichgewicht. Ich erklärte ihm, was er tun könne, um ihn wieder auszugleichen.*

> *Einige Jahre später besuchte ich die Oneness University und Bhagavan bat mich, wieder Anandagiris Puls zu fühlen. Dieser war nicht derselbe. Nicht nur, dass das Ungleichgewicht sich gelegt hatte, es war der Puls einer völlig anderen Person mit einer völlig anderen Konstitution. Das verblüffte mich wirklich! So etwas ist nicht in unseren Lehrbüchern beschrieben, das habe ich noch niemals zuvor erlebt.*

DIE WISSENSCHAFT DES WUNDERBAREN

Wir haben anfangs in diesem Kapitel erwähnt, dass die Ärzte, die Deeksha anwenden, meistens einen ganzheitlichen Ansatz verfolgen. Als ich für dieses Buch recherchierte, hielt ich überall nach konventionellen Ärzten Ausschau, die Deeksha eingesetzt hatten, doch ich fand stattdessen immer mehr Homöopathen, Chiropraktiker und Naturheilkundler.

Ralf Franziskowski ist ein schulmedizinisch ausgebildeter Arzt in Traunstein, Deutschland, der Deeksha mittlerweile in seine medizinische Praxis integriert hat. „Seit ich in Indien war", sagte er zu mir, „habe ich mir angeschaut, wie sich die Dinge so für meine Patienten entwickeln. Ich sehe, es hat immer weniger mit dem zu tun, was ich an der Universität gelernt habe. Es bedarf eines anderen Modells."

Wie Dr. Wagstaff meint, handelt es sich hier um exakt jenen Unterschied, wie er zwischen einer newtonschen Betrachtungsweise des Körpers und einem Quantenmodell besteht. Dr. Bruce Lipton hat ausgiebig die Gesetzmäßigkeiten studiert, die das Verhalten von Zellen bestimmen. Seine Forschung verweist auf eine radikal neue Möglichkeit des Verständnisses, wie unsere Körper und der Heilprozess funktionieren. Seit 1971 forscht er über Zellbiologie und hält Vorträge, u.a. auch als Forschungsstipendiat in Stanford. Er erklärt, dass die Wissenschaft Jahrhunderte lang versucht hat, den Körper entsprechend den Prinzipien der newtonschen Physik zu begreifen. Dieser Ansatz betrachtet den Körper als einen Mechanismus, zusammengesetzt aus einzelnen Teilen. Wenn man auf Knopf A drückt, so hat das eine Auswirkung auf B, was wiederum C beeinflusst und das wirkt wiederum auf D. Wenn der Körper nicht richtig funktioniert, bedeutet das, dass wie bei jeder Maschine eines der Teile defekt ist und repariert oder ersetzt werden muss.

Dr. Lipton entwickelte ein völlig neues Paradigma zum Verständnis von biologischen Vorgängen. Indem er den Körper eher aus der Qantenperspektive als aus einer mechanistischen Sicht betrachtet, ist er der erste Wissenschaftler, der aufzeigt, dass Bewusstsein der Materie überlegen ist, was die Funktionsweise des Körpers betrifft. Die gegenwärtige Medizin hat eine Menge Schwachstellen, und das mechanistische Modell ist offensichtlich mangelhaft: Es vermag bestimmte Ereignisse einfach nicht zu erklären. Manchmal gehen die Symptome bei Patienten spontan zurück oder Menschen werden plötzlich ohne erkennbaren Grund krank. Die Zustände können sich jäh verschlechtern oder über Nacht aufhören. Wir haben von allen möglichen Heilern und Mitteln gehört, die für die moderne Wissenschaft unerklärlich sind und deshalb als Quacksalberei abgetan werden. Sämtliche physikalischen Abläufe einschließlich der Funktion der Gene werden maßgeblich vom Bewusstsein bestimmt (Lipton hat dafür das englische Wort „overdetermined" geprägt). Eine Veränderung im Bewusstsein - die z. B. ausdrückt, ob ein Zustand heilbar ist oder nicht, wie lange er braucht, um geheilt zu werden und wie lange ein Leben andauert - kann das Zellverhalten umpolen. Dr. Lipton hat gezeigt, dass wir einfach dadurch, dass wir Glaubenssätze auflösen, bestimmte körperliche Symptome augenblicklich und durchgreifend verändern können.

Bei den Recherchen zu diesem Buch habe ich Dutzende von Geschichten aus der ganzen Welt gehört, die unsere derzeitigen medizinischen Denkmodelle komplett infrage stellen. Bei einer Frau verbesserte sich fast sofort nach der Deeksha ihr Sehvermögen derart, dass sie ihre Brille wegwarf, die sie für die Veranstaltung aufgesetzt hatte. Bei einer anderen Frau verschwanden die Schmerzen ihrer Arthritis augenblicklich, sie konnte knien und im Schneidersitz sitzen, was mehrere Jahre lang unmöglich gewesen war. Praktisch jeder Deeksha-Geber, mit dem ich sprach, konnte so eine Geschichte erzählen. Sie lassen sich oft schwer bestätigen oder medizinisch nachweisen, doch für diejenigen, die sie erfahren haben, sind sie offensichtlich. Man kann sie jedenfalls nicht ignorieren.

Jorgen Ulrik gehört zu diesen Menschen. Er kommt aus Fyn in Dänemark. Die Gefühle und die Energie, die der Krebsbildung im Körper vorausgehen, waren ihm sehr vertraut. Seine linke Lunge hatte bereits wegen der Krankheit transplantiert werden müssen. Als er später dieselben Symptome in seiner rechten Lunge spürte, ließ er eine Computertomographie machen. Der Schatten auf dem

Untersuchungsbild verwies auf eine hohe Krebswahrscheinlichkeit und für den folgenden Donnerstag wurde ein versuchsweiser Eingriff geplant. Am Wochenende vor der Operation besuchte Jorgen eine Oneness-Blessing-Veranstaltung. Als er die Deeksha empfing, fühlten seine beiden Deeksha-Geber gleichsam den inneren „Impuls", ihre Hände auf seine Brust zu legen - obwohl keiner von beiden von der Krebserkrankung wusste. Sie fühlten, wie eine Flut der Energie etwa zwei Minuten lang durch sie hindurchpulsierte. Jorgen selbst sagt, er spürte, wie blaue, rote und gelbe Kristalle in seiner Brust explodierten. Er hatte das Gefühl, als würde sein Körper mit Licht gefüllt, wobei gleichzeitig eine Schwere seinen Körper verließ. Bei der Operation später öffneten die Ärzte seine Brust und fanden keine Spur mehr vom Krebs. Das erstaunliche Ergebnis wurde auf Irrtümer bei der Computerauswertung zurückgeführt.

Johan Mansson aus Gottenberg, Schweden, war seit seinem 13. Lebensjahr, als er zum ersten Mal Haschisch rauchte, drogenabhängig. Mit 15 wechselte er zu Speed und mit 24 nahm er Heroin. Als Erwachsener war er immer wieder im Gefängnis und auch viele Jahre obdachlos. Mit 40 wollte er sich mit einer Überdosis das Leben nehmen, doch irgendwie überlebte er. Man fand ihn auf der Straße und brachte ihn in ein Heim für Obdachlose und Drogenabhängige. Yvonne, die dort ehrenamtlich arbeitete, fragte Johan zwei Wochen nach diesem Selbstmordversuch, ob er abends mal zu einer Veranstaltung mitkommen wolle. Johan hatte nichts zu verlieren. Es war ein Abend mit Anette Carlstrom, einer Lehrerin, die in Schweden für ihre kraftvollen Deeksha-Übertragungen bekannt ist. Johan war in einer sehr schlechten Verfassung, er hatte am ganzen Körper Krämpfe. Zu Beginn des Abends zitterte und schwitzte er nur - er litt noch stark unter dem Heroinentzug. Doch sobald er die Deeksha bekommen hatte, gingen seine Krämpfe und sein Zittern zurück. In dem Entziehungsheim, wo er wohnte, musste man jede Nacht eine Urinprobe abgeben, damit nachgeprüft werden konnte, ob man neue Drogen genommen hatte. Selbst nach zwei Wochen war Johans Körper immer noch voller Rückstände nach jahrzehntelangem Drogenmissbrauch. Man sagte ihm, es würde mindestens zehn Wochen dauern, bis alles ausgeschieden sei. An jenem Abend, als Johan die Deeksha bekommen hatte, zeigte der Test keinerlei Spuren von Drogen mehr. Johan sagt, er hätte das erste Mal seit vier Jahren wieder ruhig geschlafen.

Das Entziehungsheim der Stadt Gottenberg gibt zwar keine Berichte über Patienten heraus, doch bestätigten Yvonne und ein anderer ehrenamtlicher Mitarbeiter mir Johans Geschichte. Johan erzählte zusätzlich, er habe auch in den zwei Jahren danach kein Verlangen mehr nach Drogen gespürt.

Aus medizinischer Sicht sind diese Geschichten schon fast utopisch – doch wir könnten ein ganzes Buch mit solchen Deeksha-Geschichten füllen. Einige mögen Übertreibungen sein, andere reine Erfindungen, dennoch lässt allein die Anzahl sogar einen Skeptiker wie mich aufhorchen.

Dr. Wagstaff ebenso wie Bruce Lipton meint, Wunder könnten zur Textur unseres alltäglichen Lebens werden, wenn wir unsere Perspektive verändern. Er sagt:

> *Es gibt genügend gut dokumentierte Fälle, die zeigen, dass man erstaunliche Dinge bewirken kann, wenn man das energetische Gleichgewicht einer Person verändert. Wenn die Menschen mit sich Frieden schließen und sich dem Fluss der Energie öffnen, können sie wunderbare, vollständige Heilungen erfahren. Das Oneness Blessing dient meines Erachtens dazu, sie mit dieser Energie in Kontakt zu bringen. Deeksha aktiviert die benötigten Informationen und aktiviert natürliche Katalysatoren.*
>
> *In Kanada gibt es eine große katholische Kirche, an deren Mauern lauter Krücken hängen. Die Leute benutzten sie, um dorthin zu gelangen, und ließen sie zurück, weil sie sie nicht*

mehr brauchten. Wir müssen uns bewusst werden, was wir alles tun, um das Wunderbare zu verhindern. Je mehr wir aus dem Weg gehen, sowohl wenn wir Deeksha empfangen als auch, wenn wir sie geben, desto mehr bringt sich der Körper in Übereinstimmung mit jenem Energiefluss, der Wunder bewirkt.

Ich fragte Bhagavan zu den vielen Geschichten, die über Wunderheilungen kursieren:

> *Wir sehen sie nicht als Wunder, denn von der Ebene aus betrachtet, auf der wir arbeiten, sind es ganz natürliche Dinge. Es gibt Wunder, von denen wir erwarten, dass sie passieren, und einige passieren unwissentlich. Man könnte sagen, wir leben die ganze Zeit in einer Welt der Quantenmechanik. Deshalb kann ich jederzeit überall auf dem Planeten erscheinen und diese Wunder bewirken. Für mich, für Amma, ja sogar für einige der Dasas ist dies die Welt, in der wir uns bewegen. Für uns sind das keine Wunder. Sie sind nichts Seltsames oder Außergewöhnliches, weil sie sich im Bereich der menschlichen Möglichkeiten befinden. Ich glaube, das ist es, worauf wir uns zubewegen. Die ganze Menschheit wird sich bewusstseinsmäßig verändern und dann werden täglich Wunder im Leben der Menschen erscheinen.*

KAPITEL 6

ONENESS BLESSING UND BEZIEHUNGEN

Zuerst merken die Menschen es meistens in ihren persönlichen Beziehungen: Das Leben verändert sich nach der Deeksha. Bruhn und Cecile Henriksen wurden Anfang 20 in Dänemark ein Paar. Bruhn arbeitete bei IBM als Kommunikationsanalytiker; Cecile war Sachbearbeiterin in einer der größten Werbeagenturen von Kopenhagen. Beide arbeiteten so hart, um Geld zu verdienen, dass sie nie genug Zeit hatten, sich daran zu erfreuen.

Ende 20 begann Bruhn, eine innere Sehnsucht zu fühlen. Er las viele spirituelle Bücher und begann sich schließlich ernsthaft für den Buddhismus zu interessieren. „Das erzeugte einen Bruch zwischen uns“, erinnert sich Cecile, „denn ich verstand überhaupt nicht, worüber er redete. Wir hatten keine gemeinsame Sprache mehr. Es war nicht so, dass ich daran kein Interesse hatte, ich konnte nur nichts mit den Auffassungen der Bücher anfangen, die er las. Mein spirituelles Leben ist ganz anders. Ich verbinde mich mit der Erde, mit der Mutter, mit der Natur - durch Beziehung. Ich hatte das Gefühl, Bruhn wollte so schnell wie möglich weg von diesem Planeten. Es war schwierig. Ich fühlte mich irgendwie falsch verstanden.“ Bruhn stimmt zu, dass es so war. „Es war, als befänden wir uns in zwei verschiedenen Welten.“

Als sein Vater starb, beschleunigte das Bruhns innere Suche, und er und Cecile beschlossen gemeinsam, eine einjährige Auszeit zu nehmen, um nach Asien zu reisen. Cecile konnte zwar mittlerweile etwas mehr mit Bruhns Form der Spiritualität anfangen, doch immer wieder meldete sich auch eine Sehnsucht nach Vertrautheit, der tiefen Schmerz in ihrer Beziehung erzeugte. Die beiden kehrten mit optimistischen Hoffnungen auf einen Neubeginn nach Dänemark zurück. Vor Jahren hatten sie sich in ein altes Bauernhaus auf der entlegenen Insel Samsoe verliebt. Sie kauften es und zogen um. Als ihre Tochter Milla geboren wurde, entdeckten sie wieder neu, wie tief ihre gegenseitige Bindung war. Doch das Baby brachte auch neue Herausforderungen mit sich.

Bruhn fuhr regelmäßig mehrere Tage nacheinander fort, um als Berater zu arbeiten, während Cecile und das Baby auf dem Bauernhof blieben. Wenn er dann nach Hause zurückkehrte, hatte er genug von den Menschen und sehnte sich genauso nach Einsamkeit und Meditation, wie Cecile sich nach Kontakt sehnte. Immer wieder brach Streit aus. Sie war enttäuscht, fühlte sich zurückgewiesen und wurde schließlich sauer über seine Selbstbezogenheit. Er fühlte sich bedrängt, war irritiert von ihren Bedürfnissen und zog sich immer häufiger zu Yoga, Stille und Ingwertee zurück. Es war, als wartete er stets auf die nächste Gelegenheit, auszubrechen. In diesen Zeiten der Spannung hatte er das Gefühl, als lege sich ein Eisenring um sein Herz.

Natürlich gab es immer wieder Phasen relativer Harmonie, aber dazwischen lagen genauso lange Zeiten großer Isolation. Es wuchs eine Art höflicher Distanz zwischen ihnen, in der man sich nur knapp und distanziert austauschte und unausgedrückte Gefühle das Bauernhaus wie ein Nebel einhüllten. Dabei schauten sie einander so gut wie gar nicht in die Augen. Wenn sie einander auf der schmalen Treppe des alten Hauses begegneten, wich er so weit aus, dass sich ihre Kleidung nicht einmal streifte. Cecile konnte eine metallene Kälte in ihrer Brust spüren und eine wachsende Geringschätzung, die für beide sehr schmerzhaft war.

Gelegentlich schlug der kalte Krieg jäh um. Meistens explodierte sie, schmiss etwas herum oder schrie. Bruhn waren solche Wutausbrüche immer sehr unangenehm. Er unterdrückte seine Gefühle, seine Muskeln im oberen Rücken waren angespannt wie Drahtseile, so stark zwang er sich dazu, nichts zu fühlen, und er sprach tagelang nicht mit ihr.

Wenn sie sich heute an diese unglücklichen Zeiten erinnern, brechen Bruhn und Cecile spontan in Lachen aus, sie haben sichtlich Spaß an ihren Erinnerungen. „Dieser Film wiederholte sich endlos", erinnert sich Cecile. „Er hatte immer dieselbe Struktur, nur andere Schlagzeilen." Sie machten eine Paartherapie und beschlossen schließlich, sich zu trennen. Bruhn plante, in eine spirituelle Gemeinschaft in Neuseeland zu ziehen, Cecile wollte auf dem Hof bleiben. Gleichzeitig schüttelten die Frage des Sorgerechts für ihre Tochter und der verlorene Traum von einer Familie beide heftig.

Kurz vor der geplanten Trennung wusste Cecile, dass sie so, wie sie bisher mit ihrem Schmerz umgegangen war, nicht weitermachen wollte. Sie war dermaßen von Schmerz und Enttäuschung überwältigt, dass sie sich eine Woche lang in ein kleines Zimmer auf dem Dachboden zurückzog, das früher den Dienstboten gehört hatte.

„Bruhn", sagte sie, „ich kann einfach nicht ignorieren, was ich fühle. Ich muss ganz hindurchgehen. Ich kann mich jetzt nur darum kümmern und um Milla, wenn es unbedingt sein muss." Er war einverstanden.

Sie weinte und weinte und weinte sieben Tage lang.

„Alles kam hoch, ich sah alles, so wie es war, alle meine Fluchtwege waren versperrt. Ich sah, dass ich nichts tun konnte, denn alles, was ich getan hatte, hatte mich an denselben Punkt gebracht, zum selben Schmerz, zum Leid und zu Trennung und Selbstgerechtigkeit. Ich gab einfach auf."

Es ist bemerkenswert, wie viele Menschen an solch einem Punkt angelangt sind, genau bevor sie etwas über Deeksha erfahren.

Während der Zeit, in der Cecile auf dem Dachboden war, war Bruhn meistens allein mit Milla. So nahm er Zuflucht zum Gefährten des einsamen Mannes im 21. Jahrhundert: dem Internet. Am siebten Tag fand er eine Seite über Amma und Bhagavan und die Oneness University und druckte sie aus, um sie später zu lesen.

„Bis heute kann ich nicht sagen, warum ich so handelte“, sagte Cecile. „Er hatte jahrelang spirituelle Artikel ausgedruckt und ich hatte mich nicht einmal dafür interessiert. Aber am siebten Tag ging ich aus dem Gesindezimmer direkt zum Drucker, nahm alle Papiere, die er gerade ausgedruckt hatte, ohne sie anzusehen, und nahm sie mit runter ins Wohnzimmer, um sie zu lesen.“

„Hey, was machst du?“, protestierte Bruhn. „Ich drucke das aus, das sind meine ...“ Da war sie schon halb die Treppe heruntergegangen.

Beide lasen schließlich alles durch und besorgten sich noch mehr Texte. Etwas wurde weicher zwischen ihnen. Sie besprachen das, was beide gelesen hatten, und beschlossen, einen Wochenend-Deeksha-Kurs zu belegen. „Von Anfang an fühlte ich, wie meine Abgrenzungen schmolzen“, erinnert sich Bruhn, „als ob eine fremde Kraft meine Brust verließe.“ Sie nahmen an weiteren, längeren Deeksha-Retreats teil.

„Zuerst erlebte ich einen starken Widerstand“, erinnert sich Cecile. „Mein Geist schrie auf. Ich hatte die Nase voll. Ich lief in den Wald und heulte. Als ich zurück in den Seminarraum kam, fühlte sich mein Denken wie ‚ausgeblendet‘ an, es hatte seine Macht verloren. Es war ruhig und blieb die restliche Zeit des siebentägigen Retreats so. Als ich nach Hause zu Bruhn zurückkehrte, war die gedankliche Stille nicht mehr so intensiv, aber sie war immer noch da. Sie schuf einen Raum der Heilung zwischen uns. Ich nahm die Dinge nicht mehr so persönlich.“

Einige Wochen später beschlossen sie, dass Bruhn zur Oneness University auf den Kurs fahren solle, um Deeksha-Geber zu werden.

In Indien bekam er viele Deekshas, doch nach einer gewissen Zeit fühlte er eine Stagnation und Enttäuschung. Dann geschah eines Nachts plötzlich die Veränderung.

„Am nächsten Morgen ging ich aus dem Haus heraus und mein Körper ging ganz von selbst, ich erfuhr, wie das Denken völlig still geworden war und Gegenwärtigkeit erfüllte mich. Als ich sah, wie die anderen Menschen aus den Häusern kamen, fühlte ich keinerlei Trennung, keine Distanz, ich erblickte nur andere Formen meiner selbst. Mich selbst und alle anderen zu verurteilen, kam mir überhaupt nicht mehr in den Sinn. Später sprach ich mit einem der Dasas drüber und er erklärte, was ich erfuhr.

‚Das ist nur eine jener vorübergehenden Erfahrungen, nicht wahr?' fragte ich.

‚Bruhn', antwortete er, ‚es gibt kein Retourticket.'

Er hatte Recht. Es blieb so, und es blieb auch so, als ich nach Hause zurückkehrte. Der innere Richter, der mich isolierte, der mich zurückziehen ließ und mein Herz gegenüber Cecile verschloss, war für immer verstummt. Ich hatte mich ihr gegenüber immer spirituell überlegen gefühlt. Ich war der Ansicht, dass ihre Wut ihrer Umgebung schadete und nicht spirituell war. Meine innere Verurteilung ist einfach verschwunden. Ich fühle mich auch nicht mehr spirituell überlegen. Wir sind einfach gleich. Das ist so eine Erleichterung. Eine Erfahrung tiefer Verbundenheit ist entstanden. Manchmal melden sich noch alte Muster, aber sie werden aus einer ganz anderen Perspektive gesehen und erfahren, in einer anderen Weite und mit Humor. Ich kann mit ihr sein, so wie sie ist. Selbst wenn sie sauer auf mich oder jemand anderen ist, kann ich das voll annehmen und es ist fantastisch. Ich fühle überall Freude! Manchmal freue ich mich sogar, wenn ich selbst ärgerlich bin. Wenn sie auf die entsprechenden Knöpfe drückt, beobachte ich mich, wie ich mit harten Worten reagiere und auch das ist total okay. Wir lachen und dann halten wir inne und nach fünf bis zehn Sekunden ist es vorbei."

Cecile setzt Bruhns Geschichte fort:

„Als ich in Indien war, begegnete ich dem Göttlichen in meinem Herzen. Da ist eine unbeschreibliche Fülle in mir. Ich habe nicht mehr das Verlangen nach den Strategien, die ich auffuhr, um etwas von Bruhn zu bekommen. Ich fühle mich jetzt in mir selbst erfüllt. Es ist einfach nicht mehr möglich, die Dinge persönlich zu nehmen. Ich erlebe Bruhn jetzt in jeder Hinsicht als ein Meisterwerk. Er ist wie ein sehr merkwürdiges und interessantes, exotisches Tier und ich liebe ihn. Ich liebe jeden Aspekt von ihm, sogar Aspekte, die mich früher abgestoßen hätten und mich manchmal immer noch stören. Ich habe immer mich, meine Fähigkeiten und Talente mit ihm verglichen. Es war immer ein stiller Vorwurf vorhanden. Jetzt ist kein Urteil mehr da, kein Vergleich – welch eine Erleichterung."

Beide haben das Gefühl, dass der größte Nutznießer ihrer Verwandlung ihre Tochter Milla ist. Sie gedeiht prächtig in der Atmosphäre der Verbundenheit.

„Ich machte mir ständig Vorwürfe für das, was ich tat oder wie ich es tat oder sagte. Ich beurteilte ständig meine Leistung als Mutter und war sauer auf mich, wenn ich ärgerlich war oder unkreativ auf sie reagierte. Ich trug es den ganzen Tag mit mir herum oder manchmal sogar tagelang. Jetzt halte ich mich nicht mehr damit auf. Ich gehe mit allen viel leichter um. Wenn ich ärgerlich bin, drücke ich es auch manchmal ihr gegenüber aus. Vielleicht wird sie dann traurig und ich tröste sie und der Ärger ist verflogen. Aber ich mache mir keine Vorwürfe mehr. Wenn ich aufgehört habe, ärgerlich zu sein, freue ich mich. Das ist wirklich ein wichtiges Beispiel für sie, keine ‚Reste' mitzunehmen. Das ist zu schweres Gepäck; es ist einfach nicht wichtig. Ich kann sehen, wie sie strahlt. Sie ist sehr lieb und wissbegierig. Sie ist auf alles neugierig. Das fühlt sich sehr harmonisch und leicht an."

BEZIEHUNGEN IN ORDNUNG BRINGEN

Die Geschichte von Bruhn und Cecile veranschaulicht perfekt, wie Oneness Blessing unsere Beziehungen beeinflussen kann. Bhagavan hat von den ersten Kursen 1992 an großen Wert darauf gelegt, „Beziehungen in Ordnung zu bringen“. Deeksha wirkt, ohne dass der Empfänger sich anstrengen muss; das Einzige, was wir von unserer Seite aus tun können, sagt Bhagavan, ist, unsere Beziehungen anzugehen:

> *Wir haben festgestellt, dass das Herz eine sehr wichtige Rolle in der Bewusstseinsentwicklung spielt. Wenn das Herz nicht mitmacht, können wir keine höheren Bewusstseinszustände vermitteln. Damit das Herz euch wirklich unterstützt, müssen Beziehungen in Ordnung gebracht werden. Und merkwürdigerweise stellen wir fest, dass danach das physische Herz vollkommen anders reagiert. Und es ist, als ob das Herz Botschaften ans Gehirn sendet und das Gehirn darauf reagiert. Wenn Beziehungen nicht ausgeglichen sind, kooperiert das Herz einfach nicht und dann bleiben wir stecken.*

Rani Kumra, die Leiterin des Oneness Movement in den USA, legt bei ihren Deeksha-Intensives besonderen Wert darauf, die persönlichen Beziehungen zu klären. Das ist auf die intensive Wirkung zurückzuführen, die Deeksha auf ihre eigene Ehe hatte:

> *Deeksha öffnet das Herz und deshalb kann man die Menschen allmählich so annehmen, wie sie sind. In einer Welt der Täuschung denken wir, jemand anderes sei für unsere Verletzung verantwortlich. Ich habe das bei mir selbst gesehen. Akzeptieren Sie sich zuerst selbst so, wie Sie sind. So sind Sie; es gibt nicht so etwas wie Perfektion. Wenn Sie sich selbst akzeptieren, ist es sehr viel leichter, auch andere zu akzeptieren, wie sie sind. Ihre Wahrnehmung der anderen Person verändert sich völlig. Sie werden sehr rücksichtsvoll, weniger kontrollierend,*

und Sie versuchen nicht mehr, die Menschen so hinzubiegen, wie Sie sie haben wollen. Ich habe das in meinem eigenen Leben gesehen. Ich dachte, die Welt müsse so werden, wie ich sie wollte. Ich habe viel Energie verschwendet, um andere Menschen zu verändern, was nicht möglich ist, was nie passieren wird. Deeksha korrigierte meine Wahrnehmung. Ich sah, dass ich nicht wusste, wie ich mit Menschen umzugehen hatte – dass die Dinge so einfach sein konnten und wir sie so schwierig machen.

Das Aufgehen des Herzens hat auch eine neurologische Basis. So lange eine Überaktivität im Reptiliengehirn und im limbischen System besteht, ist die Heilung tiefer Traumata sehr schwierig, wenn nicht gar unmöglich. Diese Bereiche des Gehirns sind einfach nicht anpassungsfähig. Ihre prompte reflexartige Reaktion auf ein aufgerührtes Trauma ist eine Strategie, die Erfahrung des Traumas abzuschwächen. Daher ist es nicht möglich, das Gefühl voll zu erfahren, solange die Überaktivität von Reptiliengehirn und limbischem System das Leben einer Person bestimmt. Wenn wir viele Traumata im Nervensystem festhalten, vollziehen sich Beziehungen nur in den Zwischenräumen jener traumatischen Prägungen, anstatt in bewusster Präsenz. Und auf diese Weise setzen sich die Traumata ewig fort. Wenn hingegen die Frontallappen energetisch gut versorgt sind, wenn das Trauma aktiviert wird, ist ein größeres schöpferisches Gewahrsein da, d. h., man wird sich gewahr, dass ein Trauma aktiviert wird, ohne davon überschattet zu werden. Weil sich die neurologische Aktivität des Gehirns verändert hatte, hatten Bruhn und Cecile es leichter, ihre Gefühle anzunehmen. All die Strategiespiele waren nicht mehr nötig und sie konnten sich auf einer höheren Ebene begegnen.

Obwohl sie endlos miteinander geredet, Therapeuten aufgesucht und alles Erdenkliche ausprobiert hatten, um ihre Ehe zu retten, funktionierte nichts davon - denn all das wurde innerhalb der Muster angegangen, die sie eigentlich heilen wollten. Als ich Bhagavan nach den verschiedenen Methoden fragte, die wir im Westen entwickelt haben, um z. B. gesündere Beziehungen zu schaffen, kommentierte er:

> *Ich glaube, dass all das sehr hilfreich ist, doch der Unterschied liegt darin, dass es sich alles im denkenden Geist abspielt. Deeksha befördert dich aus dem denkenden Geist heraus und erlaubt dir, die Dinge aus einer neuen Perspektive zu sehen. Darin liegt der wirkliche Unterschied. Therapien, die mit dem denkenden Geistes arbeiten, sind durchaus hilfreich und nützlich. Aber die Deeksha selbst arbeitet ganz anders. Sie verwandelt dich in eine dritte Person und lässt dich deine eigenen Beziehungen wie eine dritte Partei betrachten. Das erzeugt die wirkliche Veränderung.*

Das Wachstum, das in Bruhn und Cecile stattgefunden hatte, hatte weniger mit dem zu tun, *was* geschehen war, als *wie* es erfahren wurde. Die alten Muster von Rückzug, Zurückweisung und Wut kamen immer noch hoch, doch beide erfuhren sie auf neue Weise. In dieser beidseitigen Veränderung fanden sie eine neue Art der Nähe. Bhagavan spricht davon, wie Gefühle durch diesen Wechsel der Perspektive verwandelt werden:

> *Man wird immer noch ärgerlich. Ich weiß wirklich nicht, wie ich das erklären kann. Es ist ein Ärger ohne Ärger. Es ist ein Verstehen, in dem kein Verstehen ist. Merkwürdigerweise besteht all das weiter, aber es hat seine Ladung verloren. Man kann sehr ärgerlich mit seinem Ehepartner werden, doch der andere fühlt es nicht als Ärger – und es existiert auch wirklich kein Ärger in ihrem Ärger. Sie versuchen nicht mehr, einander in psychologischen oder philosophischen Bezugssystemen zu verstehen. Alles bleibt dasselbe, aber der Kern des Ärgers fehlt und die Beziehung wird sehr einfach. Paare erfreuen sich*

tatsächlich an dieser Form des Ärgers. Sie sind also nicht frei davon, sondern er ist etwas Vergnügliches geworden.

Wenn Bhagavan sagt, dies sei schwierig in Worte zu fassen, dann steht er damit nicht allein da. Jedes Paar, das ich interviewte und dessen Ehe durch Oneness Blessing verwandelt wurde - einschließlich unserer eigenen - konnte es nur schwer beschreiben. Die Verwandlung liegt nicht primär in Denken, Worten oder Handlungen, sondern in dem Raum, in dem sie sich jetzt begegnen. Wie bei einem Magnetfeld, in dem sich die Eisenspäne von selbst ausrichten, ist es eine unsichtbare Transformation, die für den denkenden Geist, der immer nach Veränderung verlangt, unbedeutend aussieht, für das Herz, das sich Verbundenheit wünscht, jedoch alles bedeutet.

IN DEN SCHMERZ HINEINTAUCHEN

Jede Art von Beziehung wird von Deeksha transformiert, nicht nur romantische oder intime. Deeksha verlagert die Energie vom Reptilienhirn, das eher problemorientiert ist, zu den Frontallappen der Großhirnrinde, und das verleiht uns eine größere Fähigkeit, gesund zu sein - die Dinge so zu erfahren, wie sie sind. Als ich die Praxis von Dr. Eric Hoffman in Kopenhagen besuchte, zeigte er mir zahllose farbige Schaubilder von EEG-Messungen, die vor, während und nach der Deeksha aufgezeichnet wurden. Ich konnte sehen, wie sich große gelbe Bereiche im linken vorderen Stirnlappen öffneten, wenn Oneness Blessing gegeben wurde. Dann zeigte er mir verschiedene EEG-Messungen einer 60-jährigen Frau, deren Tochter vor kurzem an Krebs gestorben war. Sie konnte das Ausmaß ihres Kummers gefühlsmäßig nicht ausleben, und so blieb er in ihrem Körper unterdrückt.

In dem ersten Bild, das vor der Deeksha aufgenommen wurde, zeigten sich eine hohe Alpha-Aktivität und einige Delta-Wellen an der Rückseite ihres Gehirns. Hoffman interpretierte das als Hinweis auf das überaktive Reptiliengehirn, das Gefühle auf Distanz halten will. Das zweite Bild zeigte die Werte während der Deeksha, man sah den vorhersagbaren Anstieg der Beta- und Gamma-Aktivität im linken Frontallappen, in diesem Fall um das 20-fache. Doch das dritte Bild war am aufschlussreichsten. Es zeigte die Aufzeichnungen eine Stunde nach der Deeksha, wobei die Aktivität des linken Frontallappens noch immer stark war und im ganzen Gehirn mehr Alpha-Wellen zu sehen waren. Ich war neugierig und schloss von den anderen Bildern, die er mir gezeigt hatte, dass sich die Frau bei diesem dritten Bild in tiefem Frieden oder in Meditation befunden haben musste. „Oh nein", antwortete Dr. Hoffman, „hier fühlt sie den Kummer um den Verlust ihrer Tochter voll und ganz. Sie brach schluchzend zusammen, während sich die Elektroden noch an ihrer Kopfhaut befanden." Was Hoffmans zufälliges Experiment zeigt, ist, dass das Gehirn in Augenblicken tiefer Gefühle, einerlei ob sie schmerzvoll oder glücklich sind, Merkmale aufweist, die auf ein befreites Bewusstsein hinweisen.

Seit den ersten Kursen von 1992 wurde hauptsächlich Wert darauf gelegt, Ordnung in Beziehungen zu bringen. Anandagiri hat diese Kurse von Anfang begleitet. Er sagt:

> *Damit sich eine Beziehung bessert, muss sie frei von inneren Verletzungen und Schuldgefühlen sein. Entweder wurden Sie selbst tief verletzt oder Sie haben anderen Schmerz zugefügt und fühlen sich deswegen schlecht. Wenn man sich verletzt fühlt, dann ist die beste Möglichkeit, davon frei zu werden, den Schmerz komplett anzunehmen. Und wenn Sie jemandem anderen Leid verursacht haben, dann deshalb, weil Sie nicht fühlen konnten. Sie wussten nicht, wie es ist, diesen psychischen oder körperlichen Schmerz zu empfinden. Alles verändert sich, wenn Sie fühlen, durch was diese Person hindurchgeht, wenn Sie diese Person werden können. Wenn Deeksha gegeben wird, können Sie Ihren Schmerz völlig spüren*

und Sie können den Schmerz fühlen, den die andere Person wahrnimmt. In beiden Fällen blüht Ihr Herz auf – das Herz erwacht. Sie fühlen sich tief verbunden und überhaupt nicht mehr getrennt. Es gibt so viele Verletzungen in uns und es gibt diese Vorstellung, dass man, um männlich und stark zu sein, all die Verletzungen ignorieren und immer weitermachen muss. Je mehr Sie eine Verletzung ausblenden, desto mehr werden Sie davon eingenommen, weil sie Sie ständig verfolgen wird. Dann sind wir ständig mit Gedanken beschäftigt. Wenn Sie die volle Aufmerksamkeit auf Verletzung und den Schmerz richten, ihnen zuhören und sie ganz erfahren, vergehen sie wie von selbst.

Genauso erlebte es die Schauspielerin Laura Harding, als sie am 21-Tage-Oneness-Prozess in Indien teilnahm:

Als ich durch den Prozess hindurchging, meiner Mutter zu vergeben, war es, als legte ich eine Schicht nach der anderen im mir frei. Ich erhielt Oneness Blessing und hatte sofort eine Begebenheit vor Augen, bei der ich mich tief verletzt gefühlt hatte. Dann spürte ich den Schmerz in meinem Bauch und in meiner Brust. Es war wie eine Blase – ich fühlte sie und dann löste sie sich auf. Um frei zu sein, geht es nicht darum, darüber zu reden, wie sehr man die betreffenden Menschen liebt. Man muss ihnen wirklich vergeben – und dass passiert nicht auf der Ebene der Worte, sondern auf der Ebene der Gefühle. Es konzentrierte sich schließlich alles auf einen Schmerzpunkt in meinem Unterleib. Ich war bereit, ihn voll und ganz zu fühlen, und so verschwand auch er. Es war, als wenn sich eine schwarze Wolke von meinem Körper löste – und danach waren viel weniger Gedanken da.

Laura erzählte mir später, ihre Beziehung zu ihrer Mutter habe sich seit jenem Augenblick des tiefen Fühlens völlig verändert.

Immer wieder berichten Menschen, die Deeksha empfangen, von dem Wunder, wie alles, was man voll und ganz fühlt, zu Liebe wird. Wie Bhagavan zuvor erklärte, kann ein Streit durchaus Spaß machen, wenn man ihm keinen Widerstand entgegensetzt. Er sagt aber auch, dass das unmöglich durch eine Entscheidung im Kopf erfolgen kann. Der Verstand beschäftigt sich ausschließlich mit Denken und einer problemorientierten Perspektive. Manche Menschen behaupten sogar, Gehirn und Denken könne man nahezu gleichsetzen. Das wäre so, als würde man das Wort „Magen" ausschließlich mit dem Phänomen „Übelkeit" identifizieren. Deeksha wirkt auf das Gehirn so, dass eine Verlagerung *aus dem Verstand heraus* in reines Erfahren geschieht, sie bewirkt nicht vorrangig Veränderungen im denkenden Geist selbst. Dann erkennen wir, dass die unaufhörliche Gedankenaktivität, die wir Verstand nennen, in Wirklichkeit eine Sonderart der Gehirnaktivität ist. Das gesunde Gehirn erzeugt nicht endlos Gedanken, sondern die Fähigkeit, Leben auf ekstatische Weise zu erfahren.

In all den Jahren haben Amma und Bhagavan unzählige Ehepaare getroffen. Bhagavan bemerkt:

> *Unser Ziel besteht nicht darin, Veränderungen im Verhalten zu bewirken, sondern nur Veränderungen in der Art und Weise, wie wir Dinge erfahren. Wir tragen viele Geschichten in unserem Geist mit uns herum, die Beziehungen manipulieren und steuern. Sie müssen erfahren werden und dann verlieren sie ihre Ladung und stören nicht mehr. Wenn sie nicht mehr von ihnen gesteuert werden, ordnen sich Beziehungen von selbst. Dann sieht der andere sehr anders aus. Ich habe so viele Männer erlebt, die sich von ihren Frauen scheiden lassen wollten. Dann hieß es: „Ich mag sie wirklich nicht, ich mag ihr Gesicht nicht und ihre Hautfarbe und ihre Zähne …" Sobald sie dann die Geschichte des Verstandes ausgesprochen und Deeksha bekommen haben, verliebt sich derselbe Mann in seine Frau*

und die Beziehung ist wieder in Ordnung. Das geschieht fast täglich.

Wenn wir uns von den Geschichten des denkenden Geistes „befreien“, bedarf Vergebung keines Zwanges und keiner Entscheidung. Sie geschieht einfach. Das, was man übel nahm und was bedeutungsschwer war, erscheint auf einmal nicht mehr wichtig - und es bleibt nichts übrig, was zu vergeben wäre.

MUTTER UND VATER

Es gibt zwei Beziehungen, die beim Oneness-Prozess besonders bearbeitet werden: die Beziehung zu unserer Mutter und die Beziehung zu unserem Vater. Bhagavan erklärt, dass diese zwei Hauptbeziehungen die Grundlagen jeder anderen Beziehung sind, die wir später in unserem Leben eingehen:

Wenn sich jemand bei mir über ein Problem mit dem Chef oder Ehepartner oder einem Freund beklagt, ignoriere ich all diese Dinge und gehe direkt zu Mutter und Vater. Wir arbeiten bei der Deeksha mit diesen beiden und alles andere erledigt sich.

Er erklärt, dass uns jede dieser Beziehungen auf verschiedene Weise beeinflusst. Eine problematische Beziehung zum Vater erzeugt finanzielle Nöte in der äußeren Welt. Eine ungeheilte Beziehung zur eigenen Mutter erzeugt überflüssige Hindernisse und Probleme bis hin zum Scheitern der Beziehung.

Anandagiri hat mit diesem Wissen Tausenden von Menschen geholfen, die Beziehungen zu den eigenen Eltern zu klären:

Energetisch ist die Beziehung nur abgeschlossen, wenn Sie für beide Eltern Liebe und Dankbarkeit empfinden. Sonst stehen Sie in der Schuld. Wenn Sie Dankbarkeit fühlen, sind Sie frei und können weitergehen. Vielleicht leben Sie von Ihren Eltern getrennt, aber Sie tragen sie die ganze Zeit mit sich herum. Wir können die Menschen nicht auffordern, dankbar zu sein, das wird nicht funktionieren. Wenn es so leicht wäre, dann hätte sich unsere Welt schon vor langer Zeit verändert. Die einzige Möglichkeit, tiefe Dankbarkeit zu empfinden, besteht darin, die Verletzung voll und ganz zu fühlen, sodass wir vergeben und uns vergeben wird. Dann ist die Beziehung wieder in Ordnung und Sie tragen keine Last mehr. Ihr ganzes Leben wird sich dadurch verändern.

Die Schauspielerin Catherine Oxenberg spielte nicht nur im Fernsehen die Rolle von Lady Diana, sie hat auch selbst königliches Blut, denn ihre Mutter ist Prinzessin Elizabeth von Jugoslawien. Während ihres Oneness-Prozesses in Indien ging sie durch eine tiefe Transformation, was die Beziehung zu ihren Eltern anbelangt. Sie fühlte zunächst nur die Traurigkeit, die sie ihr ganzes Leben lang empfunden hatte, weil sie immer wieder versucht hatte, von ihrem Vater mehr Anerkennung zu bekommen. Trotzdem veränderte sich während des Kurses zunächst nichts. Erst als sie nach Hause kam, erkannte sie, dass sich etwas getan hatte.

Catherines Vater ist jetzt 86 und leidet an Alzheimer. Bevor Catherine Deeksha erhielt, pflegte ihr Vater sie einmal in der Woche anzurufen und sie und ihre Tochter aus Leibeskräften anzubrüllen. Er konnte seine Wut nicht zurückhalten, seine Krankheit machte ihn feindselig und aggressiv. Seit ihrer Rückkehr, sagt sie, sei ihr Vater ein völlig anderer Mensch geworden und könne überhaupt nicht mehr laut zu ihr werden:

Er lebt in Florida, aber er kam bis nach Kalifornien, um mich zu treffen. Er hörte überhaupt nicht mehr auf, liebevolle Dinge zu sagen. Es ist wie ein Wunder. Wenn wir jetzt zusammen sind, erleben wir einfach Freude. Unsere Familiendynamik war immer so voller Feindseligkeit, jeder drückte die Knöpfe des anderen und jeder war vom anderen genervt. Jedes Mal, wenn ich mit einem meiner Eltern zu tun hatte, wurde ich wieder zu einem verletzten Teenager und wir fielen alle in unsere alten, lächerlichen Rollen zurück. Seit Indien ist das völlig vorbei. Ich wurde vollständig von dieser gestörten Familiendynamik befreit, mit der ich all die Jahre gelebt habe. Dadurch wurden alle meine wesentlichen Beziehungen völlig verwandelt.

Wirkliche Spiritualität besteht nicht darin, sofort alle Menschen zu lieben. Es geht darum, die zu lieben, die uns am nächsten sind. Und von da aus, aus jener Stärke und Wahrheit, jenem Kern, kann man weiter in die Gesellschaft und global ausstrahlen. Es muss zu Hause beginnen. Dafür bin ich ewig dankbar. Wir versuchen darüber zu sprechen, wenn wir den Menschen Oneness Blessing geben, aber erst wenn wir sie innerlich berühren, verstehen sie. Dann sieht man ihr Gesicht leuchten und sie sagen: „Oh, jetzt habe ich's kapiert." Es ist etwas so Vertrautes und so süß und kostbar und doch ist es so leicht zu übersehen, weil wir für gewöhnlich so festgefahren in unserem Denken sind.

Diese Art von Wiedergutmachung mit den eigenen Eltern ist möglich, egal wie tief die Verletzung empfunden wird. Viele Menschen, die ich interviewt habe, waren von einem Elternteil verlassen worden und hatten eine völlige Entfremdung erlebt oder gar körperlichen oder sexuellen Missbrauch. Auch wenn bei jenen Menschen die Tiefe des Schmerzes, der darauf wartet, gefühlt zu werden, weitaus größer sein mag und die Hürde der Vergebung viel höher ansetzt - die Kraft der Deeksha kann auch hier den Weg zu Dankbarkeit ebnen. Die Heilung scheint nicht so sehr auf die persönliche Beziehung selbst abzuzielen, sondern mehr auf die umfassendere Beziehung zwischen den männlichen und weiblichen Prinzipien, für die Beziehung zwischen Mutter und Vater nur ein Abbild ist.

Dies ist sogar möglich, wenn nur noch ein Elternteil lebt.

Nahuel Schajris Mutter war eine ungemein vielseitige Frau, sie war Therapeutin, Lehrerin, Künstlerin, Tänzerin und Filmproduzentin. Als sie an einer Herzkrankheit starb, war Nahuel Anfang 20. Er liebte sie zutiefst und konnte den Schmerz ihres Verlustes kaum aushalten. Als er in Indien an einem längeren Oneness-Kurs teilnahm, erlaubte ihm die Deeksha, diesen Schmerz erstmals voll zu erfahren:

> *Es war ein körperlicher Schmerz. Ich weinte, wie ich noch nie zuvor geweint hatte. Mein Körper krümmte sich und schüttelte sich – es war so, als würde ich einen Teil meines Körpers verlieren. Es war sehr schmerzhaft, aber gleichzeitig sehr freudig, weil ich endlich den Schmerz erfahren und ausdrücken konnte. Ich begann zu rufen: „Ich vermisse dich, ich vermisse dich. Ich möchte dich sehen. Ich möchte dich sehen, Mutter." Dann fühlte ich ihre Gegenwart. Ich fühlte, wie sie ihre Hand in meine Hand legte. Nachdem ich eine Dreiviertelstunde lang geweint hatte und all das geschehen war, ging ich ins Badezimmer, weil ich ganz verheult war. Immer noch wiederholte ich: „Ich möchte dich sehen. Ich vermisse dich. Ich möchte dich sehen." Ich blickte auf und sah im Spiegel in meinem Gesicht ihr Gesicht. Ich sah ihr Gesicht. Sie lächelte zu mir zurück und ich hörte in meinem Kopf diese Worte: „Du kannst mich jeden Morgen sehen, wenn du dich selbst im Spiegel anschaust. Du bist ein Teil meines Körpers." Das sagte sie zu mir und lächelte. Ich war so glücklich, weil mir durch und durch klar wurde, dass sie lebt. Sie lebt und sie sieht mich und sie sieht meinen Bruder und meine Schwester und sie weiß, was wir tun, und sie teilt all unser Glück und unsere Sorgen.*

ONENESS BLESSING AUF DER COUCH

Da die Deeksha eine außergewöhnlich gute Wirkung zur Heilung von Traumata und Beziehungen entwickelt, haben Psychotherapeuten auf der ganzen Welt sie in ihre Therapie integriert. Ralf Franziskowski beispielsweise ist ein Psychotherapeut und Arzt in Deutschland. Er sagt:

In meinen Einzelsitzungen und Therapiegruppen fühle ich mehr und mehr, dass eine Atmosphäre herrscht, die nichts mehr mit einer getrennten Wesenheit namens „Ich" zu tun hat. Diese Atmosphäre führt meine Patienten tiefer und sie kommen schneller zu sich selbst. Es existiert kein Bewusstsein eines getrennten „Ichs" das etwas tut. Es ist so befreiend, wenn es nicht da ist. Sie vertrauen so viel mehr, sie vertrauen dem Leben.

Lynn-Marie Lumiere arbeitet als Psychotherapeutin in Oakland, Kalifornien. Sie hat sich auf Beziehungsprobleme spezialisiert und sie hat ebenfalls eine Ausbildung in Körpertherapie. Nach ihrer Teilnahme am 21-Tage-Oneness-Prozess in Indien begann sie, Deeksha bei einigen ihrer Klienten einzusetzen, indem sie die Energie gedanklich oder während der körpertherapeutischen Arbeit durch Handauflegen an ihre Patienten weitergab. Dadurch kam es zu teilweise dramatischen Veränderungen. Eine tief traumatisierte Patientin, die sich nicht liebenswert und wertlos fühlte, arbeitete an ihrem negativen Selbstbild. Sie sah sich ständig als Opfer der Umstände und klagte bitter über ihr Leben. Nach ihrer ersten Deeksha ...

... schaute sie sich im Raum um, als würde sie die Dinge zum ersten Mal sehen. Sie erzählte, sie sehe in allem eine solche Schönheit und empfinde bereits Freude, wenn sie einen Baum vor dem Fenster sehe oder die Farben der Blumen im Raum. Sie war einfach genau hier im gegenwärtigen Moment. Sie

> *sagte: „Oh mein Gott! Das öffnet mir eine völlig neue Welt! Ich fühle mich so heil und ganz, indem ich einfach nur hier bin. So viel Freude liegt darin, einfach nur zu sein. Jetzt weiß ich selbst, dass alles okay ist, wie es ist. Und ich fühle mich von einer Liebe getragen, die innen und außen überall gegenwärtig ist. Es ist wunderschön!"*

Wie Lynn-Marie Lumiere berichtet, hat sich die Veränderung nicht nur bei dieser Patientin, sondern auch bei mehreren anderen Klienten mit der Zeit weiter stabilisiert.

Eine andere Klientin von Lumiere neigte dazu, permanent ärgerlich zu sein. Sie erzählt, dass die Deeksha ihre Erfahrung in der Welt und mit anderen in Beziehung zu stehen, verändert hat. Dies war immer ein schwieriges Thema für sie gewesen, da sie sehr gehemmt war und den Menschen nur schwer in die Augen schauen konnte. Nachdem sie mehrere Deekshas erhalten hatte, berichtete sie Lumiere:

> *Die Wirkung, welche die Deeksha-Energie auf mich während der Therapiesitzungen hat, ist bemerkenswert. An manchen Tagen werden die Fragen und Probleme weniger anstrengend und plötzlich sehe ich sehr klar die Antworten. An anderen Tagen gehe ich, nachdem ich das Oneness Blessing bekommen habe, in die Welt hinaus und fühle mich wie ein ganz neuer Mensch. Das heißt, ich kann den Menschen in die Augen schauen und fühle mich okay mit mir selbst. Oft gehe ich dann raus und mir passieren alle möglichen schönen Dinge. Die Leute lächeln mich an oder sie tauchen einfach auf, um mir zu helfen. Mir begegnen so viel Freundlichkeit und Unterstützung. Ich nehme die Dinge anders wahr. Ich fühle mich weniger bedroht und liebevoller.*

GÖTTLICHE BEZIEHUNG

Bei einigen Menschen hat die Deeksha nicht nur gestörte Beziehungsmuster geklärt, sondern hat sie in eine völlig neue Art des Miteinanders katapultiert. In der Einleitung erwähnte ich, dass eines der beeindruckendsten Phänomene, die ich bei meinem ersten Besuch der Oneness University beobachten konnte, die Beziehung zwischen den Dasas war. Es gibt viele östliche Lehrer und Lehren, die in den letzten Jahrzehnten Einfluss auf den Westen ausgeübt haben. Etliche darunter haben sich in Machtspielen verfangen. Der Wettbewerb um den schnellsten spirituellen Aufstieg und die größte Nähe zum jeweiligen spirituellen Führer verleitet dazu, die ursprüngliche Mission zu verdrängen. Obwohl auch bei den westlichen Vertretern der Oneness-Bewegung gewisse Züge davon zu beobachten waren, ist die Beziehung zwischen den 170 Dasas selbst außergewöhnlich und für viele Westler, die langjährige Erfahrung in organisierter Spiritualität haben, wie eine frische Brise und Inspiration.

Ich selbst war sehr skeptisch, nachdem ich Oneness Blessing zum ersten Mal erlebte hatte. Würde es auch in dieser Bewegung die üblichen Machenschaften und Intrigen geben, die ich woanders erlebt hatte? Ich habe wirklich aufgepasst. Bei den Recherchen für dieses Buch habe ich viele Tage mit Anandagiri und Samadarshini verbracht und beobachtet, wie sie mit den anderen Dasas umgehen. In den mehr als sieben Wochen, die ich alles in allem an der Universität verbrachte, kann ich mich an keine einzige Begebenheit erinnern, wo ich Ungeduld, Stress oder Konflikte unter den Dasas erlebt hätte. Bitte zeigen Sie mir eine andere spirituelle Organisation, für die das zutrifft. Viele der Dasas schlafen weniger als zwei Stunden pro Nacht und kümmern sich um Hunderte von westlichen Besuchern täglich - ganz abgesehen von all den Anrufen und E-Mails, die sie außerdem noch beantworten müssen.

Ich fragte Anandagiri, wie sie das bewältigen:

> *Wir haben nie darüber nachgedacht. Ich glaube, wir sind einfach so geworden, weil wir mit Amma und Bhagavan aufgewachsen sind. Wir hatten nie die Vorstellung, wir sollten nett zueinander oder wir eine Familie sein. Es ist einfach so. Und wenn uns keiner darauf aufmerksam macht, wie schön wir leben, merken wir es noch nicht einmal. Ich weiß nicht, wie es in anderen Organisationen ist. Vielleicht existieren spiritueller Ehrgeiz und ähnliche Konzepte nicht für uns, weil wir, d. h. alle Dasas, so viel erfahren haben. Uns wurde so viel geschenkt, wir können nicht noch mehr wollen. Wir sind sehr einfache und zufriedene Menschen.*

Ich befragte Amma und Bhagavan auch über die Erfahrung ihrer eigenen Beziehung.

Amma sagte:

> *Wir sind eins. Wir gehen miteinander um wie Freunde. Manchmal trifft Bhagavan seine Entscheidungen und ich meine. Obwohl unsere Entscheidungen verschieden sind, wird letztlich das Ziel, das wir beide erreichen, dasselbe sein. Wir sind der mütterliche und der väterliche Aspekt des Göttlichen. Bhagavan schenkt den Menschen Gnade als Vater. Ich als Mutter erfülle ihre Wünsche, komme ihren Bedürfnissen entgegen, nehme mich ihrer gesundheitlichen Probleme an, all das. Bhagavan geht es um das spirituelle Wachstum der Menschen, die er zur Befreiung führen möchte. Das ist sein Ziel, während ich darin aufgehe, die Wünsche der Menschen zu erfüllen. Seit meiner Hochzeit ist mein Mann immer bei mir gewesen. Wir waren seit 30 Jahren nie getrennt. Um des Dharma willen haben wir die letzten beiden Jahre an verschiedenen Plätzen gelebt. Doch selbst wenn wir physisch getrennt sind, sind wir als Antaryamin innerlich eins.*

Bhagavan sprach ähnlich von seiner Ehe:

Wir haben kein persönliches Leben. Wir diskutieren keine persönlichen Angelegenheiten wie ein normales Paar. Wir haben nur ein öffentliches Leben. Wir denken nur an die Devotees, die Bewegung, die Dasas und was wir tun sollten. Darum drehen sich die Gespräche. Es gibt nichts Persönliches, weil es kein persönliches Leben gibt. Da drinnen befindet sich keine Person, die einen persönlichen Dialog führen könnte. Sie gibt es nicht.

Er sprach auch über seine Beziehung zu seiner Mutter und zu seinem Sohn Krishna:

Meine eigene Mutter starb auf meinem Schoß. Ich fühlte Schmerz, weil ich sehen konnte, dass sie nicht gehen wollte. Es berührte mich, aber nicht als isolierte Person. Für mich war es nicht so, dass es „meine" Mutter war, die starb. Es hat mich nicht auf diese Weise berührt. Ich war einfach bei ihr und schließlich starb sie in einem Zustand großer Freude. Es geht darum, die eigene Position vom Verstricktsein hin zum Zeugen des Geschehens zu verlagern. Ich sah, wie ein wunderschönes Wesen, das mir so sehr geholfen hat, verstarb. Und ich wusste auch, wohin sie ging. Insofern war ich glücklich. Gleichzeitig sah ich, wie die anderen tiefe Trauer hatten. Und das machte mich betroffen.

Ähnliches gilt für meinen Sohn Krishna. Ich weiß, dass er mein Sohn ist, und doch ist meine Beziehung wie die zu einer dritten Person. Ich verkehre mit ihm wie mit jedem Dasa. Da besteht kein Unterschied. In der praktischen Beziehung besteht kein Unterschied. Aber ich bin mir schon bewusst, dass er mein Sohn ist. Manchmal fordert er: „Du musst ein Vater für mich sein." Manchmal ziehe ich eine Show für ihn ab und er weiß, dass ich eine Show mache. Ich erkundige mich manchmal nach den Dingen, so wie es ein Vater tun würde. Und dann ist er zufrieden.

Ich fragte beide auch, wie ihre Beziehung zu der übrigen Welt sei, zu den fast sieben Milliarden Menschen und den zahllosen Lebewesen auf dieser Erde. Amma antwortete:

Die ganze Menschheit ist ein Wesen. Alle Menschen sind im Grunde eine Person. Du solltest nicht meinen, dass das, was in mir vorgeht, sich von anderen unterscheidet und einzigartig ist, dass sich meine Gedanken von denen der übrigen unterscheiden. Es ist das Leid aller Menschen, das durch uns hindurchgeht. Man braucht eine innere spirituelle Erfahrung, um dies zu erkennen und zu fühlen. Dann stellt sich automatisch Liebe ein. Man kann es direkt erfahren. Es gibt keinen anderen Weg. Deshalb ist das, was im anderen passiert, und das, was in dir passiert, nicht verschieden. Alles ... alles ist eins. Nur wenn du diese Erfahrung hast, ist wahres Mitgefühl möglich.

KAPITEL 7

ONENESS BLESSING FÜR JUNGE MENSCHEN

In der heutigen Welt aufzuwachsen kann eine verwirrende Erfahrung sein. Die Heranwachsenden sind Zeugen globaler Klima-Veränderungen und weltweiter Ölknappheit. Sie leben in einer Welt mit angeblich zivilisierten Staaten, in denen gefoltert wird, in der wirtschaftliche Ungleichheit weit verbreitet ist und in der der Kommerzialisierungswahn täglich neue Höhepunkte erreicht ... Es ist wie ein Irrenhaus. Viele junge Menschen fühlen sich machtlos. Ihre Familien sind zerbrochen, sie sind verloren und unsicher und zweifeln daran, ob sie geliebt werden. Vor allem in Amerika, wo die Gesetze des Kapitels jeden Lebensbereich erfasst haben - sei es in der Schule, im Sport oder in der Kunst -, fühlen sich viele Kinder nur noch als Konsumenten gesehen und ausgenutzt. Kein Wunder, dass substanziellere Werte oder Ziele so leicht aus dem Auge verloren werden. Als ich mit Collegestudenten Interviews für mein letztes Buch *Die lautlose Revolution* führte, lauteten die Begriffe, die ich am häufigsten hörte „machtlos", „überwältigt" und „verloren".

Die Oneness University in Indien hat in den letzten Jahren sehr viel Wert darauf gelegt, der jüngeren Generation zu helfen - vor allem der indischen Jugend und in letzter Zeit auch jungen Menschen aus der ganzen Welt. Seit 2004 konnten mehr als 52.000 Heranwachsende an den sechstägigen Jugendprogrammen der

Oneness University teilnehmen. Die Ergebnisse waren beeindruckend. Bhagavan erklärt die Ziele, die er mit diesen Kursen verfolgt:

Wir möchten, dass die Jugend eigenständig wird, liebevoll und fröhlich. Wir möchten glückliche Menschen hervorbringen, denn aus glücklichen Menschen entsteht eine glückliche Welt. Um glücklich zu sein, sollten sie frei von dem Bewusstsein eines getrennten Ichs sein. Wir helfen ihnen, zu wirklich menschlichen Wesen zu werden, und das ist identisch mit dem Erblühen des Herzens. Die Gesellschaft sollte so strukturiert sein, dass das Herz des Kindes genährt wird.

Was wir fördern wollen sind Jugendliche, die Weltbürger sind. Junge Menschen, die sich um ihre Mitmenschen kümmern und denen es nicht um Nationalismus oder eine bestimmte Religion geht. Wir brauchen eine Welt, in der es keine nationalen Grenzen gibt, keine Abgrenzungen durch Rasse oder Religion. Keine Trennung irgendeiner Art. Dann werden sich die jungen Menschen wohl fühlen.

Samadarshini hat diese Kurse von Anfang an entwickelt und geleitet. Sie erklärt, dass der Grundkurs von sechs Tagen für Menschen im Alter zwischen 15 und 30 bestimmt ist, d. h. für Menschen, die noch studieren oder gerade ihre berufliche Laufbahn beginnen, und dass jeder Kurs bis zu 150 Teilnehmer hat. Die meisten kommen, weil sie von den Wirkungen der Deeksha bei ihren Freunden oder Kollegen beeindruckt sind; andere werden von ihren Eltern geschickt. An jedem der sechs Tage erforscht der Jugendkurs ein anderes Thema, sodass jeder Tag eine spezielle Einsicht oder Veränderung mit sich bringt. Zeigt sich diese Erfahrung für manche nicht, setzen sich die Dasas so lange mit ihnen zusammen, bis ein bestimmtes Ergebnis erzielt ist. Samadarshini erklärt:

Dieses Land der Oneness University ist uns sehr heilig, denn es wurde von Tränen der Dankbarkeit vieler Eltern benetzt.

Unsere Absicht besteht darin, erfolgreiche Menschen hervorzubringen, die ein mitfühlendes Herz besitzen. Wenn ein Mensch erfolgreich ist, aber kein Herz hat, wird er zu einer Gefahr für die Gesellschaft und für sich selbst. Wenn ein Mensch gut, nett und liebevoll ist, aber im Leben ständig versagt, dann verliert er früher oder später das Vertrauen in das Leben und wird bitter und unglücklich. Was mit diesen jungen Leuten in sechs Tagen passiert, ist phänomenal. Nur wenn man es miterlebt, kann man an diese Möglichkeit glauben. Der Kurs besteht aus einer Vielzahl unterschiedlicher Themen, aber er beinhaltet auch die Deeksha, die jede Unterweisung zu einer persönlichen Erkenntnis werden lässt.

Der Lehrplan der Kurse an der Oneness University wird ständig weiterentwickelt, erklärt Samadarshini. Jeder Tag bearbeitet einen zentralen Bereich, mit dem die Teilnehmer in ihrem Leben konfrontiert werden.

1. Tag: Die Vision

Samadarshini erklärt: Der erste Tag des Jugendkurses konzentriert sich auf die Lebensvision der Jugendlichen.

So viele der Jugendlichen, die hier herkommen, haben überhaupt keine Vision. Sie fliegen umher wie trockene Blätter, wo immer der Wind sie hinweht. Am ersten Tag des Kurses ist ein gewaltiger Widerstand zu spüren. Die Jugendlichen haben das Gefühl, es wird langweilig, und möchten am liebsten gleich wieder fahren. Aber ein Leben ohne eine Vision ist wie eine Reise ohne Ziel. Es sind die Ziele und Ideale, die unserem Leben Bedeutung verleihen. Je größer deine Vision ist, desto größer wirst du als menschliches Wesen. Wir helfen den Jugendlichen, ihre eigene Vision für ihr Leben zu finden. Jeder hat seine Bestimmung, jeder hat seinen eigenen Grund, weshalb er hier ist. Nur wenn wir wissen, warum wir hier sind, können wir auch unsere Vision verstehen und anfangen, danach zu planen. Hindernisse sind ein Teil des Weges. Unser Ziel ist es, bewusste Menschen zu entwickeln, Menschen, die sich Gedanken machen.

2. Tag: Die Beziehung zu den Eltern

Der zweite Tag des Jugendkurses dient dazu, die Beziehung der Jugendlichen zu ihren Eltern in Ordnung zu bringen: sowohl den Schmerz zu fühlen, den sie selbst in sich angestaut haben, als auch den Schmerz, den sie ihren Eltern verursacht haben. Samadarshini erklärt:

Bis zum zweiten Tag haben sich mindestens 95 Prozent der Jugendlichen bereits völlig verändert. Der zweite Tag ist ein sehr großer Einschnitt, weil die Teilnehmer mit sich selbst ins Reine kommen, sie finden zur Selbstakzeptanz. Der nächste Durchbruch kommt, wenn ihre Beziehung zu ihren Eltern geheilt wird, denn das ist die Hauptgrundlage, auf der das Leben aufbaut. Sie erfahren den Schmerz, den ihre Eltern durchgemacht haben. Am Ende des Tages haben sie so viel Liebe für ihre Eltern entwickelt, dass alle Verletzungen vergeben sind. Alle Wunden sind geheilt und zum ersten Mal werden sie feinfühlig. Sie erkennen den Schmerz, den sie dadurch verursacht haben, dass sie egoistisch waren; sie erkennen, dass sie ihre Eltern missachtet haben, dass sie ihre Eltern gar nicht richtig kennen, dass sie die Wünsche, Ängste und Sorgen ihrer Eltern nicht gefühlt haben. Sie kommen in Kontakt mit ihren Eltern, und dadurch kommen sie in Kontakt mit dem Leben, was sie sehr, sehr sicher macht. Danach ordnen sich alle anderen Beziehungen wie von selbst.

Viele möchten tatsächlich am zweiten Tag abfahren und zu ihren Eltern gehen, um ihnen zu sagen, wie sehr sie sie lieben. Gleichgültig, wer ihre Eltern sind oder unter welch unange-

nehmen Verhältnissen sie gelitten haben; egal, wie ihre Vergangenheit war, sie entdecken die Liebe zu ihren Eltern neu und beginnen diese Liebe als Liebe zu ihren Brüdern, Schwestern und Lehrern auszudrücken.

3. Tag: Gott und Gnade

Am dritten Tag werden die Teilnehmer angeleitet, das Bild zu erforschen, das sie von Gott haben. Samadarshini erklärt, sobald die Beziehung zu den eigenen Eltern in Ordnung gebracht sei, werde sich das sogleich in unserer Beziehung zum Göttlichen widerspiegeln:

Das ist der Tag, an dem sie lernen, wie sie beten und sich mit dem Göttlichen verbinden können. Ohne eine Verbindung zum Göttlichen ist jeder Mensch ein Waisenkind. Es ist egal, welchen Namen und welche Form wir diesem Göttlichen geben. Die Schüler finden eine Verbindung zu ihrem persönlichen Gott und ihre Herzen öffnen sich der Möglichkeit von Wundern. Viele erfahren schon während des Kurses eine ungeheure Heilung ihres Körpers. Bhagavan spricht vom Göttlichen als einem „Phänomen, das abhängig ist vom Beobachter". Gott ist wie Ton und du bist der Töpfer. Du kannst dem Göttlichen jede Form geben, die du wünscht. Wir fordern die Jugendlichen auf, ihre bisherige Auffassung von Gott zu betrachten. Ist Gott jemand, der nur sehr zögerlich seinen Segen gibt? Ist Gott jemand, der endlos prüft, bevor er segnet? Ist Gott jemand, der von dir erwartet, rein und vollkommen zu sein, bevor er seine Gnade schenkt? Was ist deine Auffassung von Gott? Wir fordern die Jugendlichen auf herauszufinden, wie ihr Gottesbild bislang gewesen ist, und zu sehen, wie es ihr Leben beeinflusst hat.

In dem Maße, in dem all dies geklärt wird, lernen die Jugendlichen, sich mit dem Göttlichen durch das Herz zu verbinden. Die Christen fühlen Jesus, die Moslems den Propheten Mohammed und die Hindus Krishna oder Rama. Einige Teilnehmer entwickeln eine innere Beziehung mit Amma und Bhagavan und manche nehmen einfach das Göttliche als das Leben selbst wahr. Doch alle sprechen von einer Gnade, einer Führung und inneren Verbindung, die ihnen hilft und sie dabei unterstützt, Entscheidungen zu treffen und sich sicherer zu fühlen.

4. Tag: Die Natur des Verstands

Samadarshini fährt fort:

> *Universitäten und Colleges lehren uns Überlebenstechniken, aber sie lehren uns nicht, wie man lebt. Wir müssen mit uns selbst klarkommen. An diesem Tag lernen die Jugendlichen, mit ihrem eigenen Verstand umzugehen, mit dem, was in ihrer Kindheit passierte und mit den verschiedenen Persönlichkeiten, die in ihnen existieren, mit ihrem unbewussten Verstand und ihrem bewussten Verstand.*

5. Tag: Intelligenz und Kreativität

Am fünften Tag erhalten die Schüler eine kraftvolle Deeksha, um die Energie im Gehirn wieder ins Gleichgewicht zu bringen. Sie erkennen den Unterschied, wann Entscheidungen aus angesammelten Glaubenssätzen resultieren oder eine direkte Antwort auf den gegenwärtigen Moment darstellen. Sie lernen die Kunst, in die Stille zu gehen und Entscheidungen, die daraus hervorgehen, anzunehmen. Sie erkennen tief verwurzelte Muster von Kontrolle und Dominanz; das Verlangen, die Dinge so zu erfahren, wie wir es wünschen; das Verlangen, Recht zu behalten und den anderen ins Unrecht zu setzen - und wie dies unsere Möglichkeiten einengt. Samadarshini kommentiert:

> *Viele von ihnen entdecken an diesem Tag ihren inneren Führer oder die Verbindung zur kosmischen Intelligenz. Sie entdecken den Wert innerer Stille und entwickeln einen*

Zugang dorthin. Sie kommen in Kontakt mit ihrem höheren Selbst und öffnen sich der inneren Führung.

6. Tag: Führung und Verantwortung

Schlussendlich bekommen diese jungen Menschen ein Gefühl davon, Teil eines größeren Ganzen zu sein, und erkennen, wie wichtig es ist, nicht nur von sich selbst eingenommen zu sein. Sie verstehen, dass das Leben viel sinnvoller werden kann, wenn man zu etwas Größerem beiträgt: zu etwas, das über die eigenen unmittelbaren Bedürfnisse hinausgeht. Und sie lernen, all das, was sie in ihren sechs Tagen gelernt haben, auch an andere Jugendliche weiterzugeben. Samadarshini erklärt:

Wenn diese Verantwortung bereits früh im Leben erkannt wird, werden die Menschen zu einem Segen für die Welt, in der sie leben. Sie entdecken, dass Glück auch darin liegt, einander zu helfen. Vergnügen ist, sich selbst zu helfen – Glück besteht darin, anderen zu helfen. Sie erhalten eine bestimmte Deeksha, die ihnen die Kraft gibt, andere zu heilen. Sie finden zu dem Wissen und der Weisheit, durch die sie ihren Freunden und der Gesellschaft, in der sie leben, helfen können.

Am Ende dieser sechs Tage sind sie ganzheitliche Menschen, Menschen, die ein vollkommenes Gleichgewicht zwischen Verstand und Herz besitzen.

• • •

Als Vater zweier Kinder - eines kurz vor der Pubertät, ein anderes ist bereits ein Teenager - war ich sehr skeptisch bezüglich dessen, was in so wenigen Tagen mit einer Gruppe von Heranwachsenden erreicht werden kann. Es handelt sich schließlich um eine Altersgruppe, die für ihren Widerstand und ihre Aufmüpfigkeit bekannt ist. Als ich ihr meine Zweifel mitteilte, fragte mich Samadarshini, ob ich einige der Jugendlichen treffen wolle. Nach Abschluss des 6-Tage-Kurses werden viele von ihnen noch zu einem kostenlosen 14-tägigen Fortgeschrittenen-Training für Führungskräfte eingeladen. Mehr als 3.000 junge Führungskräfte absolvieren jährlich dieses Programm. Zufällig war ein solcher Fortgeschrittenenkurs mit mehr als 250 Teilnehmern für einige Tage später angesetzt.

So kam es, dass ich bald darauf einer Armee dunkelhäutiger, lachender Buddhas mit strahlenden Augen gegenübersaß. Zynismus hin oder her, ich war inspiriert und überrascht. Diese Gruppe junger Menschen war nicht fanatisch oder übereifrig; sie konnten über sich selbst lachen und Verschiedenheiten akzeptieren. Als junge Menschen waren sie außergewöhnlich, weil sie enthusiastisch waren - nicht so sehr im Hinblick auf eine bestimmte Richtung als vielmehr im Hinblick auf das Leben und die Zukunft generell. Sie waren optimistisch und vertrauensvoll, sie verbreiteten eine Stimmung von „ich kann es schaffen". Ungewöhnlich für indische Jugendliche, die in ihren Zielsetzungen recht bescheiden sein können, waren diese jungen Menschen von einem Feuer beseelt, etwas Bedeutsames aus ihrem Leben zu machen und etwas zur Verbesserung der Welt beizutragen. Die Atmosphäre erinnerte mich mehr an ein Motivationsseminar als an eine spirituelle Gruppe. Es waren nicht nur ihre Geschichten von Erfolg und Heilung, die mich inspirierten - es war das Licht in ihren Augen, die spontane Heiterkeit, die immer wieder durchbrach, und die Art und Weise, wie sie einander lobten und berührten:

Mehr als drei Stunden verbrachten sie damit, mir ihre Geschichten zu erzählen:

Indiras Vater zum Beispiel war von zu Hause weggegangen, als sie erst zwei war. Als sie heranwuchs, hasste sie nicht nur ihn, sondern alle Männer und verwickelte sich häufig in Streitigkeiten mit Automechanikern, Busfahrern und Nachbarn.

„*Durch die Deeksha*“, erklärte sie, *wurde ich fähig, die Gefühle zu erfahren, die mein Vater hatte, als ich klein war. Als ich nach Hause zurückkehrte, wollte ich ihm sagen, dass es mir leid tat. Als ich ihn sah, konnte ich spüren, dass er Schwierigkeiten hat, sich auszudrücken. Und dann wusste ich, egal aus welchem Grund er und meine Mutter sich getrennt hatten, er liebt mich noch. Er sagte mir, wie schlecht er sich gefühlt hätte, dass er nicht für mich sorgen konnte und mich und meine Mutter verlassen hatte. Jetzt ist alles anders: Wir sind Freunde. Ich habe jetzt eine sehr enge Verbindung mit meinem Mann und keine Auseinandersetzungen mehr mit Automechanikern und Nachbarn.*“

Santosh fand nach dem Jugendkurs zu einer Laufbahn als Software-Ingenieur und arbeitete sich schnell hoch. Seine Familie war arm, sie hatte alle Ersparnisse für die Erziehung der Kinder verbraucht. Innerhalb von einigen Jahren konnte Santosh seinen Eltern ein Haus kaufen.

Vielen der Studenten fiel es nun erheblich leichter, zu studieren und die Examen abzulegen. Andere überwanden ihre Angst vor dem Sprechen in der Öffentlichkeit und viele berichteten von einer neuen Leichtigkeit und einem Vertrauen in ihre innere Führung. Und natürlich wussten fast alle von ihnen bemerkenswerte Geschichten über die Heilung ihrer Beziehung zu ihrer Familie zu berichten.

Wer mich an jenem Tag am meisten beeindruckte, war eine junge Frau namens Jaya. Sie war in einer ländlichen Gegend geboren und bekam mit elf Monaten Kinderlähmung. Zurück blieben erhebliche, sichtbare Behinderungen: Ihr linkes Bein ist zu etwa 90 Grad verwachsen und sie zieht es beim Gehen hinter sich her. Seitdem sie sich erinnern kann, war Jaya davon überzeugt, dass ihre Mutter und ihre ältere Schwester sie nicht mochten. In Indien stellt es eine enorme Behinderung dar, an Kinderlähmung erkrankt zu sein. Jaya erzählte mir, ihre Chancen zu heiraten oder irgendeine Arbeit zu bekommen, seien minimal gewesen. „Ich war wirklich sehr verwirrt, was ich mit diesem Leben anfangen sollte. Würde ich sterben, ohne der Familie oder der Gesellschaft irgendeinen Nutzen erwiesen zu haben? Würde ich jemals einen Job finden können? All diese Fragen belasteten mich."

Vom ersten Wochenend-Deeksha-Kurs an, den Jaya besuchte, noch bevor die Jugendkurse begannen, veränderte sich alles. Heute besitzt Jaya ein entspanntes Vertrauen in sich selbst. Sie ist mit Venkatesh verheiratet, einem erfolgreichen, jungen Künstler und Software-Manager. Sie hat sich rasch in Chennais expandierender Computerindustrie emporgearbeitet und zusätzlich zu ihrer Position als Teamleader in ihrer Firma haben sie und Venkatesh ihre eigene florierende Web-Design-Firma gegründet. Jaya kann Ihnen mit ihren eigenen Worten erzählen, was mit ihr geschah:

Bevor ich den Jugendkurs besuchte, war ich kein besonders offener Mensch. Ich ging nie auf Menschen zu, sprach niemals Menschen aus eigener Initiative an. Nach dem Kurs sah ich, dass ich mit Menschen umgehen konnte. Egal, was ihr Problem ist, ich kann ihnen helfen; ich werde sie zufriedenstellen können. Jeder konnte den Unterschied an mir bemerken. Wenn ich heute irgendwelche Zweifel habe, macht es mir nichts aus, sie auch öffentlich zu artikulieren – wie Menschen es sonst selten tun. Ich kann sogar in einer Menge von 100 Menschen reden. Ich weiß nicht, wie sich diese Führungsqualität entwickelte, aber ich habe das Gefühl, dass ich heute eine sehr erfolgreiche Führungskraft bin. Als ich aus dem Kurs kam, war ich verändert. Wir haben so viele Blockaden in uns, dass wir unsere Stimme in der Öffentlichkeit nicht erheben können. Obwohl wir das Potenzial dazu haben, halten uns diese inneren Blockaden zurück. Es ist nur unsere eigene Selbstwahrnehmung, die diese Blockaden verursacht.

Am sechsten Tag wird darüber gesprochen, was eine Führungskraft ausmacht. Dabei geht es nicht darum, Menschen herumzukommandieren, sondern darum, mit ihnen zu arbeiten. Führungsqualität besteht darin, Menschen mitzunehmen.

Zwei Fragen brannten auf meiner Seele, als ich die Gruppe an jenem Nachmittag verließ. Erstens: Wie habt ihr das geschafft? Ich habe in den USA mit jungen Leuten gearbeitet und meine Frau hat in Norwegen als psychologische Betreuerin mit Teenagern nach deren Entzug gearbeitet. Veränderungen auf dieser Ebene benötigen normalerweise Monate und es besteht eine sehr hohe Rückfallquote. Samadarshini versuchte, diese Frage zu beantworten:

Es können psychologische oder philosophische Elemente eine Rolle spielen. Das sind jene Faktoren, die man beschreiben kann. Aber es gibt andere Faktoren, die wichtiger sind. Erstens sind alle Kursleiter in einem sehr hohen Bewusstseinszustand. Es sind Menschen, die völlig geheilt sind. Wenn sie sprechen, lieben sie die Menschen, die sich vor ihnen befinden, sie lieben die Jugendlichen. Zweitens ist es die Präsenz, die das ganze Gelände hier durchdringt. Und das Dritte ist die Deeksha. Das ist das integrale Element. Ohne das Oneness Blessing wäre nichts von all dem möglich. Täglich erhält jeder Student eine Deeksha durch Handauflegen von einem oder mehreren Deeksha-Gebern. Deshalb funktioniert es.

Ich stellte vielen Jugendlichen dieselbe Frage: Warum hat das für dich funktioniert? Viele von ihnen hatten andere Motivationskurse mit geringem oder gar keinem Resultat besucht. Die Antworten waren alle recht ähnlich. Hören wir Santosh, einen 23-jährigen Ingenieur:

Es fanden Veränderungen im Gehirn statt, das konnte ich fühlen. Muster, die Versagen, Mutlosigkeit und Antriebsschwäche erzeugten, wandelten sich in positive Kräfte.

Die Neuausrichtung geschieht auf der Ebene der Neuronen, nicht in deinen Ansichten oder im Verhalten.

Bhagavan pflichtet bei:

90 Prozent der Jugendlichen, die teilnehmen, verändern sich in den sechs Tagen dramatisch. Die restlichen zehn Prozent müssen vielleicht noch einmal zu einem weiteren Kurs kommen. Es funktioniert, weil wir die Gehirnphysiologie modifizieren können, es ist eine neurobiologische Transformation. Deshalb passieren diese unglaublichen Veränderungen: Sie sind permanent, unwiderruflich und überwältigend – jeder kann es sehen. Deshalb ist sogar die Regierung darauf aufmerksam geworden. Sie schicken uns hartgesottene Gewalttäter, die terroristisch aktiv sind. Und diese kehren friedlich von hier nach Hause zurück.

Meine zweite Frage war: Können dieselben Ergebnisse auch im Westen, mit westlichen Jugendlichen erreicht werden? Samadarshini war ehrlich zu mir und bekannte, sie sei sich nicht sicher.

Wir haben diese Kurse noch nicht für andere Nationalitäten ausprobiert. Aber ich glaube, es sollte funktionieren, weil die darin enthaltenen Prinzipien universal sind. Ob sie Amerikaner oder Inder sind, ihre Eltern sind der Ursprung. Und wie wir Schmerz in unserem Bewusstein erfahren, ist dasselbe.

Ich wies darauf hin, dass der Zerfall der Familie im Westen noch viel massiver sei als in Indien. In ihrer natürlichen, optimistischen Art erwiderte Samadarshini zuversichtlich:

Wenn die Situation schlimmer ist, dann ist die Heilung noch notwendiger und der Ruf zum Göttlichen wird noch stärker sein. Je größer die Not desto stärker ist die Kraft der Deeksha, die fließt.

Es gibt Pläne, in Indien spezielle Kurse für westliche Jugendliche zu erschwinglichen Preisen anzubieten. Vielleicht laufen sie bereits, wenn Sie dieses Buch lesen. Um schon erste Stellungnahmen von westlichen Jugendlichen über ihre Erfahrungen mit Deeksha zu hören, musste ich mich ziemlich umschauen. Aber es gibt auch diese. Hier einige Stimmen:

Alex und Dorian Kingi gehören zur kleinen, aber wachsenden Anzahl westlicher Jugendlicher, die am 21-Tage-Deeksha-Kurs in Indien teilgenommen haben. Sie fuhren hin, weil ihre Mutter, die Schauspielerin Lindsey Wagner, bereits den Oneness-Prozess absolviert hatte und sie dazu ermutigte. Dorian ist 23, lebt in Los Angeles und arbeitet je nach Möglichkeit als Stuntman und Schauspieler:

> *Es ist schwer, wenn man jung ist und durch Filme, Fernsehen, laute Musik und schnelle Autos desensibilisiert ist. Dann ist es schwer zu sagen, was Fantasie und was Wirklichkeit ist. Die meisten von uns haben vor vielem Angst, was so angeboten wird. Ist das ein vorübergehendes High oder wird es wirklich bleiben? Den meisten wurden alle möglichen tollen Erfahrungen von Leuten angeboten, die einem Geld abzocken wollen. Die Welt ist im Moment ein ziemlich furchteinflößender Ort. Es wird einem beigebracht, bestimmte Emotionen nicht zu fühlen, nicht zu weinen, nicht zu viel Glück zu empfinden. Man gewöhnt uns an, immer nach außen zu schauen. Als ich das erste Mal zur Deeksha ging, war ich sehr skeptisch; ich habe Bedenken, was organisierte Religion und deren Machtstrukturen betrifft. Ich fühlte damals auch nicht viel. Es war schon irgendwie entspannend, aber nichts Außergewöhnliches.*

Am Morgen nach dem ersten Oneness Blessing rief ihn seine Mutter an, um zu hören, wie es gelaufen war. Sie kannte ihn als Langschläfer, der nach dem Aufwachen erst mal eine Weile mürrisch war. Normalerweise war er vor dem Mittagessen nicht auszustehen.

Sie war neugierig, doch sie wartete bis zehn Uhr, weil sie wusste, er würde noch schlafen.

„Hi!" antwortete er.

„Bist du wach?" fragte sie.

„Ja", antwortete er, „die Vögel singen, die Sonne scheint und es ist ein schöner Tag!"

„Warte mal kurz, ist das 818-935-67 ...? Mit wem rede ich?"

Dorian erhielt in den folgenden Monaten noch mehrere Male Deeksha und seine Energie nahm immer mehr zu. Im Sommer reisten er und sein jüngerer Bruder nach Indien, um Deeksha-Geber zu werden. Dorian berichtet von vielen Veränderungen, die in seinem Leben seitdem passierten. Erstens, sagt er, hätte er es vorher schwer gehabt, als Schauspieler Arbeit zu finden. Er war frustriert und arbeitete meistens nur alle paar Monate jeweils einige Tage am Stück. Kaum war sein Flugzeug nach dem 21-Tage-Kurs gelandet, „erhielt ich eine Nachricht mit der Anfrage, ob ich bereit sei, bei einer Show mit Kevin Costner und Ashton Kutcher mitzumachen. Diese Arbeit dauerte sechs Wochen lang. Es war eine wirklich große Sache - unglaublich". Er erzählt, er habe seitdem pausenlos gearbeitet.

Zweitens spricht er von einer größeren Fähigkeit, er selbst zu sein:

Jeder sagt, du musst ein schönes Auto haben, mit richtig großen Felgen und Reifen und einer lauten Stereoanlage, und ein cooler Typ sein. Du versuchst, den Leuten mit deinem Auftreten zu zeigen, wer du bist, aber in Wirklichkeit gibst du vor, jemand anderes zu sein, weil du sonst ja nicht cool oder akzeptiert bist. Das Traurige ist, wenn man versucht, jemand zu sein, der man nicht ist, versagt man noch mehr. Das hat sich für mich wirklich verändert, weil ich jetzt zufrieden bin, ich selbst und allein zu sein. Ich brauche keine anderen Leute um mich herum, um mich gut zu fühlen.

Viele Menschen haben Angst davor, sie selbst zu sein. Kinder haben Angst, sie selbst zu sein, weil sie dann nicht cool sind. Dann fragen andere sie: „Hey, was machst du gerade?", und man sagt: „Och, ich bin einfach nur zu Hause." „Mensch, du bist' n Loser. Warum kommste nicht mit uns auf die Fete?" Wenn ich will, komm ich mit, aber ich kann auch für mich sein.

Das Dritte, stellt er fest, ist die Qualität des Vorbilds:

Was ich erfahren habe und jetzt weiß, ist: Wenn ich ich selbst und glücklich bin, ist das die Basis und ein Vorbild für andere, Glück wahrzunehmen und zu erfahren. Wir halten jetzt in meinem Haus Jugendtreffen ab und es kommen gewöhnlich etwa 15 Leute. Wir essen ein bisschen zu Abend, dann haben wir ein bisschen Gruppenaktivität und ich gebe meinen Freunden Deeksha. Wenn ich glücklich bin, werden andere auch glücklich. Irgendwo muss es anfangen.

Alex ist vier Jahre jünger als sein Bruder und hat ähnliche Geschichten zu erzählen. Er sagt, er habe sich mit den Freunden seines Bruders immer wohler gefühlt als mit seinen eigenen. Durch Gleichaltrige fühlte er sich immer eingeschüchtert und verglich sich schnell mit ihnen; zuerst im Hinblick darauf, wer die besseren Ergebnisse in der Schule hatte, und später im Hinblick darauf, wer mehr Geld verdiente:

Jetzt ist jeder eher gleichgestellt. Ich achte nicht mehr so auf das Alter der Leute. Wenn jemand meines Alters Erfolg hat, bin ich beeindruckt. Ich fühle mich eher inspiriert von dem, was er geleistet hat, statt dass es mich niedergeschlagen macht.

Die größte Veränderung betraf die Beziehung zu seinem Vater, der die Familie verließ, als Alex noch recht jung war. Alex war immer ängstlich und schüchtern gewesen, wenn er seinen Vater sah, und machte sich Gedanken, wie sie wohl miteinander auskommen würden. Mit all diesen Gefühlen kam er zum 21-Tage-Kurs. Direkt nach seiner Rückkehr ging Alex mit seinem Vater zu einer Familienhochzeit:

> *Ich war nervös, wie ich mich verhalten und was ich sagen sollte. Aber ich ging einfach in die Erfahrung hinein und ließ all meine Erwartungen los. Es war keine Anspannung da. Wir konnten uns miteinander unterhalten, ohne Angst zu haben, einander zu verlieren.*

Wie Bhagavan vorausgesagt hatte, hatten Alex' Entschlossenheit, seine Vergebung und seine neue Dankbarkeit gegenüber seinem Vater eine unmittelbare Wirkung auf sein äußeres und inneres Leben. Ganz spielerisch kam er auf die Idee, zusammen mit seinem Bruder eine Firma für natürliche Baumwolltextilien zu gründen:

> *Es war nicht etwas, wozu ich mich gezwungen hatte, es war etwas, was ich tun wollte. Wir sprachen darüber. Textilien aus biologischer Baumwolle sind oft teuer und wir wollten sie für Leute unseres Alters erschwinglich machen. Einige Tage später trafen wir eine Frau, die biologische Baumwolltextilien aus Indien vermarktet. Sie liefert über Seefracht anstatt per Luftfracht und dadurch ist es viel billiger.*

So ordneten sich die Dinge für Alex, ohne dass er sich groß anstrengen musste.

Neben diesen beiden Jugendlichen, die den 21-Tage-Kurs selbst besuchten, gibt es natürlich Hunderte von Eltern, die vom Kurs nach Hause kamen und dann ihren Kindern Deeksha gaben. Catherine Oxenberg hat eine Tochter im Teenager-Alter, die Legasthenikerin mit bestenfalls mittelprächtigen Schulnoten ist. Schon nach drei Deekshas bekam sie ihren ersten Einser, berichtet Catherine. Als Mutter hat sie auch vielen Freunden ihrer Tochter Deeksha gegeben:

Unsere 14-Jährige lädt einfach ihre Freunde ein. Ich stelle fest, dass das Oneness Blessing bei den Jugendlichen viel schneller wirkt als bei uns Älteren. Wenn wir Kindern und ihren Eltern zum ersten Mal Deeksha geben, dann sind es die Kinder, die sich sofort mit der Quelle des Göttlichen verbinden. Die Erwachsenen sagen vielleicht nur: „Es ist eine angenehme Erfahrung, ich fühle Frieden und Freude." Aber die Kinder sagen sofort: „Ich habe Gott erfahren." Unsere Kinder kommen und fragen danach. Ich würde sagen, für eine Familie, die zusammen Deeksha praktiziert, schafft das eine wunderbar harmonische Ausrichtung, einen lebendigen Fluss der Energie in der Familie. Es ist unbeschreiblich.

Catherines Mann Casper Van Dien empfindet ähnlich:

Es ist etwas Liebevolles, was man mit seinen Kindern tun kann, etwas sehr Intimes. Catherine und ich geben zusammen Deeksha. Ich lege meine Hände auf den Kopf der Menschen und sie legt ihre gleichzeitig auf ihre Herzen. Und es ist eine sehr schöne Zeit, die wir miteinander teilen, ein sehr heiliger Raum und ein unwahrscheinliches Geschenk für die Kinder. Wenn Ihre Kinder selbst sehen können, dass Sie von einer reinen, liebevollen Ebene auf sie zugehen, gibt es ihnen ein gutes Beispiel dafür, was Beziehung sein kann. Man wird trotzdem noch seine Hochs und Tiefs haben, ein hektisches Leben und all das. Oneness Blessing fördert einen meditativen Zustand, in den wir gemeinsam vordringen. Es macht die Familie stärker, liebevoller und gesünder. Unsere Kinder mögen es, sie mögen es sehr.

ONENESS BLESSING IM SCHULALLTAG

Viele Lehrer aus der ganzen Welt haben die Deeksha in ihre Klassenräume mitgenommen. Linda unterrichtet achtjährige Kinder an einer staatlichen Schule in Norwegen. Nach dem Kurs pflegte sie den Schultag mit den Kindern so zu beginnen, dass sie eine Kerze anzündete und ihnen eine Gruppen-Deeksha durch Absicht gab. Die Kinder blühten auf, wurden freundlicher zueinander, nahmen die Lerninhalte leichter auf und hatten mehr Energie. Norwegen ist ein sehr kleines Land und es dauerte nicht lange, bis der örtliche Fernsehsender Reporter in ihren Klassenraum schickte. An dem Abend war die ganze Klasse in den Nachrichten zu sehen. Die Nachrichten begannen mit diesem Bericht; er war sehr kritisch und meinte, es handele sich um eine Form der religiösen Indoktrinierung, was schließlich eine Debatte im ganzen Land auslöste - bis hin zu den großen Zeitungen. Lindas Direktor war mutig und berief ein Treffen aller Eltern und Kinder der Klasse ein, zusammen mit Linda. Er beschloss: Wenn alle Eltern sich einig seien, Deeksha tue ihren Kindern gut, dann könne es fortgesetzt werden. Die Eltern hatten tatsächlich bemerkt, dass Ausgezeichnetes mit ihren Kindern geschah. Die Kinder fühlen sich untereinander wohl und freuen sich darauf, in die Schule zu gehen, sie sind zuversichtlich und lernbegierig. Folglich erhält die Klasse weiterhin Deeksha - und die Eltern ebenfalls, einmal die Woche abends. Der Hauptnutznießer jedoch ist Linda selbst. „Ich habe das Gefühl, ich tue mehr für die Kinder. Ich bin schon lange Zeit Lehrerin und ich fühle in meinem Herzen, dass es das Beste ist, was ich ihnen geben kann, und das fühlen sie auch von mir. Ich bin heiterer und lache mehr. Wir sind uns jetzt sehr nah."

Ähnliches ist an einer Privatschule in Kalifornien und an Schulen in Deutschland und Singapur passiert.

Ruthie Grant unterrichtet ein Fach namens „Kritisches Denken" oder „Leben 101" am Los Angeles Mission College in Südkalifornien.

Sie war schon immer eine sehr beliebte Lehrerin und ist stolz darauf, dass sie nie zweimal dieselbe Vorlesung hält. Es gibt eine dreijährige Warteliste für ihre Kurse, bei denen man einen Monat lang täglich zusammenkommt.

Nach ihrer Rückkehr von der Ausbildung an der Oneness University begann sie sogleich, im Unterricht auf gedanklicher Ebene Deeksha zu geben:

> *Ich nahm viel Gleichgültigkeit bei diesen Schülern wahr, sie kümmerten sich um kaum etwas. Als ich ihnen Deeksha gegeben hatte, merkte ich sofort einen Unterschied darin, wie meine Schüler auf die Vorlesungen reagierten. Ich bemerkte, dass sie offener, begeisterter und aufmerksamer waren.*

Ruthie begann, einmal im Monat einen Deeksha-Workshop zu Hause zu geben, weil sie dachte, dort würden sich ihre Schüler sicherer und entspannter fühlen:

> *Beim ersten Treffen kamen 40 Schüler, was für diesen Campus wirklich phänomenal ist. Für gewöhnlich bekommt man für jedes Treffen nur sechs bis acht Leute beisammen. Die Reaktionen der Studenten waren einfach großartig; erstaunliche Dinge sind in ihrem Leben passiert.*
>
> *Ich habe gesehen, wie ihr Verstand ruhiger geworden ist. Sie haben mehr Vertrauen in sich selbst und in das Leben. Und sie wollen mehr tun, mehr geben und für andere ein Beispiel sein. Ich habe gesehen, wie sie mit Arbeit und Schule besser klarkommen – sie trauen sich mehr zu, viele Dinge gleichzeitig zu bewältigen. Und sie fühlen sich sehr wohl in Führungsrollen, was vorher nicht der Fall war.*

Abraham beispielsweise ist ein junger Mexikaner, der einen großen Teil seines Lebens in gewalttätigen Banden verbracht hat und dafür immer wieder im Gefängnis saß. Schon einige Jahre, bevor Ruthie aus Indien zurückkam, hatte er damit begonnen, sein Leben ein wenig zu ordnen, und war Mathematiknachhilfelehrer für die Studenten des Campus geworden. Als Ruthie die Wirkung beschrieb, die das Oneness Blessing auf diesen jungen Mann und seine Freunde hatte, war ich neugierig, ob sie nicht ein wenig missionarisch übertrieben hatte und fragte nach seiner Telefonnummer. Er rief mich sofort zurück:

„Tagsüber werden wir vom Leben bombardiert und manchmal wird es richtig heftig", sagte Abraham zu mir am Telefon. Und er fuhr fort:

> *Deeksha hat mir geistigen Frieden geschenkt. Sie hilft mir dabei, dass ich mich nicht von anderen Menschen oder Situationen überwältigen lasse. Sie klärt meinen Geist und unterstützt mich dabei, mich den Herausforderungen des Lebens zu stellen. Jedes Mal, wenn ich Deeksha bekomme, komme ich wie ein Energieball heraus. Ich weiß jetzt, dass etwas wächst, das viel umfassender als nur Schule oder Arbeit ist. Ich muss nicht mehr so gestresst sein. Ich muss mir keine Sorgen mehr über die Dinge machen. Meine Vision eines gelungenen Lebens besteht einfach darin, geistigen Frieden zu haben und mit mir glücklich zu sein. Erfolg drückt sich für mich nicht nur finanziell aus. Es hat mehr damit zu tun, dass ich in den Spiegel schauen und mit mir und meinem Leben glücklich sein kann. Deeksha verbindet und trägt dazu bei, dass wir die Menschen verstehen. Ich höre anderen jetzt mehr zu. Wenn ich sehen kann, wo ihre Schwäche liegt, kann ich ihnen darüber hinweghelfen. Führungsqualität liegt nicht darin, jemanden irgendwohin zu führen, sondern ihm dabei zu helfen, herauszufinden, wohin er gehen möchte.*

Ich habe mit Menschen aus aller Welt gesprochen, die sich durch Oneness Blessing von Suchtproblemen und Gewaltbereitschaft befreit haben und dadurch Vorbilder und Helfer für andere geworden sind. Vielleicht erinnern Sie sich an Johannes, dessen Urinwerte bereits nach einer einzigen Deeksha keine Spur des 16-jährigen Heroinkonsums mehr zeigten. Er hat sein Leben jetzt der Aufgabe gewidmet, Jugendliche durch Deeksha von harten Drogen zu befreien. Er entdeckte, dass der Keim der Sucht im Mutterschoß gelegt wird:

Wenn deine Mutter krank, enttäuscht oder in einer lieblosen Beziehung ist, kannst du, noch während du im Mutterschoß bist, die Entscheidung treffen, Nein zum Leben und zu dir selbst zu sagen. Das ist der Keim aller Sucht.

An der Oneness University wurde er speziell dazu ausgebildet, eine „Reborn Deeksha" zu geben, die Drogenabhängigen hilft, neue Entscheidungen zu treffen. Er trifft sich in Schweden täglich mit jungen Menschen, doch er gibt den Drogenabhängigen auch viele Deekshas, ohne physisch anwesend zu sein. Die Leute schicken ihm per E-Mail ein Photo und er gibt ihnen eine gedankliche Deeksha überall auf der Welt. Er verlangt keine Bezahlung, obwohl ihm manche Leute aus Dankbarkeit Geschenke machen. „Es hat so eine tiefe Wirkung", sagt er. „Es ist wirklich ein Wunder. Sie erhalten Jobs und eine Unterkunft und Ausbildung. Sie kommen aus dem Krankenhaus und können tun, was sie wollen."

Die Vision der Oneness University begann in einer Schule. Als Bhagavan und Amma spürten, dass sie etwas für die Welt tun wollten, begannen sie mit den Jugendlichen. Bhagavan sagt:

Es geht uns darum, neue menschliche Wesen hervorzubringen mit einer globalen Sichtweise. Menschen, die sich um die Erde kümmern und um das, was auf dem Planeten geschieht. Wir dachten, dazu eignet sich die Jugend am besten. Deshalb konzentrieren wir uns so auf die Jugend, sodass sie zu einer Generation heranwachsen, die ganz anders ist als die frühere.

In einem unserer Interviews für dieses Buch fragte ich Bhagavan, was er zu jungen Menschen auf der ganzen Welt sagen würde, wenn er die Möglichkeit hätte, ihnen eine einfache Botschaft zu geben. Seine Antwort lautete:

> *Ich würde sagen, ihr solltet die Liebe in eurem Leben entdecken. Bedingungslose Liebe! Das wäre meine Botschaft. Denn das möchten die Jugendlichen wirklich. Sie bekommen sie nicht von ihren Eltern, sie bekommen sie nicht von ihren Lehrern, sie bekommen sie nicht von der Gesellschaft. Durch die Deeksha können sie jene Liebe entdecken. Sie sind keine Bettler, die darauf warten, Liebe zu empfangen; sie sind diejenigen, die Liebe geben können. Sie können Liebe in sich selbst entdecken. An der Oneness University sehen wir, wie Kinder Liebe aus sich selbst heraus empfangen, die sie dann ihren Eltern geben. Und auch die Eltern werden verwandelt. Ich habe mehr Hoffnung auf die Kinder als auf ihre Eltern.*

KAPITEL 8

ONENESS BLESSING UND KUNST

Angelica Schiffer liebt die Musik seit früher Kindheit. Seit mehr als 18 Jahren singt und spielt sie leidenschaftlich spirituell-sakrale Stücke. Die Instrumente, die sie dafür benutzt und die alle von einem engen Freund gebaut wurden, findet man so nirgendwo. Eines besitzt insgesamt 50 Saiten auf zwei Ebenen und ist sozusagen eine Tambura, ein Monochord und ein Koto gleichzeitig. Sie nahm ihre erste CD zu Hause auf und verschenkte sie entweder an Freunde oder verkaufte ein paar hier und dort. Manchmal gab sie Konzerte, doch die Musik blieb immer eher ein Hobby, während sie ihren Unterhalt durch ihre Catering-Firma verdiente. Im Sommer 2005 waren ihr nun schon mehrere Jahre lang keine neuen Eingebungen gekommen, und sie hatte das Gefühl, dass ihre Kreativität langsam austrocknete. Wie es der Zufall wollte, besuchte sie genau dann ein zweitägiges Deeksha-Retreat:

> *Direkt danach arbeitete ich außerhalb der Stadt oben in Lake Tahoe für einen Catering-Service. Ich lebte dort und arbeitete 14 Stunden täglich, und trotzdem kamen diese Lieder in mir hoch – sowohl Improvisationen zu Mantras, die ich schon kannte, als auch völlig neue Lieder. Ich hatte also einen vollen Arbeitstag hinter mir und nahm dann zwischen Mitternacht und drei Uhr morgens die Lieder auf, die sich durch mich ausdrücken wollten. Ich baute meinen Digitalrecorder in einem*

> *kleinen Nebenraum auf und nahm in wenigen Tagen eine halbe CD auf. Wenn die Inspiration kommt, kann man nicht warten, man muss ihr folgen. Ich war so erschöpft, ich sagte: „Gott, Du musst singen, ich bin zu müde zum Singen." Diese Stücke sind die besten des gesamten Albums.*

Angelica und ihr Partner reisten bald danach nach Indien und seitdem ist die Musik zu ihrem Beruf geworden. Sie hat noch drei weitere Alben im gleichen Jahr aufgenommen und mehrere Konzert-Tourneen gemacht. Es lief so gut, dass sie durch die Musik nicht nur ihren Lebensunterhalt verdienen, sondern zusätzlich auch die Schulden abzahlen konnten, die sie vorher für ihr Hobby aufgenommen hatte. Die Art und Weise, wie sich Angelicas schöpferischer Prozess entfaltet hat, ist typisch für die verschiedensten Künstler, deren Arbeit durch Deeksha beeinflusst wurde. Sie sagt:

> *Ich entspanne Körper und Geist und werde ganz leer. Dann wende ich mich ... ja, an was? Vielleicht das Universum? Wenn ich in einer empfänglichen Stimmung bin, dann lasse ich all meine normalen Anteile, die für das tägliche Leben zuständig sind, vollkommen beiseite. In gewisser Weise ist es ein Gebet, aber mit einer Antwort. Es ist eine Unterhaltung mit dem Universum. Ich sitze still mit den Instrumenten da und dann kommt etwas und ich höre es in meinem Kopf. Ich singe es, während ich es höre. Oft ist es eine fertige Melodie. Mein nächster Schritt besteht darin, sie zu lernen. Ich muss sie aufnehmen, weil ich sie noch nicht behalten kann. Oft schaffe ich es gerade mal, die Endversion auf meiner digitalen Festplatte aufzunehmen, so eine Art Miniatur-Tonstudio. Oft brauche ich die Melodie gar nicht zu bearbeiten. Bei meinem Lied „Kyrie Eleison" machte ich beispielsweise gar nichts. Ich schloss meine Augen und stellte mich auf die Liebe ein. Ich sang einfach und es kam heraus. Ich nahm nie irgendwelche Veränderungen oder Bearbeitungen vor.*

Tamara Tavernier illustriert und schreibt Kinderbücher. Früher brachte sie etwa jährlich ein neues Buch heraus, jetzt schließt sie ein Projekt pro Monat ab:

> *Ich beginne einfach. Ich denke nicht nach, ich nehme meinen Stift in die Hand und weiß einfach, welche Farben ich benutzen soll. Ich brauche nur dieser Führung von innen zu folgen, ich brauche nur zu fragen: „Welches Bild jetzt?" Dann kommt ein Bär oder ein Delphin und ich weiß nie, warum. Ich tue es einfach. Dann bin ich im Fluss und der Rest folgt.*

DAS ANRUFEN DER PRÄSENZ

Die meisten Künstler, deren Arbeit durch Oneness Blessing verwandelt wurde, beschreiben, wie sie sich bewusst dem Göttlichen öffnen, bevor sie den Schaffens- oder Darstellungsprozess beginnen. Meistens nennen sie diesen Schritt „das Anrufen der Präsenz". Anandagiri erklärt:

> *Ob man sich in der Kunst, in den Naturwissenschaften, im Ingenieurswesen, in der Mathematik oder in was auch immer auszeichnet, ist nebensächlich. Immer wo außergewöhnliche Größe ist, da ist Gott. Je mehr Sie sich der Präsenz öffnen können, je mehr Sie der Präsenz erlauben, durch Sie zu fließen, desto größer wird sie sein. Natürlich werden die Menschen mit bestimmten Talenten geboren, sei es künstlerisch oder unternehmerisch. Aber damit diese Talente erblühen und Sie wirklich Ihre Bestimmung erfüllen können, müssen Sie mit der Gnade in Berührung kommen und eine Verbindung mit der Präsenz aufnehmen. Wir können dies ganz bewusst geschehen lassen. Nahuel nennt das „Flügel der Gnade". Plötzlich fühlt er, wie die Gnade kommt. Wenn die Gnade kommt, dann geht er in die Musik. Er spielt weiter und nimmt es auf,*

weil er nicht weiß, ob er es noch mal so hinbekommt. Es gibt also einen bestimmten Moment für ihn, in dem er die Aufnahme macht. Er wartete – und dann ist der Moment da. Wenn er es dann festhalten kann, wird es ein exzellentes Stück.

Nahuel Schajris traf Anandagiri erstmals, als beide noch Teenager waren. Nahuels Mutter traf Bhagavan und die Dasas Mitte der 90er Jahre, als sie einen Dokumentarfilm über Indien drehte. Sie war so von ihnen beeindruckt, dass sie Anandagiri einlud, ihre Familie in Argentinien zu besuchen. Gleich nach seiner Ankunft freundete sich der junge Mönch mit ihrem Sohn Nahuel an. Sie waren etwa im selben Alter. Als Nahuel später seine eigene Wohnung hatte, wohnte Anandagiri stets in seinem Apartment. „Ich entwickelte eine tiefe Freundschaft mit Anandagiri", erinnert sich Nahuel. „Ich hatte plötzlich das Gefühl, er ist mein Bruder, mein Lehrer, der beste Freund auf der ganzen Welt. Das war meine erste Erfahrung, die Erfahrung wirklicher Freundschaft mit einem Menschen." Wenn Anandagiri in die Stadt kam, ging Nahuel abends weg und spielte Musik in den Bars und Lokalen, um genug für das gemeinsame Essen zu verdienen. Die Einnahmen eines Abends reichten gerade aus, um beide über den nächsten Tag zu bringen. Später reiste Nahuel nach Indien und traf Bhagavan und Amma erstmals persönlich. „Ich liebe Musik", sagte er zu Bhagavan, der zu jenem Zeitpunkt noch nicht viele Westler und vor allem nicht so junge Leute wie Nahuel getroffen hatte. „Ich glaube, Musik kann dazu beitragen, die Botschaft des Erwachens und der Einheit an mehr Menschen weiterzutragen. Ich glaube, sie könnte ein gutes Mittel sein, all das entsprechend zu vermitteln." Bhagavan schaute Nahuel fragend an. „Du meinst, Musik könnte dabei helfen, das Erwachen zu verbreiten?" Es war still. „Okay", sagte er, „dann probieren wir es doch einfach."

Sobald Nahuel nach Hause zurückgekehrt war, stellte er fest, dass er die Präsenz mühelos anrufen konnte, um Lieder zu schreiben.

Er tat sich mit seinem Freund Leo zusammen, um Lieder für andere Künstler zu schreiben. Bhagavan hatte Nahuel bestimmte „glückverheißende" Daten, ja genaue Uhrzeiten gegeben, wann er die Präsenz anrufen und schreiben sollte. Sie schrieben 30 Lieder in anderthalb Monaten. Diese Lieder an andere Künstler zu verkaufen, klappte nicht so gut, deshalb gründeten sie ihre eigene Band, Sin Bandera. Ihr erstes Album wurde bei Sony verlegt und bis heute zwei Millionen Mal verkauft. Seitdem haben sie drei weitere Alben aufgenommen und zweimal hintereinander den Latin Grammy gewonnen.

Nahuel spricht davon, dass er ständig die Präsenz anruft, sei es beim Komponieren oder bei ihren Konzerten, die häufig von 50.000 Leuten besucht werden. Er beschreibt seine Erfahrungen beim Komponieren so:

> *Ich weiß: „Okay, jetzt ist der Moment. Etwas kommt." Ich fühle, das ist der richtige Augenblick, um mich hinzusetzen und die Gitarre oder das Klavier zu spielen und etwas zu empfangen. Ich weiß nicht, wie es wirklich funktioniert. Wenn ich anwesend bin, hört die Musik auf. Wenn ich nicht anwesend bin, fließt die Musik. Das ist alles. Wenn der Verstand anwesend ist, hört die Musik auf, weil es die Natur des Verstandes ist, zu urteilen, zu vergleichen, zu etikettieren. Wenn der Verstand beteiligt ist, verliert die Kunst. Wenn Sie als Person anwesend sind, ist der Verstand anwesend. Wenn Sie nicht anwesend sind, hört der Verstand auf, zu arbeiten. Jetzt kann der Schöpfungsprozess frei fließen. Es kommt in unerwarteten Momenten. Ich weiß nur, dass ich dann mit einem Instrument in der Hand dasitzen muss. Etwas kommt und ich nehme es auf und lasse es da sein. Später komme ich zurück, hör es mir an und – wow! – ich bin erstaunt über die Schönheit.*

Deeksha hat mein Gehirn auf eine Weise neu strukturiert, die mein Herz verwandelt hat. Ich bin jetzt offener, das Universum zu fühlen und all die Dinge, die mich umgeben. Diese Verletzlichkeit ist wunderbar, weil ich mehr in Kontakt mit allem um mich herum bin. Es ist wie ein Radio, das besser funktioniert. Ich empfange jetzt mehr Radiosender; es ist nicht meine Musik, es ist die Musik des Universums. Sie ist da und ich channele sie. Ich stelle eine bestimmte Sendung und eine bestimmte musikalische Idee ein und empfange sie und verleihe ihr durch meine Filter und durch mein Radio Ausdruck. Oneness Blessing hat mein Radio gereinigt und es sehr genau und kraftvoll eingestellt.

Seine Frau, Karla Godinoff, ist Schriftstellerin, Fotografin, Dichterin und Tänzerin. Sie erinnert sich daran, wie ihr Verstand früher ihre Arbeit sabotierte:

Ich schreibe seit dem Alter von zehn oder elf Jahren. Aber ich glaubte nicht daran, dass es irgendeinen Wert hatte, deshalb hörte ich mittendrin auf. Ich dachte, es würde sowieso niemand lesen wollen. Dann hörte ich schließlich ganz auf zu schreiben. Ich begann einen Job in der Werbebranche. Die Deeksha öffnete einen Kanal – so wie man die Dusche anmacht und das Wasser rauskommt. Ich konnte einfach nicht aufhören zu schreiben, es ging den ganzen Tag lang. Ich trug stets ein Notizbuch bei mir und schrieb in drei Wochen zwei davon voll. Als wir nach Indien reisten, hatten wir einen Frosch in unserem Schlafzimmer. Ich füllte ein ganzes Notizbuch nur mit den Lehren dieses Frosches.

Anandagiri erklärt, dass diese Art der Anrufung jeden Teil des Lebens in ein Kunstwerk verwandeln kann:

Du kannst die Präsenz für deine Malerei, deinen Tanz, deine Musik, dein Schreiben, die Dichtung, für alles anrufen. Es gibt

Menschen, die die Präsenz zum Beispiel beim Sport oder beim Kricket anrufen. Es gibt so viele Chirurgen, die auf diese Weise ihre Arbeit machen. Vielleicht haben sie einen Patienten mit Problemen und Komplikationen und wissen nicht, was zu tun ist. Durch Deeksha kommt man in Kontakt mit dem Göttlichen und man entwickelt vortreffliche Fähigkeiten, weil dies die höchste Intelligenz ist.

DER (VERHUNGERNDE) ERFOLGREICHE KÜNSTLER

Wir haben uns so an das Bild eines verarmten Künstlers gewöhnt, die gequälte Seele, dessen Werk zeitlebens nicht anerkannt wird und der stirbt, ohne zu wissen, ob sein Geschenk jemals angenommen werden wird. Van Gogh starb und hatte Schulden bei seinem Bruder, Mozart starb in bitterster Armut wie auch William Blake und Beethoven. Deeksha scheint dieses Muster aufzuheben. Nahuel bekam Verträge mit Sony und gewann mehrere Grammys. Angelica hat keine Schulden mehr und verkauft bei ihren Konzerten CDs wie am Fließband.

Wir erwähnten bereits im vorigen Kapitel Venkatesh Balasubrumamiam. Er ist Jayas Mann. Er hat seinen Magister in Kunst gemacht, doch er konnte sich nie mit seiner Kunst über Wasser halten; er verdiente nie genug Geld, um die Rechnungen zu bezahlen. Nach der Heirat mit Jaya schien sein Künstlerleben in noch weitere Ferne zu rücken. Er baute sich eine erfolgreiche Karriere in einer Software-Firma auf und ging davon aus, dass seine Kunst nie mehr als ein Hobby sein würde. Dann fand eine Ausstellung der Absolventen seines Colleges statt, bei der jeder seine Arbeit zeigte. Seinen Beschreibungen zufolge waren die meisten seiner früheren Klassenkameraden sehr scheu, fast entschuldigend, was ihre Arbeiten betraf. Eine Pressekonferenz fand statt, bei der jedoch niemand über seine Kunst sprechen wollte - außer Venkatesh, der gerade seinen Jugend-Deeksha-Kurs abgeschlossen hatte:

> *Ich hatte noch nie zuvor so selbstbewusst gesprochen. Ich hatte vorher wirklich Angst. Wenn man mir eine Frage stellte, pflegte sich meine Kehle zusammenzuziehen und alle möglichen Ängste stiegen hoch. Jetzt bin ich frei davon, wie du sehen kannst.*

Einige Wochen später wurde er von einem Vertreter der Weltbank kontaktiert. Sie bauten eine neue Hauptgeschäftsstelle in Indien auf und wollten das ganze Gebäude mit Kunstwerken ausstatten. Der Vizepräsident lud Venkatesh in die Bank ein, schaute sich seine Arbeiten an und bestellte sofort 17 Bilder, zwei Bronzeskulpturen und ein Wandgemälde, das etwa 2 x 1 Meter maß. Die Weltbank hatte zahlreiche andere Anbieter und vergab so ein Projekt im Allgemeinen nie an Verkäufer von außerhalb - ihre Vertragspartner sind normalerweise ausschließlich bereits registrierte Unternehmen. Der Vizepräsident sagte, er habe sich bei der Betrachtung von Venkateshs Bilder auf unerklärliche Weise glücklich gefühlt, deshalb hätte er eine Ausnahme gemacht. Jetzt hat Venkatesh die Freiheit, sich ganz und gar der Kunst zu widmen. Ähnliches hat sich in unterschiedlichem Ausmaß bei Künstlern jeder Sparte gezeigt. Ihre Kunst fließt nicht nur leichter, sie zahlt sich auch, wenn notwendig, in barer Münze aus.

MEDIALE GRENZÜBERSCHREITUNGEN

Abgesehen von einigen Projekten als Kunststudent malte Venkatesh hauptsächlich in Öl auf Leinwand. Doch nachdem er Deeksha bekommen hatte, begann er, die vertrauten Grenzen seiner Ausdrucksmittel zu überschreiten. Er stellte fest, dass er mit Feder und Tinte malen konnte. Als die Anfrage der Weltbank für die Skulpturen und das Wandgemälde kam, zögerte er keinen Augenblick lang. „Ich frage mich nicht mehr, ob ich das tun kann. Ich habe der Präsenz vollkommen zu vertrauen gelernt. Ich weiß, dass die Präsenz es durch mich tun kann." Die Bronzeskulpturen sind jeweils fast einen Meter hoch, das Wandgemälde, das er entwirft, besteht aus verschiedenen Materialien, einer Bronzeplatte mit Tausenden von Kupferdrähten. Venkatesh ließ sich auf den Vertrag ein, ohne dass er wusste, was er tun würde - und ohne Erfahrung mit Werken dieser Größe.

Venkatesh hat seine Reifung als Künstler auch auf andere Weise bemerkt:

> *Wir Künstler malen oft serienweise Bilder – zum Beispiel eine Serie über die Natur. Dabei fertigen wir 30 Bilder und dann beginnen wir eine neue Serie. So eine Phase dauert vielleicht sechs Monate oder ein Jahr. Wenn eine Serie abgeschlossen ist, hat man das Gefühl, man hat einen Meilenstein hinter sich gelassen, und dann beginnt man eine weitere Serie auf einem neuen Niveau der Reife. Heutzutage kommt dieses Gefühl der Reife bei jedem Bild. Die Ebene der Zufriedenheit, das Gefühl, das ich erreicht habe, was ich erreichen wollte, das Gefühl, sich auf eine weitere Ebene begeben zu können, was ich sonst vielleicht einmal im Jahr hatte, fühle ich jetzt nach jedem Bild.*

Karla Godinoff vollendet gerade ihr erstes Buch. Es befasst sich mit der Göttin Aphrodite, der griechischen Göttin der Liebe. Das Buch richtet sich an Frauen auf der ganzen Welt. Es beinhaltet ihre Fotos, ihre Dichtung und ihre Prosa. Sie hat das Buch in unterschiedliche Abschnitte aufgeteilt. Der erste Teil heißt „Der Verstand" und ist ein Dialog zwischen Aphrodite und modernen Frauen. Der zweite Teil heißt „Die Seele" und umfasst ihre hingebungsvollen Gedichte an Aphrodite. Der letzte Teil heißt „Der Körper" und enthält Fotos von Wassertropfen auf verschiedenen Teilen des Körpers.

Viele andere Deeksha-Künstler arbeiten auf ähnliche Weise mit verschiedenen Ausdrucksmitteln. Viele sagen, sie erkennen jetzt, dass die Beschränkung auf ein Medium eine rein verstandesmäßige Identifikation war, und dass die Präsenz, die sie jetzt anrufen, in jedem Ausdrucksmittel gleich gut zu Hause ist.

DEEKSHA DURCH KUNST

Viele der hier zitierten Künstler haben entdeckt, dass ihre Arbeit nicht nur eine Möglichkeit darstellt, der Schönheit Ausdruck zu verleihen, sondern dass die Kunst, die sie in diesem Geist göttlicher Anrufung kreieren, selbst eine Form von Deeksha wird. Als Rick Allen, der Drummer von Def Leppard, Deeksha-Geber wurde, wollte er das Oneness Blessing mit anderen teilen - aber nicht, indem er es ihnen erklärte und ihre Köpfe berührte. Er bat Bhagavan und die Dasas um die Fähigkeit, sehr starke Deeksha durch sein Trommeln und seine Stimme zu geben. Ich will die Überraschung nicht dadurch verderben, dass ich Ihnen hier das Ergebnis verrate: Kaufen Sie Tickets für ein Def-Leppard-Konzert und finden Sie es selbst heraus. Versprochen? Okay.

Die bekannten Sänger Deva Premal und Miten, deren Alben mit hingebungsvollen Mantras fast eine Million Mal verkauft wurden, geben Deeksha bei ihren Konzerten - ebenso wie der Musiker Maneesh de Moor und Angelica und Nahuel. Catherine Oxenberg und ihr Mann Casper Van Dien sagen, dass die Menschen spüren können, wie die Deeksha durch ihre schauspielerischen Rollen hindurchkommt. „Nachdem ich letzte Woche im Fernsehen zu sehen war", sagt Catherine, „erhielt ich Dutzende von Anrufen von Freunden, die sagten, sie hätten gesehen, wie Licht aus mir ausströmte. Goldenes Licht. Das ist zuvor noch nie geschehen." Die beiden sprachen auch mit Larry King über ihre Arbeit mit Überlebenden sexuellen Missbrauchs - und dasselbe geschah:

Jetzt möchte ich nur noch Projekte machen, die durchdrungen von der Präsenz sind. Ich habe mich mein ganzes Leben lang gefragt: „Habe ich meine Berufung verpasst? Warum habe ich keinen Prinzen geheiratet und lebe ein ruhiges, vorhersehbares Leben?“ [Prinz Andrew hatte ihr in der Tat in der Nacht von Dianas Hochzeit im Buckingham Palast einen Heiratsantrag gemacht.] *Warum bin ich dieser verrückten Berufung gefolgt, eine Schauspielerin zu werden, was so ein höllisches Leben ist? Man wird ständig abgelehnt, es ist unvorhersehbar und hat so viele andere Schattenseiten. Ich würde sagen: „Gott, wenn Du mir diese Berufung gegeben hast, dann erfüll sie!“ Ich habe das Gefühl, dass die Energie bei der Deeksha durch mich auf die Leinwand kommt. Ich habe darum gebetet, dass die Deeksha durch meine Stimme kommt, durch meine Augen, durch meinen Körper, sowohl für Casper als auch für mich. Einerlei also, was wir tun, wir haben die Kraft, die Menschen durch unsere Gegenwart umzuwandeln und zu erheben.*

KAPITEL 9

ONENESS BLESSING UND BUSINESS

Jitendra Mohanty ist Inhaber der Swosti Group im Bundesstaat Orissa in Indien. Mit seinen 900 Angestellten betreibt er drei Fünf-Sterne-Hotels, ein Tagungszentrum, einen Badestrand und eine internationale Reiseagentur. Es ist nicht im Entferntesten etwas „Alternatives" an diesem kleinwüchsigen Mann im Nadelstreifenanzug mit Seidenkrawatte. Er hat seine Ausbildung in Cornell gemacht und eine Reihe unternehmerischer Auszeichnungen gewonnen, einschließlich des Hotel Entrepreneur of the Year der Federation of Hotel and Restaurant Association Indiens. Er baute sein Unternehmen 1984 von der Pike an auf und hat sich ihm seitdem mit Körper und Seele hingegeben. Für einen Menschen wie Herrn Mohanty war unternehmerischer Erfolg existenziell. Versagen war unvorstellbar.

Als jedoch die Belegung in seinen Hotels deutlich zurückging und Mohanty größere Schulden aufnehmen musste, um sich über Wasser zu halten, setzte ihm dies auch körperlich zu. Sein Schlaf litt, seine Gesundheit wurde durch den Stress belastet und oft schnauzte er sogar seine Familie an. Irgendwann war er so am Ende, dass er bereit für jeden Neuanfang war. Er kündigte einigen Angestellten, suchte nach neuen Managern und beschäftigte sich mit neuen Unternehmensmodellen. Aber nichts half. Dann bekam er an einem Wochenende Besuch von seinem alten Freund Rajiv Mishra, der Meeresfrüchte nach Europa exportierte. Auch Rajivs Unternehmen hatte schwere Zeiten hinter sich – bis er einen bestimmten spirituellen Kurs besucht hatte: Danach veränderte sich innerhalb von einem Jahr alles zum Positiven. Er machte so viel Gewinn, dass er auch in neue Geschäftsfelder investieren konnte.

Herrn Mohanty und seiner Familie konnte es zu diesem Zeitpunkt gar nicht mehr schlechter gehen. Und obwohl er sich mehr zu einem Yale Business Course hingezogen fühlte als zu einem Yoga Ashram, rief Jitendra Mohanty eines Abends schließlich die Nummer an, die ihm sein Freund gegeben hatte. Er hatte einen jungen Mönch namens Namann in der Leitung. „Kein Problem", sagte der Mönch locker, nachdem er sich Herrn Mohantys Klagelied angehört hatte. „Kommen Sie drei Tage hierher und machen Sie einen Deeksha-Kurs. Mal schauen, wie ihre Geschäfte dann laufen."

Herr Mohanty und seine Frau Bipasa machten sich wenige Vorstellungen, was sie erwartete. Sie reisten zur Oneness University und belegten den Kurs unter der Leitung von Namann. Am letzten Tag trafen sie Bhagavan und baten ihn um seinen Segen für ihr Unternehmen, so wie es in Indien Brauch ist. Bhagavan sagte ihnen, es werde sich sicherlich eine Verbesserung einstellen, doch für das Ganze sei es noch besser, wenn sie zu einem 21-Tage-Prozess zurückkämen. Die Dinge kamen tatsächlich ins Rollen, als sie zurückkehrten, und einen Monat später waren sie wieder da, um an einem sogenannten Advanced Business Training teilzunehmen. Herr Mohanty war überrascht:

Der Dasa kam jeden Morgen herein und sagte: „Heute geben wir Ihrem Geist eine Heilung." Nach zwei Minuten ging er wieder und wir legten uns hin und fühlten uns sehr entspannt. Kaum war er gegangen, begann sich alles in unseren Köpfen zu drehen. Etwas ganz Seltsames passierte. Zwei Tage lang hatten wir beide Kopfschmerzen, aber dann folgte ein wunderbarer Friede. Die Dasas erklärten, dies sei die notwendige „Operation" gewesen. „Operation?", fragten wir. „Was für eine Art von Operation?" Wir machten uns beide ein wenig lustig hinter ihrem Rücken; wir glaubten nicht, was sie sagten. Ich bin ein Geschäftsmann, der in Cornell ausgebildet wurde! Aber da waren so viele hoch gebildete Leute aus den USA und Europa: Bischöfe, Moslemführer, Hindulehrer, Universitätsprofessoren, Ärzte, Vortragsredner. Wir dachten bei uns, all diese Leute können doch nicht falschliegen. Also befolgten wir die Anweisungen. Am nächsten Tag kam der Dasa und sagte: „Jetzt werden wir eine Deeksha machen, um Ihren Körper zu heilen."

„Es ist nichts krank an meinem Körper", sagte ich zu ihm.

„Sie wissen nicht, was mit Ihrem Körper nicht stimmt", sagte er. „Und wir wissen es auch nicht. Doch die göttliche Kraft wird für alles sorgen." Die nächsten zwei Tage lang tat uns jeder Teil unseres Körpers weh.

Das ging drei Wochen lang so weiter. Herr und Frau Mohanty erhielten Oneness Blessing für die Beziehung zu ihren Müttern, ihren Vätern, ihren Vorfahren. Sie fühlten den ganzen Schmerz, den sie anderen verursacht hatten, und den ganzen Schmerz, den sie in sich hineingefressen hatten. Sie erhielten ein intensives Training, alles, was man sich vorstellen kann - nur nicht neue Vorschläge, ein Hotel zu führen, worauf sie eigentlich warteten. Von Zeit zu Zeit machte Herr Mohanty sich Sorgen um seine Hotels und wie es mit ihnen in seiner Abwesenheit wohl laufen würde. Er war seit 1984 nicht länger als drei Tage vom Büro fortgewesen. Die Dasas hatten ihm gesagt, er solle sein Handy und sein Laptop ausschalten und die Hotelführung dem Göttlichen überlassen. Er und seine Frau schliefen viel, gingen spazieren und erfuhren innerlich tiefe Heilungen. Manchmal telefonierte er heimlich um 11 Uhr nachts mit seinem Manager - und bekam immer gute Nachrichten. Den Angestellten ging es gut, langjährige Schulden waren beglichen worden und das Geschäft entwickelte sich bestens. Etwas geschah, was er bei seiner Ausbildung in Cornell nicht zu denken gewagt hätte. Alles klappte besser, als wenn er physisch im Hotel war. „Als ich von diesem 21-Tage-Kurs zurückkam“, berichtet er, „waren die Anspannung im Hinblick auf mein Geschäft und auch meine Depression völlig verschwunden. Ich war positiv und in jeder Hinsicht optimistisch. Seitdem hat sich das Geschäft enorm verbessert.“

Bevor Herr und Frau Mohanty die Oneness University verließen, wo sie auch zu Deeksha-Gebern ausgebildet wurden, hatten sie ein abschließendes Treffen mit Bhagavan. Sie waren so beeindruckt von allem, was für sie geschehen war - sie wollten, dass all ihre Angestellten sowie deren Familien auch Deeksha erhielten. Wenn Namann nach Orissa kommen könnte, würden sie eine riesige Veranstaltung organisieren. Bhagavan sagte ihnen: „Namann wird kommen, aber er wird kein Oneness Blessing geben. Sie und Ihre Frau werden im Hotel Deeksha geben. Namann wird Sie vorstellen, weil Ihre Angestellten es nicht missverstehen sollten, dass ihr Chef an einen spirituellen Ort gegangen und ein Guru oder ein spiritueller Lehrer geworden ist. Namann wird mögliche Missverständnisse klären, und dann werden Sie Deeksha geben. Ich möchte ihnen zeigen, dass normale Menschen wie Sie, Unternehmer und Geschäftsleute, auch Deeksha geben und auch spirituelle Kräfte haben können. Das ist nicht nur einigen wenigen spirituellen Meistern vorbehalten.“

Und so geschah es. Alle Angestellten kamen mit ihren Familien und Kindern zusammen, es waren mehr als 2.000 Personen. Namann hielt eine Ansprache und dann gaben der Geschäftsführer und seine Frau jedem Deeksha. In Indien erleichtert es die Kultur den Menschen, mystische Visionen zu haben. Bei jener ersten Veranstaltung sahen einige Menschen Gottheiten, andere sahen ihre Ahnen, wieder andere erfuhren ungeheure Stille. Am nächsten Tag waren alle Telefonleitungen belegt, alle tauschten sich aufgeregt aus. Manche berichteten, sie hätten erstmals seit Monaten wieder gut geschlafen.

Herr und Frau Mohanty haben noch fünf weitere derartige Veranstaltungen in ihrem Tagungszentrum gesponsert. Zusammen mit den anderen 20 ansässigen Deeksha-Gebern haben sie nunmehr mehr als 4.000 Menschen Deeksha gegeben. Täglich lässt Herr Mohanty die Türen seines Büros für alle Angestellten offen; sie könnten stets von ihm oder seiner Frau Deeksha bekommen – seien es die Manager, die Köche oder die Reinigungskräfte. Auch die Familien sind willkommen. Täglich geben die beiden ein- bis zweihundert Deekshas. Nicht jeder Angestellte war von Anfang an davon begeistert. Einer der Topmanager machte sich zum Beispiel Sorgen darüber, dass die Deeksha mit seinen religiösen Überzeugungen in Konflikt stehen könnte. Er organisierte die großen Deeksha-Veranstaltungen in dem Tagungszentrum, doch er nahm nicht selbst Deeksha. Nach einigen Monaten fand er eine andere Stelle. Auch einige andere sind von selbst gegangen. Mittlerweile erhalten jetzt alle 900 Angestellten regelmäßig Deeksha.

Die Hotelkette von Herrn Mohanty ist ein Beispiel für eine kleine, aber wachsende Anzahl von Unternehmen, die sich der Deeksha geöffnet haben. Nach Bhagavans Ansicht hat der Chef jedes Unternehmens das Potenzial, nicht nur ein Geschäftsführer, sondern auch eine Art spiritueller Lehrer für seine Mitarbeiter zu sein. Mohanty sagt tatsächlich, dass er jetzt eine völlig neue Beziehung zu seinen Angestellten habe. Er kennt sie alle persönlich, sie haben eine tiefe Verbindung miteinander. Sie betrachten ihn und seine Frau voll Zuneigung und Hingabe, als wären alle eine Familie. Infolgedessen sind seine Angestellten mehr auf ihre Arbeit konzentriert. Drei Monate nach Einführung der Deeksha hat sich die Personalfluktuation beinahe auf null reduziert. Fehlzeiten sind auf weniger als zehn Prozent des früheren Anteils zurückgegangen. Die Dienstleistungsqualität hat sich binnen weniger Monate so verbessert, dass alle drei Hotels über längere Zeiträume fast hundertprozentig ausgebucht sind. Der Jahresumsatz der Hotelkette hat sich fast verdoppelt, wodurch Mohanty die Löhne auf ein Spitzenniveau in der Industrie anheben konnte. Jetzt ist er dabei, drei weitere Hotels zu eröffnen:

> *Jeder von ihnen hat jetzt ein sehr starkes Selbstvertrauen. Es kommen so viele neue Gäste und es ist so viel zu tun, aber man sieht die Angestellten blitzschnell umherflitzen, mit einem Lächeln für jeden, und sie machen ihre Sache prima. Jeder ist auf Zack. Es ist ein deutlicher innerer Wandel, der stattgefunden hat. Die Angestellten, die ineffizient waren, sind von selbst gegangen; ich habe niemanden rausgeschmissen. Mein Personal braucht kaum Aufsicht, sie kommen selbst klar. Wenn jemand etwas Falsches tut, werden ihm fünf andere Angestellte die Meinung sagen. Die Probleme werden auf ihrer Ebene gelöst, es dringt gar nicht bis zu mir. Überall finden solche positiven Veränderungen statt, ich brauche kaum noch etwas zu tun.*

DER KICHERNDE MÖNCH

Als Namann sich 1984 als erster Schüler an der Jeevashram-Schule einschrieb, war er neun Jahre alt. Noch heute kann man den überschäumenden, neunjährigen Jungen in ihm wahrnehmen. Die Grübchen in seinen Wangen und seine ansteckende Begeisterung verleihen ihm etwas von einem Cherub. Man kann ihn sich eher bei einem Großeinkauf in einem Spielzeugladen vorstellen als in der Chefetage einer der größten Firmen Indiens. Doch nachdem Namann die Jeevashram-Schule bei Bhagavan abgeschlossen hatte, erwarb er seinen Master in Business Administration und gibt nun Deeksha in indischen Unternehmen.

Viele haben uns beigebracht, wir müssten uns zwischen Geld und Gott entscheiden. Die meisten religiösen Traditionen lehren, wenn man Gewinn, Geschäft und Erfolg anstrebt, kann man nicht gleichzeitig ein spirituelles Leben führen. Wenn man wirklich das

Göttliche will, muss man die Welt aufgeben. Für die Dasas wie Namann und Anandagiri an der Oneness University existieren diese Unterschiede nicht. „Die meisten Unternehmen halten Spiritualität bei sich für fehl am Platz", sagt Namann. „Aber das ist nur so, weil sie nicht wissen, was wahre Spiritualität ist. Im Unternehmensbereich möchten sie ihre finanziellen Ziele erreichen. Sie möchten die Effizienz der Mitarbeiter erhöhen, was genau das ist, was wir an der Oneness University tun. Wir passen unsere Programme den Wünschen und Erfordernissen jedes Unternehmens an."

Namann saß hinter seinem großen Chefschreibtisch auf dem ledernen Drehstuhl und wurde bei unserem Gespräch immer enthusiastischer. Sein geräumiges Büro erinnerte mich an die Vorstandsetage eines großen Unternehmens: der Flachbildschirm, die Einrichtung, die offenbar von einem Top-Designer entworfen worden war, die indirekte Beleuchtung, das geprägte Briefpapier. Und direkt inmitten all dessen war ein temperamentvoller Mönch, der in seiner Begeisterung für die ekstatische Vereinigung von Geschäft und Spiritualität kaum an sich halten konnte. Er sagt:

> *Eine Person, die unglücklich ist, wird zu einer Gefahr für die Gesellschaft, weil sie innerlich so und äußerlich jemand anderes ist. Diese Heuchelei wird nicht nur der Person, sondern auch der Organisation, für die sie arbeitet, schaden. Wenn die Mitarbeiter nicht glücklich sind, wird auch das Unternehmen nicht erfolgreich sein. Wir arbeiten mit diesem inneren Aspekt. Solange sich nicht jeder Mensch selbst wertschätzt, wird es zwangsläufig Kampf geben.*

Anandagiri schaltet sich ein:

> *Wir sehen so viel Kriminalität, Krieg, Konflikt, Angst, Terror, Armut, so viele Probleme in der Welt. Was meinst du, wird wirklich etwas bewirken – jemand, der auf den Bergen meditiert? Wird das einen Unterschied machen? Was die Lage*

wirklich verändern wird, sind einfach glückliche Menschen. Wir sprechen über Glück, nicht über Vergnügen. Wenn jemand wirklich glücklich ist, dann wird er eine Bereicherung für die Gesellschaft und für sein Unternehmen sein. Er wird den Erfolg quasi anziehen. Ein glücklicher Mensch kann anderen auch nur Glück abgeben, er kann nur teilen. Bei Spiritualität geht es um Glücklichsein. Wenn du wirklich glücklich sein kannst, bist du spirituell. Spiritualität bedeutet: Wenn du ein Glas Wasser trinkst, erfährst du dies ganz und gar. In dem Maße, wie sich die Qualität deiner alltäglichen Erfahrung verändert, werden selbst einfache tägliche Begebenheiten heilig – ob du mit Menschen redest, deinen Wagen fährst, an deinem Computer arbeitest, einen Film schaust oder Pizza isst. Sobald du diese Dinge vollständig erfahren kannst, verändert sich die Qualität jeder Erfahrung, und das ist Spiritualität.

Ich begann mich zu fragen, wie all das in unserer sogenannten wirtschaftlichen Realität aussehen möge. Kann man die Mitarbeiter eines Unternehmens in einem anderthalbtägigen Seminar wirklich glücklich machen? Braucht man dazu Clownsnasen? Luftballons? Steve-Martin-Filme? Ich wollte genau wissen, was Naman in der Vorstandsetage tat. „Es sind nicht nur Unterweisungen“, begann er zu erklären:

Die höheren Energien, die durch die Deeksha einfließen, lassen die Lehren zur Wirklichkeit werden. Zu Anfang stecken die Leute oft in Problemen fest und können nicht vorankommen. Die Arbeit kommt nicht in Gang und die Firma macht Verluste. Sobald die Führungskräfte in sich selbst klar und entspannter werden, sehen sie automatisch auch ihre Arbeit aus einer größeren Perspektive. Das bewirkt die Deeksha. Ich habe viele Fälle erlebt, wo ein leitender Angestellter während unserer Pause einen Anruf mit der guten Nachricht erhält, dass das Problem, worüber man sich solche große Sorgen gemacht hat, wie von selbst aufgelöst hat.

Namann erinnert sich an eines der Programme, die er in einer großen Fabrik anbot. Der Generaldirektor und 25 Vorgesetzte des Betriebs nahmen sich zwei Tage frei, um diese Zeit mit Namann zu verbringen, der ihnen sagte, sie sollten sich entspannen, die Arbeit vergessen und alles der Gnade übergeben. Auf einmal erhielt der Generaldirektor eine dringende Nachricht, die Fabrik sei in Gefahr. Die Sirene war angegangen und die Menschen waren in Panik. Es war ein entscheidender Moment, fast eine Prüfung. Der Generaldirektor hatte bereits an anderen Deeksha-Programmen mit Namann in ihrer überregionalen Geschäftsstelle teilgenommen und erfahren, was möglich war; insofern war er bereit, ein Wagnis einzugehen - in diesem Fall ein großes Wagnis. Statt auf die Nachricht zu reagieren, erhielt er eine Deeksha und rief das Göttliche an, sich der Situation anzunehmen. Dann entspannte er sich völlig. An jenem Tag empfing er keine Nachrichten mehr, doch am Abend rief er an und fand heraus, dass sich das Problem genau in dem Moment gelöst hatte, als er die Deeksha bekam und die göttliche Gnade anrief. Namann sagt: „Jetzt kann er mit allen Situationen neu umgehen, er hat ein neues Vertrauen, weil er sich nicht mehr allein fühlt. Das Oneness Blessing hat ihn mit einer höheren Energie verbunden."

Für einen westlichen Geist wie mich klingen Geschichten dieser Art beinahe zu schön, um wahr zu sein - wie eine Übertreibung oder Erfindung oder die Schilderung einer zufälligen Begebenheit. Anfangs wollte ich sie nicht in dieses Buch aufnehmen, weil ich Bedenken hatte, man würde mich dann nicht mehr ernst nehmen. Erst als ich diese Berichte immer wieder hörte - und zwar nicht nur von Dutzenden leitender Angestellter in Indien, sondern von Geschäftsleuten aus China, Europa und den USA - kam mir der Gedanke, dass da etwas geschah, was nicht im Lehrplan der Business School steht.

Ich wollte noch mehr von Namann darüber wissen, wie das Ganze funktioniert. Indischen Geschäftsleuten gelingt es oftmals, unternehmerisch noch erfolgreicher zu sein als ihre westlichen Kollegen. Bringe 25 Säulen unternehmerischer Korrektheit in einem Raum mit einem sehr begeisterten und gewissermaßen göttlich berauschten Mönch zusammen - und was kommt dabei heraus? Das interessierte mich:

Namanns anderthalbtägiges Seminar ist in mehrere Module unterteilt. Das erste konzentriert sich auf die Qualität der Beziehungen innerhalb der Firma. „Eine Firma ähnelt einer Familie", sagt Namann.

Wenn die Beziehungen innerhalb einer Firma nicht stimmen, wird die Firma scheitern und eingehen. Angenommen, ein Produktmanager und ein Marketingmanager haben Differenzen. Vielleicht hegen sie einen persönlichen Groll wie „er hat mich vor der ganzen Versammlung beleidigt" oder „er hat nie respektiert, was ich gesagt habe". Dann werden größere Entscheidungen falsch getroffen, weil die Beziehung im Team nicht stimmt. Es muss wirkliche Vergebung stattfinden, was bedeutet, den Schmerz zu fühlen, der verursacht wurde, und den Schmerz, den wir anderen bereitet haben. Viele Führungskräfte haben bislang weder vergeben noch ganz gefühlt. Dabei helfen wir ihnen.

Namann erzählte mir, dass sie auch mit Atemübungen arbeiten. Seiner Meinung nach atmen die meisten Menschen in der Geschäftswelt sehr kontrolliert, was die Art und Weise beeinflusst, wie sie Entscheidungen treffen. Auch Körperübungen werden eingesetzt.

„Aber diese Dinge machen weniger als 5 Prozent aus", sagt er.

95 Prozent ist die Deeksha. Während sie über ihre Beziehungen nachdenken oder neue Atemmethoden oder Körperhaltungen praktizieren, gebe ich ihnen still Deeksha. Ich gebe ihnen auch täglich Deeksha durch Handauflegen. Dann fühlen sie sich nicht nur körperlich, sondern auch geistig tief entspannt. Wenn wir nur Körperübungen machen würden, wäre es nur ein anderes Programm zum Stressmanagement. Es geschieht auf einer viel tieferen Ebene.

Namann hat vielen der größten indischen Firmen diesen einzigartigen Cocktail verabreicht. Godrej & Boyce ist eine der größten indischen Firmen für Geräte und Einrichtungen. Anil Mathur ist der Chef der Möbelabteilung. Er berichtet, dass allein durch seine eigene Deeksha-Erfahrung der Erfolg seiner ganzen Abteilung gestiegen ist. Er sagt, er könne sich auch bei wichtigen Entscheidungen auf seine innere Führung verlassen, statt alles durchdenken zu müssen. Eine solche Entscheidung erweise sich stets als schlauer, fundierter und kreativer, als wenn er alles durchdenken würde. Ähnliche Geschichten hört man von Anwaltskanzleien, Medienbetrieben, Ärzten, Behörden und Universitäten, deren Management an diesen Kursen teilgenommen hat.

„Das Einzige, was betont wird, ist die Deeksha selbst", sagt Herr Mohanty.

Sie bekommen immer mehr Deekshas und geben immer mehr Deekshas und der Rest passiert automatisch. Es ist eine Übertragung positiver Energie. Je mehr Sie davon übertragen, desto mehr haben Sie. Das hilft der Gesellschaft, dem Unternehmen und jedem Einzelnen. Ich weiß, dass das sehr schwer verständlich für die restliche Welt sein wird. Ich besuche ganz Europa und die USA, ich habe überall Freunde. Es ist sehr schwierig, der westlichen Welt dies zu erklären.

Trotz dieser Schwierigkeit beginnen sich dieselben Ergebnisse auch im Westen immer häufiger einzustellen.

GESCHÄFT ALS LIEBE

Ein westlicher Geschäftsmann, dem es gar nicht schwerfiel, die Kraft der Deeksha zu verstehen, war Geert Timan, der Besitzer und Geschäftsführer von Limburg Patisserie BV, einer angesehenen Bäckerei in Südholland, die seit 1945 im Besitz seiner Familie ist. Zu Anfang versorgte sie nur die umliegenden Dörfer, inzwischen wurde sie zum größten Unternehmen dieser Art in Europa, das sowohl mehr als 60 internationale Fluggesellschaften als auch Restaurants in ganz Europa beliefert. Ende der 90er Jahre ging Geert durch eine Midlife-Crisis. „Ich konnte nicht mehr erkennen, wozu das alles gut sein sollte", sagt er. „Geld verdienen, ein Auto kaufen, noch ein größeres Auto kaufen, ein Haus kaufen, noch ein größeres Haus kaufen usw. Ich dachte: ‚Es muss noch mehr im Leben geben' - und so begann ich zu suchen." Geert lernte Meditation, nahm an verschiedenen Kursen teil, landete schließlich in Indien und wurde Deeksha-Geber.

> *Der wichtigste Einfluss, den Deeksha auf mein Unternehmen gehabt hat, besteht darin, dass sie es in ein Unternehmen verwandelt hat, das von Liebe beseelt ist. Meine Mitarbeiter und ich sind in einem Bewusstseinszustand, der voll in diesem gegenwärtigen Moment und ganz und gar von Liebe getragen ist. Wie Sie wissen, geht es im Geschäftsleben nicht immer um Liebe. Doch so erlebe ich es. Sobald ich an nichts mehr hänge – noch nicht mal an dem Produkt, das ich verkaufen möchte –, wird das Gefühl noch stärker. Es ist so schön, über Geschäfte gleich von Anfang an mit einem Gefühl der Liebe zu sprechen. Es öffnet einem die Türen, denn wenn die Menschen ein gutes Gefühl zu mir haben, schmecken sogar die Kuchen, die wir verkaufen, leckerer.*

Wow!

Und ich dachte, Namann sei total abgefahren.

Geert erzählte mir von einem Treffen, das er vor Kurzem mit einem Team von einer der größten Fluggesellschaften der Welt hatte. Ich würde Ihnen gern den Namen sagen, aber er riet davon ab. Wenn Sie die Geschichte gehört haben, werden Sie das verstehen. Ein Team von acht leitenden Angestellten kam, um ein Geschäft mit Geert abzuschließen, d. h., Kuchen von ihm zu beziehen. (Warum schickten sie acht leitende Angestellte, um ein Geschäft über Kuchen abzuschließen? Wahrscheinlich gab es welchen zum Probieren.) Als sie gemütlich zusammensaßen und sich entspannten, begann Geert, dem Kunden Deeksha durch seine Augen zu geben. „Wissen Sie, Geert, Ihr Haus vermittelt so ein schönes Gefühl", kommentierte einer der Angestellten der Fluggesellschaft. „Es ist doch 40 Jahre alt, oder?"

Manchmal erklärt Geert, dass es mehr als das Haus ist, manchmal belässt er es einfach dabei. Er sagt, er erkläre nur etwas, wenn jemand ihn direkt frage.

Die Unterhaltung wurde noch interessanter und tiefer. An einem bestimmten Punkt, erzählt Geert, konnten sich einige der Besucher vor schierem Glück kaum noch halten. Das Treffen dauerte viele Stunden, niemand wollte aufhören.

„Irgendwann sind sie aufgestanden, um wegzufahren", sagt er, „und sie haben mich umarmt. Was brachte diese Geschäftsleute dazu, mich zu umarmen? Sie pflegen sich für gewöhnlich nicht zu umarmen."

Am nächsten Tag rief der Hauptgeschäftsführer an, um Geert den besten Vertrag in der Geschichte seiner Firma zu geben. Aber er faxte oder mailte ihn nicht, sondern fuhr sechs Stunden zu ihm hin, um ihn persönlich zu überreichen. „Geert", sagte er, „es fühlt sich wunderbar an, wieder bei Ihnen zu sein. Man hat das Gefühl, Sie haben gar keine Probleme. Sie lachen ständig und machen Spaß – als ob Sie das Glück in Person sind." Als er den Vertrag durchlas, sah Geert, dass er eine ungewöhnliche Klausel beinhaltete, nämlich die Auflage häufiger Treffen mit Geert, so wie das Treffen, das sie am Tag zuvor hatten. Er lachte und sagte, das bräuchten sie nicht in den Vertrag hineinzuschreiben, sie seien immer willkommen, wie eine Familie.

Früher oder später fragen Geerts Kunden ihn nach seinem Geheimnis. Meistens ganz beiläufig: Was für Bücher lesen Sie? Befolgen Sie eine bestimmte Diät? Was ist Ihre bevorzugte Hautcreme? Dann werden ihre Augen kleiner und sie präzisieren: „Ich habe gehört, dass Sie vor kurzem in Indien waren. Was haben Sie dort gelernt?" Erst dann erzählt Geert etwas über Deeksha und die Beziehung, die er zu Bhagavan und Amma entwickelt hat, und bietet ihnen an, ihnen Deeksha durch Handauflegen zu geben. Er sagt, er dränge nie. Erst wenn sie es bereits fühlen und fragen, dann erzählt er ihnen davon. Viele seiner Kunden kommen jetzt nur wegen Deeksha wieder. „Sie kommen öfter wieder. Manchmal können sie nicht hierher kommen, dann rufen sie mich an, um übers Telefon Deeksha zu erhalten. Ich liebe und gebe. Es gibt keinen Wettbewerb, keinen Ärger, nur Liebe."

Geert erklärt, dieser Wechsel zur Liebe als einziger Priorität habe jeden Aspekt seines Unternehmens beeinflusst. Die geschäftliche Kommunikation werde effektiver und er brauche weniger und einfachere Worte, um zum selben Ergebnis zu kommen. Er bekommt größere und häufigere Aufträge. Der Umsatz von Limburg Patisserie hat sich in den acht Monaten nach Geerts Indienreise um 40 Prozent erhöht. In der Fabrik arbeitet nicht mehr nur eine Schicht, sondern zwei, die jetzt sogar auf drei erhöht werden muss. Zusätzlich bauen sie momentan ein zweites Werk.

Es gibt relativ wenige Geschäftsleute in der westlichen Welt, die Oneness Blessing in ihren Unternehmen so offen wie Geert einsetzen, obwohl Hunderte westlicher Führungskräfte ausgebildet wurden, Deeksha zu geben. Die meisten behalten es für sich, um nicht sektiererisch oder verrückt zu erscheinen, um nicht ihr Geschäft zu gefährden in einer Kultur, der es fremd ist, Spiritualität in die Arbeitswelt zu integrieren.

VERÄNDERUNG VON INNEN

Alice Lee ist eine weitere mutige Deeksha-Pionierin. Sie lebt und arbeitet in Taiwan. Sie erwarb ihren Master-Abschluss in Beijing, insofern hat sie auch enge Verbindungen zu China. Sie ist Inhaberin der Firma Alice Lee, Inc. und vieler anderer Firmen. Sie stellt Teile medizinischer Geräte und Isotopreagenzien zur Anwendung in der Nuklearmedizin her, die in der ganzen Welt vertrieben werden. Als ihr neue Möglichkeiten in China angeboten wurden, fühlte sie sich gehemmt. „Das ist wirklich etwas Großes", sagte sie zu mir, „ich hatte das Gefühl, nicht genug Kraft zu haben, um dieser neuen Herausforderung gerecht zu werden. Meine Vorfahren stammen aus China", erzählte sie weiter. „Ich wurde in China erzogen und jetzt ist China der wirtschaftliche Hoffnungsträger der ganzen Welt geworden. Ich bin Buddhistin und suchte Einsicht durch den Guiding Buddha, eine weibliche Göttin. Ich glaube, sie hat mich zur Deeksha geführt."

Vor ihrer Deeksha-Ausbildung hatte Alice große Herausforderungen in ihrem Betrieb zu meistern. „Ich war früher sehr reizbar. Ich war eine sehr herrschsüchtige, dominante und fordernde Frau, so ein Mensch, der andere Leute nicht ausreden lassen konnte und ihnen ins Wort fiel, um jedem zu sagen, was ich dachte und was ich wollte. Ich habe nie zugehört."

Alices Büro hat zwei Abteilungen: eine für die Herstellung und eine für die Auftragsbearbeitung und den Vertrieb. Jede Abteilung hat einen Direktor, der ihr Rechenschaft ablegt. Beide Direktoren stritten ständig miteinander. Alice war hin- und hergerissen, weil beide sehr kompetent waren. Sie wusste, dass sie einen von ihnen entlassen müsste, wenn sie sich dermaßen hassten - aber welchen?

Alice fuhr erst mal 14 Tage nach Indien. Sie war erstaunt, dass die beiden Direktoren in ihrer Abwesenheit ihre Meinungsverschiedenheiten zu schlichten begannen. Als sie zurückkam, verstanden sich beide ganz gut und unterstützten sich gegenseitig in der Betreuung der Kunden und der Lösung von Problemen. „Ich weiß nicht, warum“, sagt Alice, „aber sie haben sich total verändert. Es ist, als wären sie völlig neue Menschen. Sonst musste ich ihnen Vorträge halten und ihnen meine Ideen ganz detailliert rüberbringen. Jetzt begreifen sie es, ohne dass ich viel sagen muss.“

Einmal im Monat gibt sie dem ganzen Personal Deeksha und den beiden Direktoren etwa alle zehn Tage. Meistens versucht sie, es freitags zu machen, da sie dann im Anschluss nach Hause fahren und sich zwei Tage ausruhen kann. Alice berichtet, dass ihre Einnahmen in den fünf Monaten nach ihrer ersten Indienreise um gut 30 Prozent angestiegen sind.

Während Alice noch über die Möglichkeiten in China nachdachte, reiste sie zu einem Klassentreffen nach Beijing. Zwei ihrer Klassenkameraden waren Kinder von chinesischen Gouverneuren. „Beide kamen auf mich zu. Sie sagten, sie hätten das Gefühl, dass etwas an mir anders geworden sei, mein Gesicht würde so leuchten. Wir kamen uns schließlich sehr nah, wie Schwestern. Später fand ich heraus, dass der Vater meiner Freundin als Gouverneur für den Landesteil zuständig ist, in dem mein Projekt in China geplant ist. All das geschah ohne mein bewusstes Zutun.“

Von dieser Erfahrung berichten leitende Geschäftsleute auf der ganzen Welt, die Deeksha empfangen: Sie erhalten bessere Ergebnisse durch weniger Aufwand.

Ray Butler ist ein englischer Immobilienmakler. Zusammen mit seinen Partnern kauft er Wohn- und Bürogebäude im Londoner Zentrum, baut sie aufwendig um und verkauft sie an Anleger. „Ich bin schon immer unheimlich ehrgeizig gewesen“, sagt Ray. „Ich brause davon wie einer dieser französischen Schnellzüge. Man darf nicht aussteigen, anhalten oder sich umschauen, geschweige denn spielen, sich entspannen oder Spaß haben. So bin ich durch mein ganzes Leben gebraust.“ Ray sagt von sich, er habe ständig Listen gemacht, lange Listen mit Hunderten von Punkten. Kaum waren einige abgehakt, rückten schon andere nach.

Ray und seine Frau Marie kauften vor einigen Jahren das Penningham House in Schottland und bauten es in ein Retreat-Zentrum um. Durch die verschiedenen Kurse, die dort angeboten werden, hörten sie von Deeksha und beide reisten zur Ausbildung nach Indien. „Ich lege keine Listen mehr an", sagt Ray.

> *Ich plane nicht einmal mehr besonders. Ich befasse mich mit dem, was jeden Tag passiert und was hochkommt. Es ist eine andere Herangehensweise. Ich glaube, ich war überaktiv geworden, wo es gar nicht notwendig war. Jetzt schaffe ich viel mehr und habe mehr Zeit für mich. Jetzt bin ich Mensch und nicht nur am Arbeiten. Ich lasse die Dinge geschehen. Ich denke nicht darüber nach, es geschieht einfach. Ich befasse mich mit einer Sache und dann mit der nächsten.*

Auch Marie ist sich dieser Veränderung bewusst:

> *Er macht ein Drittel dessen, was er vorher gemacht hat, und sein Geschäft expandiert immer mehr. Ich kann es nicht erklären. Vielleicht ist er jetzt konzentrierter; er hat vieles gelassen, was nicht notwendig ist. Plötzlich habe ich einen Ehemann, der mehr zu Hause ist und ein normales Familienleben hat und der gleichzeitig ein sehr, sehr schnell wachsendes Unternehmen führt.*

> *Jedes Mal, wenn ich eine Geschichte wie die von Ray und Marie hörte, fragte ich mich, wie ich dies den westlichen Geschäftsleuten erklären sollte, die ich kannte. Die meisten von ihnen laufen den ganzen Tag mit Handys und Palms, Blackberries und Blueberries und einem vollen Terminplaner herum. Langsamer zu werden und den Dingen zu erlauben, sich zu entfalten, scheint für die meisten Manager ein ferner*

Traum zu sein. Deshalb fragte ich Ray: „Wie würden Sie normalen Geschäftsleuten erklären, dass Verlangsamung der Weg ist, das Geschäft anzukurbeln? Die meisten Leute fürchten, dass ihr Geschäft darunter leidet, wenn sie innehalten."

„Ich würde sagen, es hängt von der Perspektive ab", sagt Ray.

„Wenn man es so anschaut, dann geschieht doch alles von selbst. Wer setzt all das in Bewegung? Was geschieht hier wirklich? Ich würde sagen, es ist eine Illusion, dass wir die Handelnden sind. Die Dinge haben ihren eigenen Rhythmus, sich zu entfalten. Ich kann verstehen, warum einige Menschen sich Sorgen machen, dass sie vielleicht nicht mehr so viel erreichen, wenn sie langsamer werden. Für uns ist es das genaue Gegenteil gewesen. Man kann dies auf zweierlei Weise erklären. Ein Teil ist kumulativ: die Geschichte, die Tatsache, dass wir es schon 20 Jahre lang am Markt sind, einen guten Ruf aufgebaut haben etc. Das ist eine offensichtliche Schlussfolgerung, zu der man kommen könnte. Der andere Teil ist schwer definierbar. Es war auch für uns sehr ungewöhnlich. Plötzlich merkten wir, wir standen an einem Punkt, wo die Dinge keine Probleme mehr sind. Früher kämpften wir die ganze Zeit, aber dann wurde plötzlich alles ganz leicht und große Gewinne kamen ohne jede Bemühung."

Nach Bhagavans Meinung kann Business eine sakrale Betätigung ausdrücken und muss keineswegs mit dem spirituellen Leben in Konflikt sein. Er hat viele Menschen ermutigt, mich und die meisten meiner Freunde ebenfalls, ihr gandhi-orientiertes Denken aufzugeben und sich engagierter für materiellen Erfolg einzusetzen:

Wohlstand und Armut hängen von den gedanklichen Konditionierungen des jeweiligen Menschen ab. Ist Ihr Denken von Problemen überschattet, wird sich das auch in Scheitern und Ungeordnetheit im Äußeren ausdrücken. Menschen, die Armut verherrlichen und ein falsches Verständnis von geistiger Freiheit haben, schaden sich selbst. Von einem spirituellen Menschen erwartet man oft, er müsse von einer anderen Welt sein und Geld und materiellen Wohlstand verachten. Ich sage: Auch Wohlstand zu erlangen und Erfolg zu haben, kann ein spirituelles Sadhana sein, denn es verlangt einen ausgerichteten Verstand, Kreativität und Konsequenz. Wenn die Menschen erkennen würden, dass das Schaffen von Wohlstand und sein Teilen mit anderen eine höchst spirituelle Aktivität ist, würden sie viel glücklicher sein und Verantwortung dafür übernehmen, eine bessere Welt zu erschaffen.

KAPITEL 10

ONENESS BLESSING UND DIE GESELLSCHAFT

Wären Sie im Jahr 2002 in die kleine Stadt Varadaiahpalem gefahren, wäre Ihnen die Möglichkeit, dass diese Stadt als Beispiel für eine ideale Gesellschaft infrage kommen würde, ziemlich unwahrscheinlich erschienen. Wenn man von der Hauptstraße, die von Chennai nach Kalkutta führt, abbog, landete man im Hinterland von Andhra Pradesh, einem Niemandsland: ländliches Indien im elementarsten Sinn. Viele Häuser waren Lehmhütten ohne fließendes Wasser, Elektrizität oder Abwasser. Ganze Familien lebten und schliefen in einem Raum. Man kochte draußen auf einem Kerosinkocher und die Toilette war das nächste Feld. Die 7.000 Einwohner hatten große soziale Probleme. Alkoholismus griff immer mehr um sich und Gewalttätigkeit in den Familien war keine Seltenheit. Die 15 Polizisten der örtlichen Polizeistation, die dem *Mandal* oder Distrikt unterstanden, waren täglich damit beschäftigt, Randalen von Betrunkenen auf den Straßen niederzuschlagen. Die Arbeitslosigkeit lag bei 40 Prozent. Die Kinder, die dort geboren wurden, hatte wenige Möglichkeiten – und viele wuchsen zu verbitterten und rastlosen Jugendlichen heran. Die Schule war eine der schlechtesten im Staat und bot den Teenagern der Stadt wenig Hoffnung auf Arbeit oder Bildung.

Als Bhagavan und die Dasas auf das Universitätsgelände in die Nähe von Varadaiahpalem zogen, beschlossen sie, einige Dörfer zu

„adoptieren" und luden sie ein, wie eine Familie zu werden. Sie waren bereit, langfristig bei medizinischer Versorgung, Ausbildung und Arbeitsbeschaffung behilflich zu sein, doch Bhagavan wusste von Anfang an, dass dies nichts nützen würde, wenn die Menschen nicht auch wussten, wie sie glücklich sein können. „Von Anfang an", sagt Anandagiri, „sagte Bhagavan zu uns, dass der Gradmesser der Entwicklung in einer Gemeinde das Glück ist. Wenn man es schafft, dass die Menschen wirklich glücklich sind, dann wird das all die anderen Veränderungen in dem Dorf beschleunigen. Und man wird glückliche Gemeinden schaffen, indem man den Menschen hilft, ihre Beziehungen zu verbessern."

Als Anandagiri begann, zusammen mit einigen anderen Dasas Kurse in den umliegenden Dörfern anzubieten, stießen sie auf großen Widerstand. Während sie mit der Riksha zu ihrem ersten Kurs fuhren, passierten sie drei Straßenschlachten von Betrunkenen. Die Leute sagten: „Wir sind nicht an irgendeiner neuen Philosophie oder Religion interessiert, auch nicht an euren Kursen über die Verbesserung von Beziehungen. Gebt uns ein Zuhause, sauberes Wasser, Elektrizität, Krankenhäuser und Schulen." Sie waren sehr aggressiv. Sie wollten diese Eindringlinge aus der Stadt vertreiben. Aber Anandagiri war beharrlich. „Lasst uns zuerst mit diesen tieferen Aspekten eures Lebens arbeiten. Sonst werdet ihr euch immer weiter unglücklich fühlen, egal was ihr habt, und euer Leben wird euch immer noch bedeutungslos erscheinen." Schließlich fanden sich 30 bis 40 Leute aus der näheren Umgebung, die Anandagiris Rat annahmen, regelmäßige wöchentliche Kurse bei den Dasas zu besuchen und Deeksha zu empfangen. Einmal im Monat nahmen sie außerdem an einem kostenlosen Wochenendkurs teil.

Es dauerte nicht lange, bis sich die Dinge für diese ersten Dorfbewohner, die an Anandagiris Kursen teilgenommen hatten, änderten. Meistens kamen Frauen, doch ihre ganze Familie fühlte die Veränderung. Bis dahin war das Zuhause für die meisten Dorfbewohner eine Brutstätte von Konflikten. Plötzlich verspürten dieselben

Familien den Wunsch, Zeit gemeinsam zu verbringen. Trunksucht und Gewalttätigkeit in der Ehe nahmen deutlich ab.

Diese ersten Familien begannen, immer mehr Menschen zu den Kursen und zum Oneness Blessing zu bringen.

Heute werden jeden Abend irgendwo in der Umgebung Kurse und Deeksha-Veranstaltungen abgehalten, die teilweise von bis zu 1.000 Personen besucht werden.

Dieses Phänomen hat sich zu dem entwickelt, was jetzt das „100-Dörfer-Projekt" genannt wird. Die Idee kam von den Dorfbewohnern selbst und Bhagavan und die Dasas waren gleich einverstanden. Eigentlich stimmt der Name nicht ganz, weil das Projekt mehr Dörfer, nämlich 140 umfasst. Alle befinden sich im Umkreis von 12 bis 15 Kilometern um Varadaiahpalem. Nicht alle Dorfbewohner nehmen daran teil oder sind überhaupt daran interessiert. Bei der ersten Zusammenkunft für das Projekt kamen weniger als 1.000 Menschen. Im Juni 2006 kamen schon mehr als 6.000 zusammen. Diese einfachen und fast ungebildeten Dorfbewohner teilen eine gemeinsame Vision miteinander: Gemeinden zu schaffen, die wirklich glücklich sind und die ein höheres Bewusstsein auf kollektiver Ebene entwickeln. Etwa 20.000 Dorfbewohner haben mittlerweile Deeksha erhalten, was etwa 20 Prozent der ganzen Bevölkerung der Gegend entspricht.

In den 70er Jahren schrieb Lyle Watson ein Buch namens *The Romeo Error.* Er war der Erste, der behauptete, dass schon ein geringer Prozentsatz der Bevölkerung ausreicht, um die ganze Bevölkerung zu mehr Kohärenz zu führen. Ken Keyes untermauerte diese Auffassung mit seinem Konzept vom „hundertsten Affen"; eine Geschichte, die um die ganze Welt ging. Vor nicht allzu langer Zeit schrieb nun Malcolm Gladwell den *New York Times* Bestseller *The Tipping Point,* in dem er ebenfalls aufzeigt, dass kollektive Veränderungen mit einigen wenigen Menschen beginnen. Sobald eine kritische Masse erreicht ist, behauptet er, verändert sich das ganze soziale System. Mittlerweile hat sich diese Auffassung allgemein durchgesetzt. Evolutionäre Veränderungen erfordern nur wenige Menschen als Katalysatoren für das Ganze.

Es ist schwierig, in wenigen Worten mitzuteilen, wie es sich heute in Varadaiahpalem anfühlt. Man braucht nur die Blicke der Kinder zu sehen und wie die Menschen miteinander umgehen, um zu würdigen, was hier geschehen ist. Die ganze Stadt ist wie eine Familie geworden. Die Menschen helfen einander, sorgen füreinander und beten füreinander. Es sind auf jeden Fall viele, viele äußere, materielle Veränderungen eingetreten. Die Dorfbewohner haben jetzt bessere Lebensbedingungen, aber das ist nahezu ein Nebenprodukt. Denn sie erreichen recht schnell etwas anderes, was sonst nur selten in der Welt anzutreffen ist: Es sind glückliche Menschen, die in einer glücklichen Gesellschaft zusammen leben und arbeiten.

Ich bin durch die Straßen von Varadaiahpalem und mehreren anderen Dörfern der Umgebung gewandert. Viele Menschen haben mir erzählt, dass sich ihre Gesundheit sehr verbessert hat, seitdem sich die Universität dort niedergelassen hat. Es gibt auch mobile Gesundheitsstationen, die zu den einzelnen Dörfern fahren, doch das Meiste wird den Heilungen bei den großen Deeksha-Veranstaltungen zugeschrieben. Der Alkoholkonsum ist auf weniger als 20 Prozent des früheren Verbrauchs gesunken. Ich ging oder fuhr Dutzende Male an Spirituosenhandlungen vorbei und sah drinnen nie einen Kunden. Die Gewalttätigkeit in den Familien ist fast gänzlich verschwunden. Die Dorfbewohner, die ich fragte, sagten mir durch Übersetzer, sie hätten monatelang nichts von irgendwelchen Vorkommnissen gehört. Es gibt keine Straßenschlachten mehr, sodass die 15 Polizisten, die sonst überbeschäftigt waren, ein recht entspanntes Leben führen. Ein Regierungsbeamter sagte mir unter der strikten Auflage, anonym zu bleiben, das „Auge des Gesetzes" sei heute meistens mit Kartenspielen beschäftigt.

Die Wirtschaft boomt und die Arbeitslosigkeit ist so niedrig, dass jeder, der arbeiten möchte, dies auch tun kann. Das ist teilweise auch auf die Dasas zurückzuführen, die dabei geholfen haben,

Projekte für die Bewohner aufzubauen, wie zum Beispiel eine örtliche Räucherstäbchenfabrik, die Hunderten von Frauen eine feste Stelle und auch eine starke Vision vermittelt hat. Außerdem hat man den Bewohnern Büffelherden und Ziegen gegeben, die sie hüten können. Die örtliche Schule ist das größte Wunder. Als ich dorthin fuhr, wollte ich gar nicht mehr wegfahren. Man hatte das Gefühl, die Kinder nahmen eher voller Vergnügen an einer Zauberveranstaltung teil, als dass sie zur Schule gingen. Sie saßen im Schneidersitz auf dem Boden und die Hände flogen nur so in die Luft, um jede Frage des Lehrers zu beantworten. Obwohl die Kinder immer noch recht arm sind, waren die leuchtenden Augen der Kinder und ihr ansteckendes Lachen faszinierend. Als der Unterricht vorbei war, gingen viele zu ihrem Lehrer, um ihn zu umarmen. Manche Kinder bleiben bis sechs oder sieben Uhr abends für zusätzlichen Unterricht dort. Im Schuljahr 2005/2006 erreichten Schüler mehrerer Klassenstufen die höchsten Abschlüsse im ganzen *Mandal*, d. h. der 64.000 Menschen zählenden Region. Die Schule, die zuvor nur bis zur achten Klasse führte, geht jetzt bis zur zwölften Klasse und bereitet die Schüler auf den Eintritt in die Universität vor.

Die Jugend des 100-Dörfer-Projekts hat sich am meisten verändert. Alle wurden eingeladen, als Gäste an den Jugendprogrammen der Oneness University teilzunehmen. Mehrere erzählten mir, dass sich ihre Beziehung zu ihren Eltern entscheidend gewandelt hätte und sie zum ersten Mal die Vision und die Möglichkeit eines sinnvollen Lebens entdeckt hätten.

All das war an sich bereits sehr beeindruckend, als ich diese Dörfer besuchte. Was mich jedoch mehr als alles andere erstaunte, war die Entwicklung des Bewusstseins der einzelnen Dorfbewohner. Chengalvarayan und seine Frau Lalitha haben vier Jahre lang mit ihrer Tochter Devi Priya und ihrem Sohn Praveen Kumar in Varadaiahpalem gelebt. Sie siedelten sich dort etwa zur gleichen Zeit wie die Dasas an. Chengalvarayan ist von Beruf Weber. Er sitzt den ganzen Tag am Webstuhl und stellt die handgefertigten Saris her, für die die Gegend so berühmt ist. Er kann weder lesen noch schreiben und seine Familienmitglieder leben alle zusammen in einer etwa 13 Quadratmeter großen Hütte. „Ich habe verschwenderisch über meine Verhältnisse gelebt", erzählte er mir. „Ich habe bei meinen Nachbarn viele Schulden gemacht." Wie für die meisten Einwohner hieß dies, auf Trinkgelage zu gehen, dann besoffen nach Hause zu kommen und seine Frau und seine kleinen Kinder zu schlagen. Lalitha und beide Kinder erzählten mir, welch eine Angst sie früher vor ihrem Mann und Vater hatten.

Chengalvarayan besuchte einige Monate vor unserer Begegnung eine Deeksha-Veranstaltung. Ein Familienmitglied hatte ihn mitgenommen. Er beschrieb: Als der Dasa seine Hände auf sein Haupt legte, trat eine unmittelbare Stille ein und alle Gedanken kamen zur Ruhe. Diese absolute Stille ist seit jenem Moment nicht mehr weggegangen. Chengalvarayan, dieser einfache Weber, war mit einer Deeksha augenblicklich in ein Erwachen aus dem Verstand herauskatapultiert worden, ohne je zuvor irgendein spirituelles Interesse verspürt zu haben. Wenn man mit ihm spricht, ist diese Stille greifbar. Sein Blick ist unverwandt und sein Körper ist völlig still und friedlich. Es ist eine Tiefe der Präsenz da, die ich zuvor nur bei einigen hochrespektierten spirituellen Lehrern und lange praktizierenden Schülern der tibetisch-buddhistischen Tradition erlebt habe.

Einige Häuser weiter lebt Subba Nagamma, eine der ältesten Dorfbewohnerinnen. Ihre Hütte hat drei Räume, in denen sie mit einem ihrer Söhne, seiner Frau und deren beiden Kindern lebt. Sie fertigen ebenfalls in ihrer Hütte handgewebte Saris an. Vor einigen Jahren konnte sie nicht mehr laufen, doch sie wurde bei ihrer ersten Deeksha geheilt. Wie es ihr jetzt geht, berichtet sie selbst:

Es sind keine Gedanken mehr im Verstand. Eine ständige innere Freude ist da. Die Leute würden denken, ich bin verrückt, wenn ich ständig lachen würde, deshalb halte ich es zurück. Sogar meine Familienmitglieder können meine Freude nicht verstehen. Deshalb verberge ich sie. Ansonsten bin ich ständig in Glückseligkeit, ein ständiges Glück. Meine Reizbarkeit ist weg und auch mein Leid. Bhagavan hat es alles weggenommen – meinen Ärger, meinen Schmerz, ganz und gar. Er hat mir nur Seligkeit und Glück geschenkt. Wir sind Tagelöhner, die tageweise arbeiten und Geld verdienen, um zu überleben. Aber das schenkt uns jetzt große Zufriedenheit, Erfüllung und Freude.

Ich traf Dutzende solcher Menschen in Varadaiahpalem, die offensichtlich permanent in solch einem Zustand innerer Stille und grundloser Liebe und Freude waren. Jeden Abend fahren Gruppen von Dasas in eines dieser 140 Dörfer und leiten Deeksha-Veranstaltungen. Wie Sie sich vielleicht erinnern, gibt es Dasas, die den Zustand des Gehirns feststellen können. Ihren Beobachtungen zufolge erwachen an jedem Abend sechs bis zehn Dorfbewohner in die Einheit und stabilisieren diesen Zustand. Sehr oft geschieht dies bei ihrer ersten Deeksha.

Vielleicht erinnern Sie sich daran: Als Anandagiri vor einigen Jahren das erste Mal kam, um die Dörfer zu besuchen, wollte niemand seine Kurse - alle wollten Elektrizität und Fernsehen. Jetzt, wo diese Veränderungen geschehen, wird das Dorf viel wohlhabender. Die Dasas helfen dabei, dass jeder Arbeit bekommt sowie Bücher, Uniformen und Mittagessen für die Schulen. Doch diese materiellen Verbesserungen sind nicht das, wonach die meisten Dorfbewohner heute fragen. Jetzt bitten sie um *Mukti* oder Befreiung. „Dieser Ruf ertönt jetzt von allen Lippen", sagt Anandagiri. „*Mukti, Mukti, Mukti*, gib uns *Mukti*. Sie sind alle verrückt nach *Mukti*!"

Im Sommer 2006 waren nach Schätzung der Dasas mehr als 70 Dorfbewohner in den Zustand der Einheit gekommen, ein

Phänomen, das wir im nächsten Kapitel tiefer erforschen werden. Das Ziel des 100-Dörfer-Projekts besteht darin, dass genügend Dorfbewohner diesen Zustand erreichen, um diese Veränderung für die ganze Gemeinde stattfinden zu lassen und wir Zeugen eines kollektiven Erwachens werden. Wer weiß, vielleicht wird Erwachen, wenn Sie dieses Buch gelesen haben, zum Alltag in Varadaiahpalem geworden sein.

WUNDER IN MEXIKO

Aus den Geschichten von Alexis Shaffer können wir mehr darüber erfahren, wie Deeksha das Kollektiv beeinflussen kann. Sie klingen, als kämen sie direkt aus Ripleys *Believe it or not*. Nach ihrer Ausbildung zur Deeksha-Geberin besuchte Alexis von ihrer Heimat Spanien kommend Mexiko. Eines sonntags wurde sie von Freunden eingeladen, das historische Städtchen Chiapas zu besuchen. An jenem Tag wachte sie mit der klaren Vision auf, sie würde an jenem Tag 1.000 Menschen Deeksha geben. Sie hatte keine Ahnung, wie dies geschehen sollte. Nachdem sie eine Weile in der Stadt spazieren gegangen war, kam sie auf einen Platz vor einer Kirche. Mitten auf dem Platz stand ein einfaches Kreuz auf einer Plattform, zu der einige Stufen emporführten. Sie setzte sich dort nieder und begann, Oneness Blessing zu geben. Sie gab gar keine Erklärung, außer es sei ein „Segen von Gott". Es wurde Abend und eine Menschenmenge hatte sich angesammelt. Als sie am nächsten Tag zurückkam, war die Menschenmenge noch größer. Die Polizei tauchte auf und sagte ihr, sie brauche eine Erlaubnis, um sich dort hinzustellen. Man schickte sie zur Stadthalle, damit sie sich eine offizielle Erlaubnis holen möge. Eines kam zum anderen, und bis sie schließlich die Erlaubnis von dem richtigen Beamten erhalten hatte, hatte sie dem gesamten Verwaltungspersonal Deeksha gegeben.

Sie kehrte zu dem Platz zurück, wo sie in den folgenden Tagen mehreren Tausend Menschen Oneness Blessing gab. Je größer die

Menschenmenge anwuchs, desto mehr Polizisten überwachten das ungewöhnliche Ereignis. Schließlich fragte einer der Polizisten Alexis: „Warum kommen Sie nicht zur Polizeistation, um uns allen dort Deeksha zu geben? Wir sind über 400 Polizisten." Am nächsten Tag ging sie hin. Und so begann Alexis' ungewöhnliche Reise - jedem mexikanischen Mann und jeder mexikanischen Frau in Uniform Deeksha zu geben. Von der Polizeistation ging sie zum Bürgermeisteramt, wo sie dem Bürgermeister und dem ganzen Verwaltungspersonal - mehr als 1.000 Menschen - Deeksha gab. Dort hatte sie eine neue Vision: zu den Soldaten zu gehen. Sie machte sofort einen Termin, um den verantwortlichen General zu treffen. Er hatte bereits alles vom Bürgermeister gehört. „Okay", sagte der General, „Sie haben das schon mit all meinen Freunden gemacht, dann wollen wir mal sehen, was es damit auf sich hat. Was muss ich tun?"

„Setzen Sie sich einfach hin, schließen Sie Ihre Augen, atmen Sie tief, entspannen Sie sich und gehen Sie ins Herz", antwortete Alexis. „Stellen Sie sich vor, Sie seien wie ein winziger General, der zusammengekuschelt in einem Winkel Ihres Herzens ruht." Wie Sie sich vielleicht vorstellen können, war das nicht die militärische Sprache, die der General gewöhnt war. Als sie dem General gerade die Hände auf seinen Kopf legen wollte, merkte sie, dass er die Armstützen des Stuhls wie in einem Todeskrampf mit heraustretenden Muskeln umschloss. Alexis tippte ihm aufs Knie. „Entschuldigen Sie, Herr General, aber Sie sehen nicht besonders entspannt aus." Er öffnete seine Augen, wurde sich seines Tuns bewusst und beide brachen in Gelächter aus. Der General liebte sein Oneness Blessing und Alexis gab all seinen Leuten ebenfalls Deeksha.

Vielleicht meinen Sie, ich würde all das erfinden? Die Quellenangaben am Ende des Buches werden Sie auf Alexis' Website führen, auf der Sie Hunderte dieser Geschichten lesen, Bilder ansehen sowie Augenzeugenberichte und Briefe lesen können.

Als Alexis in Cancun eintraf, ging sie ohne Umschweife zum obersten General. Er hatte von den Ereignissen in Chiapas gehört und war bereit, selbst Deeksha auszuprobieren. Er stellte ihr eine Testgruppe von 100 Männern zur Verfügung. Diese Gruppe hatte einen Salut mit 21 Schüssen geübt, aber er gelang ihr nicht besonders gut. Alexis gab ihnen allen Deeksha. Am nächsten Tag schossen sie alle gleichzeitig. Der General war so beeindruckt, dass er ihr eine Woche lang sein ganzes Bataillon von mehr als 700 Männern zur Verfügung stellte. „Bitte stellen Sie eine Harmonie unter ihnen her“, bat er Alexis, „geben Sie Ihnen Frieden und Gelassenheit.“ Unmittelbar danach zogen die Männer einen Monat lang in ein Trainingslager. Der General sagte, zum ersten Mal in der Geschichte des Militärs seien 750 Männer von einer einmonatigen Übung ohne Verletzungen, Streit oder Probleme zurückgekehrt.

Alexis hat außerdem mit der staatlichen Stromversorgung, dem Dachverband der Tourismusindustrie, mit Feuerwehrmännern, Sicherheitspersonal und mehr als 16.000 Taxifahrern gearbeitet - die Liste lässt sich weiter fortführen. Jedes Mal konnte sie feststellen, dass sich, wenn sie mit wenigen Menschen einer größeren Organisation arbeitete, das gesamte Kollektiv zu mehr Harmonie und Kooperation hinentwickelte - zur Einheit.

DEEKSHA IN DER KIRCHE

Kirchen in der ganzen Welt wurden durch die Kraft des Oneness Blessing verändert. In christlichen Gemeinden spricht man vom Gebet für die Einheit, in Moscheen wird Deeksha häufig gegeben durch Auflegen des Korans auf den Kopf; in buddhistischen Gemeinden heißt die Deeksha Einheitsmeditation. In Schweden bot Marie Ryd mehr als ein Jahr lang auf Einladung von Priestern Oneness Blessing in einer der größten Kirchen Stockholms an. In den USA, von Seattle bis Miami, wurde Deeksha in die wöchentlichen Programme der Unity-Kirchen integriert. Doch nirgendwo ist die Wirkung auf Kirchengemeinden so groß gewesen wie in Ostafrika. Im Sommer 2005 reisten fünf Bischöfe zur Oneness University und absolvierten den 21-Tage-Oneness-Prozess. Seitdem geben sie bei all ihren Gottesdiensten Deeksha, überall in Tansania, Uganda, Kenia, Zimbabwe, im Kongo und in Südafrika. Mehr als 150.000 Menschen haben bei diesen Gottesdiensten Deeksha erhalten, oft viele Tausende gleichzeitig.

Bischof Werema ist der Leiter der Enaboishu Baptistenkirche in Tansania. Er hat eine riesige Veränderung in seiner Gemeinde festgestellt.

> *Wenn die Menschen Oneness Blessing erhalten, werden sie wie neue Menschen. Manchmal bedarf es dazu nur weniger Stunden, Tage oder einer Woche. Sie unterscheiden nicht mehr: „Diese Person mag ich, diese nicht." Sie sehen jeden als ihren Bruder und als ihre Schwester, sie möchten einander helfen. Sie werden eins, wie derselbe Körper, wie dieselbe Person. Wenn man einen anderen Menschen sieht, sieht man sich selbst. Man würde gerne immer zusammenbleiben. Der Herr Jesus Christus wünscht sich, dass wir einander lieben, dass wir Frieden und Freude haben – und das bekommen wir mit der Deeksha. Deshalb habe ich das Gefühl, es ist dasselbe wie das, was Jesus lehrt.*

Shosin Sugasawa ist der Hauptpriester des Chouon-Tempels in der Tochigi Präfektur in Japan. Er unterrichtet Mönche in den alten Lehren des esoterischen Shingon-Buddhismus. Er gibt jetzt jedem, den er unterrichtet, Oneness Blessing, sowohl den Zen-Mönchen als auch den Laien. Wenn er eine bestimmte Zeremonie durchführt, damit die Menschen mit Dainichi Nyorai vereint werden, der wichtigsten Gottheit im Shingon, dann gibt er einfach Deeksha mit Absicht und die Menschen fühlen sofort die göttliche Präsenz. „Viele Menschen haben sich in dem Versuch verrannt, Erleuchtung zu erlangen", sagt er. „Aber wenn sie einfach in der Energie der

Deeksha sein können, dann sind sie ganz natürlich in der höheren Intelligenz, im höheren Bewusstsein, in göttlicher Präsenz. Der Prozess der Erleuchtung setzt einfach automatisch ein. Deeksha ist weit jenseits von Buße oder asketischen Übungen."

DEEKSHA IM GEFÄNGNIS

James Beard arbeitet seit 1979 im Bezirksgefängnis von Los Angeles. Er arbeitet vor allem mit Insassen, die wegen häuslicher Gewalt, Drogen und Bandenaktivitäten inhaftiert sind. Anstatt in einer Gefängniszelle eingeschlossen zu sein, kommen diese Menschen acht Stunden täglich zu ihm wie in ein Klassenzimmer und begeben sich dann in einen Schlafsaal zum Schlafen. Er hat den Auftrag, Programme anzubieten, die das Bewusstseinsniveau der Insassen dadurch anheben, dass sie sich selbst besser verstehen. Als Teil dieser Programme begann er 2005, Deeksha-Geber ins Gefängnis einzuladen und wurde bald selbst Deeksha-Geber. Jetzt bietet er allen Insassen einmal wöchentlich Oneness Blessing im Rahmen seiner Programme an.

Das Erste, was er nach der Einführung der Deeksha bemerkte, war, dass alles, was er sonst noch lehrte, schneller aufgenommen wurde.

> *Sie nehmen jetzt Informationen schneller und auf einer tieferen Ebene auf. Wenn ich ihnen beispielsweise zu erklären versuche, dass sich unser Leben nach unserer Absicht richtet, dann hätte mich das früher etwa eine Woche gekostet, sie zu einem Verständnis dieser Aussage zu führen. Jetzt, wo ich ihnen Deeksha gebe, verstehen sie es fast sofort.*

Er hat festgestellt, dass sich die Atmosphäre in der gesamten Einrichtung sehr dadurch verändert hat, dass er einfach einmal pro Woche Deeksha gibt. Sowohl die Insassen als auch das Wachpersonal haben bestätigt, dass ein leichteres Gefühl da ist, dass die Schwere gewichen ist.

Eine der größten Herausforderungen, vor die sich Beard bei seiner Arbeit im Gefängnis gestellt sah, ist die strenge Rassentrennung:

> *Farbige verkehren nicht mit spanischsprechenden lateinamerikanischen Einwanderern und diese wiederum nicht mit Weißen. Im Bezirksgefängnis mischen sich verschiedene ethnische Gruppen niemals. Doch seit der Deeksha trinken sie bei Mahlzeiten sogar aus der Tasse des anderen. Das ist total außergewöhnlich, im ganzen Land. Jetzt haben sie ein tiefes spirituelles Verständnis füreinander.*

Beard erinnert sich an einen bestimmten jungen Afro-Amerikaner, dem er bereits ganz zu Anfang Deeksha gab. Er war ein sehr großer, kraftvoller Mann, der einsaß, weil er seine Freundin geschlagen hatte und in Bandenaktivitäten verwickelt gewesen war. Am Morgen nach der ersten Deeksha sprach er ihn an. „Ich hatte gestern einen Traum", sagte er, „nachdem du mir sagtest, ich solle mich nach der Deeksha hinlegen. Ich träumte, ich befände mich als Embryo im Schoß meiner Mutter. Dann fühlte ich, wie ich zum Baby heranwuchs, ich war immer noch im Bauch meiner Mutter. Dann fühlte ich, wie ich geboren wurde. Als ich schließlich herauskam, veränderte sich plötzlich alles und ich wurde ich selbst, der zuschaute, wie ich selbst geboren wurde. Aber das ist noch nicht alles. An diesem Morgen erhielt ich einen Anruf, dass mein kleiner Sohn letzte Nacht geboren sei."

„Danach", sagt Beard, „leuchteten die Augen des jungen Mannes. Sein Sprechen wurde bewusster und er schaute einem in die Augen. Immer, wenn er eine Frage stellte, hatte sie mit seinem eigenen individuellen Wachstum und seiner Entwicklung zu tun, mit nichts anderem."

Daveed Constantine hat die letzten drei Jahre als freiwilliger Helfer mit gewalttätigen Insassen von San Quentin gearbeitet. Weil die Regeln es verbieten, dass er als freiwilliger Helfer die Gefangenen berührt, gibt er Deeksha durch Blick oder einfach durch

Absicht. Auch er sagt, dass die Männer vor der Deeksha sehr isoliert voneinander leben. „Sie kennen sich seit Jahren, aber sie sind nie eine bewusste Beziehung zueinander eingegangen. Einfach zusammen zu sein, allmählich in Kontakt miteinander zu kommen und zusammen durch Prozesse zu gehen, erzeugte eine Gruppenidentität, die immer stärker wurde. Jetzt sind sie nett zueinander und helfen sich gegenseitig. Es hat sich eine interne Kameradschaft entwickelt, ein Gefühl von Gemeinschaft und Brüderlichkeit."

Laut Statistik der Justizbehörde waren Mitte 2005 mehr als zwei Millionen Menschen in den USA inhaftiert. Das sind 488 von 100.000 Bürgern. Damit ist Amerika weltweit das Land mit dem höchsten Prozentsatz von Bürgern hinter Gittern. Mehr als die Hälfte davon sitzt wegen nicht-gewalttätiger Vergehen. Als ich Gelegenheit hatte, Bhagavan für dieses Buch zu interviewen, fragte ich ihn, was seine Botschaft an diese Millionen von Gefangenen wäre, wenn er die Möglichkeit hätte, sich an sie zu wenden:

Mein Gefühl, was Menschen im Gefängnis betrifft, ist: Wenn sie nicht im Gefängnis wären, dann wären wir im Gefängnis. Es herrscht ein bestimmtes Gleichgewicht in der Gesellschaft. Sie haben irgendwelche kriminellen Taten verübt und sind im Gefängnis. Hätten sie diese nicht begangen, dann wären wir diejenigen, die diese Missetaten verübt hätten. Deshalb empfinde ich eine besondere Liebe für diese Menschen. Es ist unsere Pflicht, sie zu unterstützen, und deshalb gebe ich spezielle Ausbildungen für alle Deeksha-Geber, die in Gefängnissen arbeiten.

UREINWOHNER

Im Herbst 2005 gab Rani Kumara bei der Jahresversammlung von Stammesältesten aus der ganzen Welt Deeksha und lud sie als ihre Gäste ein, in Indien am 21-Tage-Oneness-Prozess teilzunehmen. 13

konnten tatsächlich kommen. Der Prozess war für diese Menschen unzweifelhaft anders, denn sie besitzen bereits eine einfache und seit langem bewährte Wahrnehmung der Einheit aller Dinge, ein Verständnis für die natürlichen Zyklen der Erde. Obwohl sich die Sprachen und ihre Herkunftsländer voneinander unterschieden, war die zugrundeliegende Energie dieselbe. Das erlaubte ihnen, sich rasch zu Hause zu fühlen und sowohl gegenseitig als auch Bhagavan, Amma und die Dasas kennenzulernen. Bhagavan hat ein besonderes Herz für die Ureinwohner. Als er sie traf, sagte er ihnen, sie würden eine entscheidende Rolle bei der Heilung der Menschheit spielen.

Christine Bullock ist eine Großmutter aus dem Stamm der Maori. Sie fördert interkulturelle Austauschprogramme zwischen den Ureinwohnern aus aller Welt:

> *Wenn man einmal den Oneness-Prozess durchlaufen hat, dann akzeptiert man einfach, wer man ist. Man kehrt in den Raum des Vertrauens, der Unschuld des Wissens und der universalen Zugehörigkeit zurück. Ich glaube, jeder auf der Welt sollte diese drei Wochen haben, wo man einfach sitzen und sein Bewusstsein für das Selbst wiederfinden kann. Es ist eine außerordentliche Erfahrung, jenseits von Worten. Die Großzügigkeit, dies nicht nur innerhalb der eigenen Kultur miteinander zu teilen, sondern mit uns allen, war überwältigend.*

Tom Ross ist ein Stammesältester der Dakota, der in einer Arbeitsgruppe der Ureinwohner bei den Vereinten Nationen tätig ist und in Therapiezentren mit Personen arbeitet, die dem Alkoholkonsum und Glücksspiel verfallen sind:

> *Mein Besuch an der Oneness University war ein wirklicher Heilungsprozess für mich. Bei meiner Rückkehr war ich um vieles gesünder als bei meiner Abreise. Die Leute wussten, dass ich mich wegen meines Herzens einer Untersuchung*

unterziehen wollte, doch als ich zurückkehrte, war dies nicht mehr nötig. Was die Energie betrifft, habe ich jetzt das, was ich brauche, um rauszugehen und meine Arbeit zu tun. Und ich erfuhr auch eine tiefere Verbindung zu den spirituellen Traditionen der Dakota.

Serene Thin Elk, eine kleine Schwester der Dakota und Meisterin der heiligen Flöte, hat Kunsttherapie studiert. Sie teilt die Erfahrung der Vertreibung als gemeinsame Wunde mit allen Ureinwohnern. Wie alle Ureinwohner trägt sie an dem kollektiven Schmerz, der über Generationen ihrem Volk zugefügt wurde:

Ich habe viel darüber nachgedacht, als ich dort war. Es wurde nichts dazu geäußert, aber man konnte es fühlen. Ich konnte es in mir selbst fühlen und ich konnte es in anderen Menschen sehen. Es war so, als würden viele der Dinge, an denen wir trugen, einfach abgenommen.

Obwohl es den Maori von Neuseeland im Vergleich zu anderen Gruppen, die von westlichen Völkern kolonialisiert wurden, noch recht gut erging, haben auch sie einen Bruch in ihrer Kultur erlebt, der zu Drogenmissbrauch und Gewalt in den Familien beitrug. Christine ist auch die Vorsitzende von Te Kopere O Rachina, einem Maori-Heil- und Lehrzentrum:

Bevor ich nach Indien reiste, trug ich einen Groll in meinem Herzen wegen allem, was uns so angetan wurde. Wenn man mit Ureinwohnern arbeitet und sieht, wie sie gelitten haben, dann prägt einen das sehr. Seitdem wir in Indien waren, verstehen wir die Dinge besser. Wir nehmen es nicht mehr persönlich. Wir nehmen es einfach wahr und beten ein wenig, um unserem Volk zu helfen. Aber wir tragen es nicht weiter mit uns herum. Ich glaube, das ist eine Sache, die uns die Deeksha gezeigt hat – dass Unterdrückung existiert und weiterhin in der Welt bestehen wird, aber dass man sie nicht in seinem Herzen mit sich herumtragen muss. Man kann sie wahrnehmen, ohne sie zu verstärken.

Die meisten Ureinwohner auf der ganzen Welt hegen Respekt und Achtung vor ihren Ältesten und fanden dies auch in Südindien bestätigt. Christine fährt fort:

Die Ältesten sind der geliebteste und am meisten werte Teil unserer Kultur, denn sie besitzen das Wissen, sie erhalten die Energie aufrecht. Ohne sie sind wir verloren. Viele von uns fanden tatsächlich einen Großvater und eine Großmutter in Bhagavan und Amma. Es war eine außergewöhnliche Erfahrung, in ihnen Menschen zu finden, die dies für so viele Kulturen gleichzeitig darstellen können.

Die ganze Gruppe, gekleidet in ihre Stammestracht, hatte Gelegenheit, Bhagavan zusammen und einzeln zu treffen. Serene erinnert sich:

Wir brauchten nur einmal als Gruppe bei ihm zu sitzen, mit ihm zu sprechen und unsere Geschichten mit ihm zu teilen, um immense Liebe zu fühlen. Das war eines der erstaunlichsten Dinge, die mir je passiert sind. Bhagavan teilte uns mit, welche Rolle seiner Ansicht nach die Ureinwohner dabei spielen würden, das Bewusstsein anzuheben. Und erläuterte uns, wie wir, wenn wir in unsere Gemeinschaften zurückkehren, nicht nur unser Volk und das Land heilen, sondern auch die Beziehung, die wir zur Gesellschaft als Ganzes haben, wieder in Harmonie bringen können.

Nach drei Wochen waren alle Teilnehmer dieses besonderen Kurses bereit, nach Hause zurückzukehren und ihr frisches Gefühl der Hoffnung und ihre Vision mit den Menschen in ihrer Heimat zu teilen. Jetzt hatten sie ein Geschenk, das sie ihrem Volk mitbringen konnten. Serene gab zuerst ihrer Familie Deeksha, und einige hatten tiefe Erfahrungen. Ihr Bruder, der zehn Jahre lang mit einer

Sucht zu kämpfen hatte, sagte, er verspüre eine Hoffnung, die er so in seinem ganzen Leben noch nicht gefühlt habe. „Ich glaube, es ist wirklich der Beginn von etwas Kraftvollem“, sagt Serene. „Nicht nur für unsere Familie, sondern für unseren Stamm. Von da aus wird es weiterstrahlen.“

Während einer Zeremonie in Indien hatte Serene eine Eingebung, die Bhagavans Vision für die Ureinwohner der Welt bestätigte:

> *Ich fühlte die Gegenwart all unserer Vorfahren und es war wirklich sehr kraftvoll. Meine Augen waren die ganze Zeit geschlossen, doch ich sah alles und fühlte, wie jemand sich hinter mich stellte und begann, meinen Kopf zu streicheln. Das Gefühl und die Botschaft, die ich erhielt, war: „Es wird gut werden.“ Ich fühlte diese Welle der Hoffnung, die eigentlich jenseits der Hoffnung war. Ich wusste, dass wir alle Teile eines komplexen Prozesses waren, der uns die große Heilung erleben ließ, die kommen wird.*

KAPITEL 11

ONENESS BLESSING UND DIE ERFAHRUNG DER EINHEIT

Bis jetzt haben wir die Wirkungen von Deeksha auf das Individuum diskutiert: Du fühlst dich gesunder, deine Beziehungen verbessern sich, du verdienst mehr Geld und du bereicherst deine Umwelt. Laut Bhagavan und den Dasas geht das tiefere Potenzial des Oneness Blessing jedoch weit darüber hinaus. Deeksha kann eine Verlagerung hin zu einem völlig anderen Bewusstseinszustand auslösen, in dem sich das Bewusstsein eines „Ichs" im Sinne einer getrennten Wesenheit auflöst. Was bleibt, ist eine einfache und direkte Verwirklichung der Einheit, die nicht vom Denken überschattet ist. Deeksha war für Tausende von Menschen, sowohl in Indien als auch in den übrigen Ländern, der Katalysator für diese Veränderung. Das ist etwas so zutiefst Einfaches und Wunderbares, dass es mit logischer Beschreibung nur schwer fassbar ist. Der Einheit gilt die tiefste Sehnsucht des Herzens; sie ist das Lied, das Zeitalter hindurch ertönt.

Bevor wir wirklich die Bedeutung dessen erforschen und wertschätzen können, was Oneness Blessing in diesem Zusammenhang ermöglicht, müssen wir uns auch mit einer Reihe von Missverständnissen auseinandersetzen, die in den letzten Jahren viele Kritiker auf den Plan geführt und heftige Debatten im Internet ausgelöst haben. Die Einführung zu diesem Buch versprach ja, nicht nur von den guten Seiten zu berichten, sondern auch Gegenstimmen zu Wort kommen zu lassen.

Die erste Kritik an Oneness Blessing betrifft das, was der berühmte tibetisch-buddhistische Lehrer Lama Surya Das die „verfrühte Makellosigkeit“ nennt. Damit meint er, dass jemand eine spirituelle Gipfelerfahrung gemacht hat und dann an der Erinnerung an diese Erfahrung im Geist festhält und sich selbst und alle Zuhörer davon überzeugt, die Gipfel der Erleuchtung erreicht zu haben. Einige Kritiker meinen, dass die Deeksha-Bewegung einen der größten Ausbrüche verfrühter Makellosigkeit seit Menschengedenken bewirkt hat. Nachdem die ersten 21-Tage-Kurse begonnen hatten, waren westliche Deeksha-Geber vor allem auf Gipfelerfahrungen ausgerichtet, sei es, dass sie danach verlangten oder Geschichten darüber wiederholten, so wie ein Angler ständig mit der Größe seiner Beute prahlt ... die schon einige Jahre zurückliegt. Auf menschliche Werte wie Bescheidenheit, Integrität und Ehrlichkeit wurde wenig Wert gelegt. Viele bereisten die Welt und behaupteten, sich in einem „permanent erleuchteten Zustand“ zu befinden. Diese Besessenheit von „mir“ und „meiner Erleuchtung“, das Bedürfnis, Geschichten aus der Vergangenheit wiederzukäuen und die Gewissheit, jenes Maximum erreicht zu haben, bei dem Entwicklung (und ehrliche Selbsthinterfragung) aufhören, brachte viele dazu, Deeksha als eine weitere Möglichkeit der Verherrlichung des spirituellen Egos abzutun.

Als wir seinerzeit nach Indien eingeladen wurden, um Bhagavan zu besuchen, hatten sowohl meine Frau Chameli als auch ich starke Vorbehalte, vor allem aufgrund solcher Ansprüche. Wir hatten viele Anwärter auf einen „permanent erleuchteten Zustand“ getroffen und es kam einfach nicht authentisch rüber. Das Buch, dessen Recherchen und Abfassung ich gerade beendet hatte, nahm diese Art von Mythologie der „Erleuchtung“ als einen Punkt endgültigen Ankommens gründlich unter die Lupe. Auf meinem Weg zur Oneness University fühlte ich mich wie Michael Moore auf seinem

Weg zur Tagung der Republikanischen Partei. Doch etwas Tieferes als Denken und Logik bewog uns, hinzureisen, und so fuhren wir trotzdem.

Wir waren überwältigt.

Als ich gebeten wurde, ein Deeksha-Buch zu schreiben, fragte ich mich, wie ich diese selbst-eingestandenen Ansprüche auf Heiligkeit allen Ernstes würde vermitteln können. Doch alles andere war mir so sympathisch, dass ich bereit war, es zu versuchen.

Das Wort „Erleuchtung" wird in einem so weiten Kontext gebraucht, dass es keine feste Bedeutung hat. Diejenigen, die das Wort benutzen, sind sich weder über den Zustand einig, auf den es sich bezieht, noch darüber, wer nun erleuchtet ist oder nicht. Bhagavan und die Dasas in Indien haben das Wort auf ungewöhnliche Weise verwendet, sie beziehen es nämlich auf einen bestimmten Schwellenwert für neurologische Funktionen. Sie behaupten, wenn die Aktivität der seitlichen Gehirnlappen rechts auf weniger als 25 und links auf weniger als 30 sinke (dabei verwenden sie ihr eigenes System intuitiver Messung, nicht etwa Mikrovolt), und wenn ein Unterschied von mindestens 20 zwischen dem linken Vorderlappen und dem rechten bestehe, sei das Gehirn geheilt. Dann würde es zu seinem natürlichen Funktionszustand zurückkehren und die Trance der Getrenntheit habe ein Ende. Sie behaupten auch, wenn das Gehirn einmal in eine solche Ausgewogenheit komme, bleibe es für gewöhnlich in diesem Zustand - wie wenn man eine Krankheit überwunden habe. Sie erinnern sich vielleicht daran, dass eine Reihe von Dasas die Fähigkeit haben, den Zustand des Gehirns eines jeden Menschen zu lesen, ähnlich wie ein intuitiver Heiler oder Rutengänger. Es heißt, dass diese Dasas den Aktivitätsgrad in den seitlichen Gehirnlappen, den Vorderlappen und in anderen Bereichen des Gehirns bewerten und so bestimmen können, wie sehr das Gehirn jenes Menschen die Erfahrung des Erwachens unterstützt. Diese intuitiven Lesungen wurden sowohl mit Ergebnissen wissenschaftlicher Messungen verglichen als auch mit der

Erfahrung der Betroffenen. So ergibt sich ein angeblicher Genauigkeitsgrad von über 95 Prozent.

Ich ging davon aus, dass die Menschen, die ich getroffen hatte, und die behaupteten, permanent erleuchtet zu sein, diese Schwelle passiert hatten. Mutig überwand ich meine Zweifel, machte eine Liste von 20 solcher „Deeksha-Berühmtheiten“, um sie für dieses Buch zu interviewen, und nahm die Liste mit zu Pragyanand, meinem Dasa, um sie bestätigen zu lassen. Er schaute die Liste flüchtig durch. „Nein, nein, nicht mal annähend, nein, weit entfernt, nein, nein.“ Nun, das war eine merkwürdige Situation. Dies war eine Organisation, die dafür bekannt war, Erleuchtung zu geben, und doch hatten all die Leute, die den Anspruch hatten, erleuchtet zu sein, den Test offensichtlich nicht bestanden! Ich fragte ihn, ob es *irgendjemanden* gäbe, der den Kriterien der gehirnprüfenden Dasas entspreche. Er sagte mir, ich müsse Bhagavan fragen.

Bhagavan bestätigte, ich hätte die falsche Liste. All diese Geschichten von den „großen Fischen“ waren eben jene Geschichten über Gipfelerfahrungen in der Vergangenheit. Er sagte mir, es gebe aktuell mehr als einhundert Westler, deren Gehirn die Schwelle überschritten hätte, ganz abgesehen von allen 170 Dasas und mehreren hundert Indern, aber sie wären nicht identisch mit den Personen, die so viel Aufhebens davon machten. Das war im Dezember 2005. Zur Zeit der Drucklegung dieses Buches sind es mittlerweile mehrere Hundert Westler und mehrere Tausend Inder - und wenn Sie dieses Buch lesen, werden es sicher noch viele mehr sein. Ich drängte ihn, mir die Namen zu geben, und er gab mir sechs.

Mit dieser Namensliste bewaffnet, kehrte ich in die USA zurück, um Recherchen für dieses Buch zu machen. Ich habe all die Leute, deren Namen er mir gab, interviewt - viele von denen waren bereits unsere Freunde - sowie Dutzende anderer, deren Namen ich später erhielt. Wir werden später mehr von ihnen hören. Obwohl man sich kaum vorstellen kann, noch unterschiedlichere Menschen zu treffen, ist folgender Auszug eines Interviews typisch:

Arjuna: Als ich in Indien war, erzählte Bhagavan mir, dass die Aktivität deiner seitlichen Gehirnlappen eine bestimmte Schwelle passiert hätte – was er als erleuchtet bezeichnet. Er sagt, das sei unwiderruflich. Was bedeutet das für dich? Was bedeutet das Wort „Erleuchtung" für dich? Was für eine Beziehung hast du dazu?

Befragte: [bricht etwa 30 Sekunden lang in Gelächter aus] *Oh, das ist schön. Ich weiß nicht, was ich darauf antworten soll. Ich fühl mich gut, ich fühl mich toll. Ich denke wirklich nicht viel über Erleuchtung nach. Ich erfahre nichts Merkwürdiges oder Ungewöhnliches, ich würde eigentlich nicht sagen, ich habe einen Zustand, über den man unbedingt reden sollte. Ich lebe einfach mein Leben.*

Sie wechselte zu einem interessanteren Thema: Sie war tatsächlich nicht sehr daran interessiert, überhaupt über sich selbst zu sprechen.

Ein anderer, der auf der Liste stand, war gerade nach Hause zurückgekehrt, nachdem er viele Monate lang unterwegs gewesen war. Er erzählte mir, dass sein Haus repariert werden müsse:

Da ist ein Loch hier in der Regenrinne, die Tür muss repariert werden und die Veranda muss gestrichen werden. Deshalb bin ich in diesen Tagen Heimwerker. Ich stehe auf und mein Tag dreht sich um Nägel und Farbe. Ich denke nicht über meinen Zustand oder irgendetwas Spirituelles nach. Ich tue, was ich tue und es ist alles sehr einfach.

Als ich das zweite Mal nach Indien zurückkehrte und wir das Interview für dieses Buch machten, fragte ich Bhagavan nach den vielen Behauptungen in Bezug auf „permanente Erleuchtung". Er antwortete:

Diese Leute scheinen ihre eigene Auffassung von Erleuchtung zu haben und erklären sich deshalb für erleuchtet. Vielleicht sind wir auch dafür verantwortlich! Es gibt einige Menschen, die tatsächlich erleuchtet sind, die klar wissen, dass sie erleuchtet sind. Wir haben es überprüft und herausgefunden, dass es wahr ist. Es gibt auch Menschen, die tatsächlich erleuchtet wurden und sich immer noch nicht bewusst sind, dass sie erleuchtet sind und die wir aufklären mussten. Und dann wurde es ihnen bewusst.

Der indische Weise Yogananda nahm einmal an einer Pressekonferenz teil, auf der ihn ein Journalist fragte: „Sind Sie erleuchtet?" Yogananda war eine Weile still, doch der Journalist blieb hartnäckig. Schließlich antwortete er sinngemäß: „Wenn jemand sagt ‚Ich bin erleuchtet', ist er wahrscheinlich nicht erleuchtet. Wenn jemand sagt ‚Ich bin nicht erleuchtet', ist er wahrscheinlich auch nicht erleuchtet." Dann wurde Yogananda still. Warum? Wenn Erleuchtung überhaupt eine Bedeutung hat, dann die völlige Auflösung eines Interesses an einem isolierten „Ich". Das Wort „Ich" und „Erleuchtung" gehören gewöhnlich nicht zusammen.

Eine andere Kritik an der Deeksha-Bewegung könnte die Bezeichnung „gebrochene Versprechen" tragen. Einige Menschen, die 2004 an den ersten Deeksha-Kursen teilnahmen, meinen, dass ihnen „permanente Erleuchtung in 21 Tagen" versprochen wurde. Einige sagen, sie wären enttäuscht. Man habe ihnen gesagt, sie hätten einen permanenten Zustand der Erleuchtung erlangt, doch als sie nach Hause kamen, schien dieser zu vergehen.

Wie ist es möglich, dass eine Organisation tatsächlich in so vielen Menschen eine echte Erwachenserfahrung vermittelt und gleichzeitig in den Ruf gerät, betrügerisch zu sein? War es zu schön, um wahr zu sein? Waren jene Menschen, die anderen Wegen folgten, neidisch und verrissen das Ganze deshalb im Internet? War Deeksha einfach wie ein Rausch, der von überenthusiastischen Anhängern erzeugt wurde, oder steckte mehr dahinter? Was meinte Bhagavan mit: „Vielleicht sind wir auch dafür verantwortlich?"

Bei meinem zweiten Besuch in Indien drehten sich viele der Interviews, die ich mit Bhagavan und den Dasas führte, um dieses Thema. Sie boten verschiedene Ebenen der Klärung an. Ihr Verständnis der Natur von Bewusstseinszuständen ist sehr fein und multidimensional gleichzeitig, als betrete man ein Quantenuniversum. Wir könnten Bände mit der Erörterung dieser Themen füllen, doch das Wesentliche kann in den folgenden Punkten zusammengefasst werden.

1. Die Betonung liegt eher auf Erfahrung als auf Lehren

Solange es die Ausbildungskurse für Deeksha-Geber gibt, wurde nur wenig Gewicht auf Lehren oder Erklärungen gelegt. Wie Anandagiri mir erläuterte:

> *In der ganzen Geschichte hat es so viele Lehren gegeben, es wurden so viele Bücher geschrieben. Aber das hat nicht wirklich viel bewirkt. Unsere Arbeit hier besteht darin, das Gehirn zu verändern, und das wird die Art und Weise verändern, wie du dich selbst und alles andere erfährst. Dann kannst du daraus deine eigenen Schlussfolgerungen ziehen, du kannst deine eigenen Lehren entwickeln.*

Der Schwerpunkt des Oneness-Prozesses liegt also darauf, das Nervensystem von alten Traumata zu befreien, ein tiefes Vertrauen in die Stille zu entwickeln, sich selbst auf neue Weise wahrzunehmen und eine direkte Verwirklichung mit dem Göttlichen aufzubauen. Vielleicht wird an irgendeinem Punkt auch etwas über Erleuchtung gesagt - ohne dass viel erklärt wird. Das ist ein Faktor, der sowohl zu übertriebenen Behauptungen beitrug als auch zu der Enttäuschung, die manche fühlen: Die Leute halten sich an einem Wort fest und geben ihm ihre eigene Bedeutung.

2. Kulturelle Unterschiede im Sprachgebrauch

Bhagavan und Amma waren noch nie außerhalb von Indien. Sie sind sogar noch nie über die Staaten Andhra Pradesh und Tamil

Nadu im Süden Indiens hinausgekommen. Dasselbe gilt für die meisten Dasas: Nur eine Handvoll war jemals außerhalb von Indien und dann nur für kurze Zeit. Bis 2004 hatten die Dasas Hunderttausende von Indern in Kursen angeleitet - aber nur weniger als 200 Westler. Inzwischen ist der Anteil der Westler deutlich gestiegen; aber es hat einige Zeit gedauert, bis die kulturellen Unterschiede überbrückt wurden. Und es gibt riesige Unterschiede zwischen der Kultur Südindiens und dem Westen, vor allem im Sprachgebrauch. Im Westen wird sehr auf Genauigkeit Wert gelegt, darauf, „sein Wort zu halten". Wenn man etwas sagt und dann etwas anderes tut oder etwas anderes passiert, erscheint man als nicht vertrauenswürdig.

Dieselbe Bedeutung, die man im Westen der Genauigkeit gibt, wird in Indien, vor allem im Süden, der „glücksverheißenden Absicht" gegeben. Worte werden benutzt, um ein gutes, entspanntes, optimistisches Grundgefühl zu fördern, um jeden auf das Bestmögliche hin auszurichten. Sie werden dort nicht so wortwörtlich genommen wie hier im Westen. Insofern sagt Radhakrishna, der Leiter des Oneness-Prozesses für Amerikaner, dass Bhagavans Ausführungen bei den ersten Kursen, jeder würde „erleuchtet" werden, eher dazu dienen sollten, Vertrauen aufzubauen. Es war eine Behauptung, die den richtigen Ton für den Kurs angab, die zu den besten Ergebnissen führen sollte. „Manchmal, wenn das gesagt wird und richtig verstanden wird, hat es eine große Wirkung auf die Menschen. Wenn es nicht in diesem Sinn verstanden wird, geht der essenzielle Sinn verloren. Es hängt ganz davon ab, wie der andere diese Information aufnimmt." Ich traf viele Inder, die auch an den Kursen an der Oneness University teilgenommen hatten. Sie hatten dieselben Ausführungen über Erleuchtung gehört, aber für sie handelte es sich dabei nie um ein vertragliches Versprechen, deshalb war auch niemand enttäuscht. Es wurde vielmehr als Inspiration für ihre innere Reise interpretiert.

3. Unterschiede zwischen der indischen und der westlichen Psyche

Als der erste Kurs für westliche Besucher angeboten wurde, waren die Erfahrungen außergewöhnlich. Selbst Personen, die sich später über nicht eingehaltene Versprechen beklagten, sagten mir, sie hätten sich völlig eins mit Gott gefühlt, der denkende Geist sei über lange Perioden völlig zur Ruhe gekommen und jegliches Bewusstsein der Getrenntheit hätte sich vollkommen aufgelöst. Für die Dasas, die damals daran gewöhnt waren, mit indischen Teilnehmern zu arbeiten, war es nicht vorstellbar, dass so ein Zustand wieder verloren gehen könnte. Anscheinend kann sich die westliche Psyche relativ leicht in erleuchtete Zustände auflösen, doch das „Ich"-Bewusstsein kommt genauso enthusiastisch auch wieder zurück. Man kann das Pferd zum Wasser führen, es wird sich daran laben und dann wieder auf der Suche nach weiteren Ablenkungen davongaloppieren. Für die indische Psyche dagegen kann es relativ schwierig sein, das Pferd zum Wasser zu kriegen, aber schafft man es einmal, ertrinkt es im Nu und wird nie wieder gesehen. Nicht nur die Psyche ist unterschiedlich, sondern auch die Kultur, in die westliche Besucher danach zurückkehren. Indien ist seit Tausenden von Jahren in „Mukti" versunken; der Westen dagegen glorifiziert das „Ich"-Bewusstsein und versucht es auf Schritt und Tritt zu verstärken. Das heißt, die Rückkehr in ein Dorf in Tamil Nadu wird eine weitaus geringere Herausforderung darstellen als eine Rückkehr nach New York City.

4. Die Auflösung des „Ichs"

Heutzutage wird an der Oneness University ein großer Unterschied zwischen einem erleuchteten Zustand und der unwiderruflichen Auflösung eines getrennten „Ich"-Bewusstseins gemacht. Das eine ist eine Erfahrung – unter vielen anderen – einer Wesenheit namens „Ich". Das andere ist das Aufhören jeglicher Bezugnahme auf ein „Ich". Die Behauptungen der ersten Deeksha-Geber bezogen sich auf Erinnerungen an erleuchtete Zustände – wobei ihr

„Ich"-Bewusstsein noch sehr intakt war. Und dieses „Ich" beanspruchte eben nun, erleuchtet zu sein. Bhagavan erklärt:

> *Aus unserer Sicht ist es sehr gut möglich, wenn jemand den erleuchteten Zustand erfährt, dass sich daraus Erleuchtung entwickelt. In dem Moment, wo er den erleuchteten Zustand erfährt, sagen wir daher: „Ja, du hast es erlangt." Doch der Zustand selbst ist nur vorübergehend, er kann wieder vergehen. Weil wir gesagt haben: „Du hast es erlangt", denken sie dann, sie wären permanent erleuchtet. In Wahrheit ist es ein nie endender Prozess.*

5. Sieben Milliarden Arten von Erleuchtung

Die Ansprüche auf „volle Erleuchtung" oder „permanente Erleuchtung" gehen davon aus, Erleuchtung sei ein festgelegter Zustand, der für jeden gleich sei. „Zu sagen ‚Du hast es erlangt' kann irreführend sein", sagt Radhakrishna, „denn es klingt, als sei es für jedermann gleich. Doch in Wirklichkeit wird das Erblühen bei jeder Blume verschieden sein. Man kann das Erblühen einer Rose und einer Narzisse nicht miteinander vergleichen, sie haben verschiedene Farben und verschiedene Gerüche, alles ist verschieden. Bhagavan sagt, es gibt tatsächlich so viele verschiedene Arten von Erleuchtung, wie es Menschen auf dem Planeten gibt. Eine Unterscheidung, die er trifft, hat damit zu tun, welches Chakra mehr aktiviert ist. Er arbeitet mit 21 Chakras oder Energiezentren: sieben im Körper (an denselben Stellen, an denen sich die endokrinen Drüsen befinden), sieben oberhalb des Körpers und sieben unterhalb. Wenn beispielsweise das Herzchakra aktiviert ist, wird Erleuchtung als bedingungslose Liebe erfahren. Bhagavan nennt dies christliche Erleuchtung. Wenn das Vishuttichakra an der Kehle aktiviert wird, herrscht ein großer Friede, den er islamische Erleuchtung nennt. Erleuchtung im dritten Auge wird als Leere erfahren, was er buddhistische Erleuchtung nennt. Im aktivierten Kronenchakra wird die Einheit mit allem erfahren, was er Hindu-Erleuchtung nennt.

6. Eine endlose Reise

Klangen die früheren Aussagen über einen Zustand „permanenter Erleuchtung“ wie die Beschreibung einer Ankunft, so spricht Bhagavan von dem Überschreiten der Schwelle im Gehirn als dem Beginn eines endlosen Prozesses:

> *Erleuchtung ist der erste Schritt. Sie ist der Beginn der wirklichen Reise. Zuerst erlangt man einen erleuchteten Zustand, eine Gipfelerfahrung, die dann früher oder später zu Erleuchtung führen wird. Es ist ein unaufhörlicher Prozess, der erst endet, wenn du im Licht verschmilzt. Bis dahin geht er immer weiter. Er wird weitergehen, solange du dich auf diesem Planeten befindest, und wenn du diesen Planeten verlässt, wird er immer noch weitergehen, unaufhörlich.*

Er vergleicht den denkenden Geist mit einem Boxkampf, bei dem verschiedene Persönlichkeiten miteinander im Wettstreit sind. Vor den Erfahrungen des Erwachens hat man das Gefühl, man sei innerhalb des Rings und werde ständig von allen Seiten angegriffen. Wenn die Gehirnfunktion den oben erwähnten Schwellenwert überschreitet, tritt man aus dem Ring heraus. Der Kampf geht zwar weiter, aber man weiß jetzt, dass er nicht mehr einen selbst betrifft. Je mehr sich das Gehirn verändert, umso mehr vertieft sich der Prozess und der Kampf kann weniger häufig werden. Eines Tages hören die Boxer schließlich ganz auf zu kämpfen, setzen sich hin und trinken Tee. Dann verschwindet auch der Ring und es herrscht absolute Stille.

7. Wellen des gleichen Ozeans

Obwohl das Erwachen wie ein individuelles Phänomen erscheinen mag, das einem Menschen hier und einem anderen dort widerfährt, ist die Veränderung, die Deeksha auslöst, im Grunde kollektiver

Natur. Je mehr sich das Erwachen vertieft, desto weniger Interesse herrscht am „Ich“. Die Erkenntnis stellt sich ein, dass dies nicht *meine* Gedanken sind, sie sind alle Teil des kollektiven Denkens; sie gehören der gesamten Menschheit an. Der Schmerz ist *unser* Schmerz; der Widerstand *unser* Widerstand. Ebenso ist die Befreiung, nach der das Herz ruft, *unsere* Befreiung. Es kann keine vollständige Befreiung in irgendeinem Geist stattfinden, solange es keine Befreiung im Kollektiv gibt, denn dicht unter der oberflächlichen Erscheinung sind sie ein und dasselbe. Damit eine Welle im Ozean wärmer werden kann, muss der ganze Ozean wärmer werden; beide sind dasselbe.

Eine kleine Welle mag sich vielleicht wünschen, tropisch warm zu werden, doch wenn sie mitten im Dezember im Atlantik tanzt, wird das nicht geschehen. Niemand von uns kann sich sehr weit vom kollektiven Bewusstsein entfernen, in dem wir tanzen und aus dem wir gemacht sind. In dieser Erkenntnis verlieren sich die Bestrebungen um und Ansprüche auf Erleuchtung in den Dienst an allen empfindenden Wesen, an der Einheit - denn das ist das, was wir wirklich sind. Die Quantenveränderung, von der wir alle ein Teil sind und die durch Oneness Blessing verstärkt wird, ist so beschaffen, dass sie uns alle als Einheit einschließt und trägt.

Alle genannten Punkte beziehen sich hauptsächlich auf die Vergangenheit. Hoffentlich erweisen sie sich als nützlich, wenn man über Google nach Deeksha gesucht oder Kritik gehört oder Leute getroffen hat, die den Anspruch haben, erleuchteter als Buddha zu sein - oder wenn man gar selbst vor einigen Jahren an einem Kurs teilgenommen hat und versucht war, solche Ansprüche anzumelden. Die meisten dieser Missverständnisse wurden mittlerweile geklärt. Bei einer kürzlichen Konferenz von mehr als 1.000 Deeksha-Gebern in Schweden stellte ein Teilnehmer eine Frage zu den Versprechungen im Hinblick auf Erleuchtung. Acharya Anandagiri antwortete einfach nur: „Wenn wir euch diesen Eindruck gegeben haben, war das ein Fehler und wir entschuldigen uns.“ Das war's.

Jeder holte einmal tief Atem und es ging weiter. Um sich von der Verwirrung zu distanzieren, die das Wort hervorrufen kann, benutzen Bhagavan und die Dasas den Begriff „Erleuchtung" immer seltener und sprechen stattdessen mehr über „Erwachen" und „Einheit" (Oneness). Dieser Ausdrucksweise werden wir auch hier folgen, wenn wir von einem Gehirn sprechen, das von der Täuschung der Getrenntheit geheilt wurde: Erwachen zur Einheit. Im Übrigen sind viele von denen, die in der Vergangenheit ihre Ansprüche geltend gemacht haben, längst von ihrem Elfenbeinturm wieder herabgestiegen. Von daher sollten maßlose Übertreibungen wohl eher der Vergangenheit angehören.

DER DUFT DER EINHEIT

Während ich dieses Buch schrieb, habe ich Dutzende von Menschen interviewt, deren Gehirn die Schwellen auf jene Weise überschritten hat, die laut Bhagavan nötig ist, um das Erwachen in die Einheit zu unterstützen. Es sind Menschen mit den verschiedensten Hintergründen. Einige waren ungebildete Dorfbewohner aus Indien, die einen Übersetzer brauchten, um mir ihre Geschichte zu erzählen. Andere sind Berühmtheiten, deren Namen Sie sicherlich kennen. Einige waren spirituelle Schriftsteller oder Lehrer mit langjähriger Erfahrung im spirituellen Leben. Und für ebenso viele war all das völlig neu: Die Veränderung im Gehirn trat nach einigen Deekshas ein, und sie hatten zuvor noch nie ein spirituelles Buch gelesen. Einige waren extrem wohlhabende Geschäftsleute, andere Mönche, die gar nichts besaßen. Einige waren Dasas, die Bhagavan nahe standen, andere hatten einige Male Deeksha erhalten, fühlten sich jedoch in keiner Weise der Organisation angehörig. Das Einzige, was diesen Menschen gemeinsam ist, ist, dass sie nichts gemeinsam haben. Wenn wir sie bei einer Party mit genauso vielen „normalen" Menschen zusammenbringen würden, fänden Sie es schwer, herauszufinden, wer wer ist.

Das Erwachen in die Einheit gleicht eher einem subtilen Parfum als einem blendenden Neonlicht. Es ist unaufdringlich. Nach einer Weile erkennt man allmählich seinen Duft. Die Mehrheit der Menschen, die diese Schwelle überschritten haben, sprechen nicht darüber. Dängt man sie dazu, werden sie zugeben, dass die Dinge jetzt anders sind, aber man muss es ihnen quasi „aus der Nase ziehen". Das erwachte Herz ist kein großer Hund, der auf uns zuspringt und uns begeistert das Gesicht ableckt. Mit Rücksicht auf diese natürliche Bescheidenheit, die den meisten gemeinsam ist, habe ich viele Namen in den folgenden Zitaten ausgelassen. Das entspricht auch insofern der Wahrheit, als sich die meisten eher mit dem ozeanischen Bewusstsein als mit dem Bewusstsein isolierter Wellen identisch fühlen.

Die subjektiven Erfahrungen, die mit dem Erwachen in die Einheit verbunden sind, können tatsächlich den Veränderungen im Gehirn vorausgehen, sie können diese Veränderungen begleiten oder sie manifestieren sich vielleicht erst etwas später. Die Veränderungen im Gehirn schaffen die notwendigen neurologischen Bedingungen, um das Erwachen auf mühelose und spontane Weise zu unterstützen. Es ist aber sicherlich auch möglich, intensive und anhaltende Einblicke zu haben, bevor sich das Gehirn verändert, genauso wie es möglich ist, noch kurze Erfahrungen von Getrenntheit zu machen, *nachdem* das Gehirn sich verändert hat. „Das Erwachen geschah für mich 1999", sagte eine Person. „Als Bhagavan mir sagte, dass sich die Gehirnlappen jetzt verändert hätten, erklärte er, das Gehirn habe sich jetzt einfach auf meine subjektive Erfahrung eingestellt." Andere berichteten das Gegenteil: „Erst seitdem ich nach Hause gekommen und mit anderen Leuten zusammengewesen bin, sehe ich den Kontrast. Ich fühle mich so normal wie noch nie zuvor. Ich merke es daran, wie andere Menschen die Realität erfahren. Ich erkenne, dass sie sich in Dingen verstricken, von denen ich mir nicht mehr vorstellen kann, mich daran festzuhalten."

Im Folgenden werden einige der subjektiven Indikatoren für das Erwachen in die Einheit angeführt. Manche dieser interviewten Personen wiesen diese Merkmale deutlich auf, andere weniger. Doch bis zu einem gewissen Grad waren die Merkmale bei jedem, mit dem ich sprach, zu finden. Wenn Sie nun die Interviewauszüge lesen, beachten Sie: Alle diesen Erlebnisqualitäten sind das spontane Ergebnis von Veränderungen im Gehirn - sie sind keine Rezepte für das Erwachen. Jeder Versuch, diese Qualitäten zu imitieren, solange sie nicht spontan eintreten, könnte das Erwachen eher verzögern, statt es zu fördern.

Es ist niemand da

Obwohl das Leben wie gewöhnlich weitergeht und es immer noch möglich ist, Worte wie „ich" und „mich" zu benutzen, wenn es notwendig ist, hat sich das Gefühl einer wohlbestimmten Wesenheit, auf welche die Worte hinweisen, aufgelöst. Es ist nicht das „Ego" oder „Ich", das zerstört wurde, denn es wird klar, dass so etwas noch nie existiert hat; es war eine Täuschung. Gedanken kommen und gehen von selbst, sie finden statt, doch es ist klar, dass es keinen Denkenden gibt und niemand und nichts, der sie kontrollieren könnte. Über sich selbst zu sprechen, wird uninteressant. Es sind ausnahmslos Geschichten über jemanden, der nicht existiert.

Das betrifft auch die Geschichte „meiner Erleuchtung". Es gibt drei Beziehungen, die man zu dem Konzept Erleuchtung haben kann. Eine besteht darin: „Schau, ich hab's geschafft!" Die zweite lautet: „Ich hab's nicht geschafft und warte darauf, es zu schaffen." Und die dritte wäre: „nicht anwendbar". Die Frage an sich macht einfach keinen Sinn mehr. Alle Leute, die ich interviewt habe, die angeblich diese Veränderung im Gehirn erfahren hatten, gehörten zu Kategorie drei. Die gedankliche Beschäftigung mit Erleuchtung, sei es als Errungenschaft oder als Ziel, war einer spirituellen Großzügigkeit, einer Bereitschaft zu dienen und zur Verfügung zu stehen, gewichen. Ein Interviewpartner erzählte mir:

Es gab einen Moment, wo ich das Gefühl hatte, dass sich die ganze Galaxie innen befand und nur eine kleine Brise war. Dann war gar nichts da. Wirklich gar nichts –und das war so befreiend. Das ist Schönheit. Ich hatte den ganzen Tag lang Lachanfälle, doch dann wurde das Lachen zum Gebrüll. Es war so lustig, zu sehen, wie wir unser ganzes Leben lang etwas gesucht haben, das nicht existiert. Das war der kosmische Witz, weißt du, das heilige Spiel. Ich dachte, das ist wirklich lustig. Ich weiß nicht, was Erleuchtung ist oder was nötig ist, um das Gehirn ruhig zu stellen. Ich weiß nur, dass für mich ein dramatischer Unterschied zwischen meiner Sicht der Welt vorher und heute besteht, so stark, als hätte ich eine Droge genommen.

Reines Erfahren

Wenn man Klänge hört, ohne sie zu interpretieren, und Dinge wahrnimmt, ohne sie zu kommentieren, wird alles faszinierend, selbst Kleinigkeiten werden zu einer Quelle der Freude:

Ich ging nach draußen und sah eine andere Welt. Ich konnte den Schmetterlingen folgen, als flögen sie in Zeitlupe. Jeder Klang war wunderschön, selbst eine zugeknallte Tür. Manchmal fühlte ich sie in meinem Körper. Wenn jemand flüsterte, hatte ich das Gefühl, es findet genau hier statt, obwohl die Personen ganz woanders im Raum waren. Ein Hund kam immer wieder zu mir und wollte spielen. Ich setzte mich aufs Gras und der Hund schaute mich an. Die Augen waren intensiv auf mich gerichtet. Ich erkannte, dass ich noch nie zuvor wirklich einen Hund erlebt hatte.

Die Dinge werden sehr einfach. Wie der Mann, der heimkehrte und sein Haus reparieren musste, dreht sich das Leben sozusagen einfach um Nägel und Farbe, um das, was unmittelbar vor uns liegt, ohne dass es notwendig ist, dem eine besondere Bedeutung zu geben.

In dieser Einfachheit werden sogar die kleinsten Dinge eine Quelle großer Freude, ob es das Essen einer Scheibe Toast ist, das Hören von Musik oder das Betrachten eines Sonnenuntergangs.

> *Es ist nicht die Glückseligkeit, die ich mir vorgestellt habe. Sie ist viel subtiler und tiefer, ohne großes Aufheben, und doch liegt eine ganz große Zufriedenheit darin. Ich weiß nicht. So viele Dinge sind wirklich anders als zuvor, und doch erschaffen die Worte etwas, das es nicht ist. Es ist kein High, bei dem man immer glücklich ist. Es ist viel subtiler, viel tiefer, da ist größere Stille.*

Die Dinge werden ohne Kontinuität erlebt: Jeder Moment fühlt sich einzigartig an und nicht als mit einem anderen Moment verknüpft. Es wird klar, dass das Gefühl der Dauer nur vom Verstand erzeugt wurde.

Das Ende persönlichen Leidens

Obwohl wir noch in einer Welt leben, die viel Leid enthält, und obwohl das Herz noch offen und vieler Mitgefühl ist, um jenes Leid anzunehmen, ist das Gefühl persönlichen *Leidens* vorbei. Wir erkennen, dass Leiden bedeutet, Schmerz zu fühlen, wenn man sich in einer Seifenoper verstrickt hat. Das wurde sehr schön von einem Mann veranschaulicht, zu dem ich sprach, der in New Orleans aufgewachsen war. Einige Wochen, nachdem sein Gehirn in die Einheit erwachte, kehrte er nach New Orleans zurück, einige Monate nach dem tragischen Hurrikan, der so viele Menschen tötete. Er rief mich von seinem Handy an:

> *Ich bin wieder in New Orleans, wo ich aufgewachsen bin. Als ich zuerst hierher kam, fuhr ich den ganzen Tag durch die Gebiete, wo ich früher gelebt hatte. Der neunte Bezirk, in dem ich aufwuchs, war dem Erdboden gleich. Auf den Hausdächern waren Boote. Fünf oder sechs Freunde aus meiner Kindheit waren umgekommen. Andere Menschen, von denen*

> *ich wusste, dass sie viel Geld hatten, leben jetzt in Wohnwagen. Aber trotz allen Leids, das ich hier sehe, kann ich darüberstehen und werde nicht davon heruntergezogen. Es ist erstaunlich. Ich rege mich über nichts mehr auf. Seit der Veränderung hat mich noch nichts wirklich aus der Bahn werfen können. Dinge geschehen und ich schau sie mir an, aber es ist keine Bindung mehr da.*

Er fühlte die Tragödie, die sich ereignet hatte, sehr wohl, aber es blieb nicht an ihm hängen. Viele Menschen sprechen ähnlich darüber - von dieser geheimnisvollen Abwesenheit persönlichen Leidens. Es ist nicht so, dass Leid vermieden wird, sondern vielmehr, dass kein Widerstand dagegen da ist. Es ist kein innerer Konflikt mehr da. Das Ende des Leidens ist die Frucht bedingungsloser Akzeptanz, die an die Stelle der Jagd nach Vergnügen und der Vermeidung von Schmerz tritt.

Auch Emotionen wie Ärger, Eifersucht und Traurigkeit treten noch auf, aber sie vergehen sehr schnell wieder. Was zuvor Stunden, Tage oder Wochen gedauert hat, dauert jetzt nur noch wenige Minuten:

> *Emotionen sind wie verschiedene Wetterlagen, die durchziehen. Wenn sie gerade aktuell sind, fühle ich sie voll und ganz. Ich halte nichts zurück. Ich glaube, das ist der größte Unterschied. Wenn ich ärgerlich bin, dann bin ich mit jeder Körperzelle ärgerlich. Ich unterdrücke nichts. Und dann geht es vorbei. Und dann kommen diese Stille und die Freude schnell wieder zurück.*

Stille

Wenn Gedanken und Gefühle weiter auftauchen, so geschieht dies in einem Ozean der Stille, einfach eine Ebene unterhalb der normalen geistigen Aktivität:

In Indien hatte ich ein Gefühl wirklicher Stille in mir, völlige Stille. Manchmal lag ich fünf oder sechs Stunden da, ohne mich nur einmal zu bewegen. Nicht weil ich es musste, sondern weil sich mein Körper in jener Stille befand. Das ist die Ebene, die ich jetzt immer wieder erfahre, wo ich zu Hause bin. Es ist eine Ebene, die absolut still ist. Alles andere geschieht um sie herum. Äußerlich ist nichts anders. Aber innen hat sich etwas deutlich verändert.

Für fast jeden setzt sich dieselbe gedankliche Aktivität fort, doch die meisten berichteten, es sei jetzt wie der Verstand von jemand anderem, den man im Fernsehen sieht. Es wird absurd.

Ich kann die Gedanken fühlen. Ich erlebe, wie sie fließen. Vorher habe ich immer mit ihnen gekämpft und habe versucht, die Gedanken zu verändern, sodass etwas anderes daraus wird. Aber jetzt kann ich erkennen, wie die Gedanken weggleiten, ohne dass es zum Kampf kommt oder ohne dass ich versuche, die Wahrnehmung zu verändern und die Gedanken selbst zu verändern. Vorher kämpfte ich immerzu, um die Gedanken so zu verändern, dass sie in den von mir geplanten Rahmen hineinpassten. Jetzt existiert kein Rahmen mehr, keine Person, um die Gedanken zu verändern. Die Gedanken gleiten einfach vorbei, in nichts. Es ist kein Behälter für sie da.

Viele berichten von einer humorvollen Beziehung zur Persönlichkeit, die jetzt nicht mehr linear und geschlossen erscheint, sondern als facettenreich und in jeder Beziehung als Leihgabe:

Ich höre, wie ich selbst etwas sage oder tue, und ich höre meine Mutter oder meinen Vater oder sogar jemanden aus einem Zeichentrickfilm. Einige Minuten oder eine Stunde später höre ich, wie etwas ganz anderes aus meinem Mund kommt. Nichts davon bin ich wirklich. Alles sind Persönlichkeiten,

> *die auftauchen und wieder verschwinden. Manchmal ist gar keine Persönlichkeit da.*

Viele berichten auch, dass sich der innere Konflikt nach einer Weile auflöst und schließlich ganz verschwindet. Unentschlossenheit und jene Dinge, die früher schwierig waren, hören auf, Probleme zu verursachen.

Vertrauen

Wo kein innerer Konflikt besteht, ist es ganz natürlich, zu wissen, was zu tun ist - ohne dass man darüber nachdenken muss. Unsere aufreibenden mentalen Prozesse werden durch Vertrauen in und Hingabe an etwas Unsichtbares und Universelles ersetzt. Viele der Menschen, die durch Deeksha zur Einheit erwacht sind, empfinden eine intensive Hingabe an den göttlichen Willen, der sie führt. Es ist, als nähmen sie ihre Hände vom Steuerrad, weil sie wissen, alles wird sich perfekt entfalten. Wir erwähnten zuvor, dass es sich hier um sehr unterschiedliche Menschen handelt. Hören wir einen bekannten Rockmusiker, dessen Gehirn die Schwelle zum Erwachen überschritten hat:

> *Wir sehen Gott nur deshalb nicht überall, weil wir uns nicht genug lieben. Jetzt erwachen viele Menschen und beginnen zu fühlen, dass diese Lebensweise nicht cool ist. Schließlich erkennen wir: Hey, das funktioniert nicht. Weißt du? Wir öffnen unsere Augen. Wir beginnen, Gott in vielen Dingen zu sehen, in unseren grundlegenden täglichen Erfahrungen. Gott war ja immer da, wir konnten ihn nur nicht sehen, weil sich niemand erbarmte und uns sagte, dass Gott alles ist. Alles ist heilig. Meine Zähne putzen – alles kann eine spirituelle und heilige Handlung sein. Niemand hat uns das gesagt.*

Beziehungen ordnen sich

Vielleicht ist der universellste und verlässlichste Hinweis auf diese Verlagerung in die Einheit ein Gefühl intimer Nähe zu allen Dingen und Wesen. Es wird praktisch unmöglich, Groll zu hegen; jeder kommt einem wie ein Verbündeter vor. Selbst wenn Menschen uns feindlich begegnen, ist es leicht, die unverarbeiteten Verletzungen zu sehen, die sie dazu bewegen, sich so zu verhalten. Deshalb wird Vergebung zur spontanen und mühelosen Folge dieser Sichtweise. Eine Frau, die ich interviewte, spricht über ihre Beziehung zu ihrem Partner - früher pflegten die beiden, regelmäßig zu streiten:

> *Ich fühle so viel mehr Liebe für ihn und wirkliche Zuneigung. Ich fühle es so viel intensiver, wenn er mich berührt, wenn ich seine Haut mit meiner Wange spüre. Ich erlebe die Dinge in einer viel größeren Fülle. Ich glaube, ich kann sagen, ich erlebe die Dinge zum ersten Mal. Ich dachte, ich hätte früher die Erfahrung gemacht, aber das war nichts im Vergleich dazu, wie ich es jetzt erlebe, wenn ich nur mit ihm rede und ihn erfahre. Ich kann merken, wenn er traurig ist. Ich kann es so viel klarer erfassen. Ich kann sehen, wenn seine Augen traurig sind. Ich sehe, wenn seine Wangen nach unten fallen. Ich kann es so klar sehen. Jede kleine Veränderung des Gefühls ist sehr offensichtlich für mich. Weißt du, ich schmelze. Es verletzt mich so viel mehr, wenn ich sehe, dass er verletzt ist, viel, viel mehr.*

Mitgefühl

Das Ergebnis dieser Veränderung schließlich besteht darin, dass die Energie, die im „Ich“ eingekapselt war, befreit wird und sich in ein Interesse verwandelt, zu dienen und zu geben. Der Zustand des ganzen Planeten wird zu *meinem* Zustand.

> *Als diese Veränderung zuerst eintrat, brachte mich jede Kleinigkeit zum Weinen, zum Beispiel die Obdachlosen in Santa Monica. Gestern aß ich zum Beispiel gerade ein Eis, als ich*

sah, wie diese Frau Abfall aus den Mülleimern raussuchte. Ich konnte mein Eis nicht weiteressen. Wir gaben ihr Geld und dann hatte ich einfach keinen Hunger mehr. Ich begann zu weinen. Ich sehe alles, was auf der Welt passiert, und ich fühle mich sehr traurig. Es passiert so viel unnötiges Leid, sogar in den Gemeinschaften und Städten. Es ist überwältigend.

WIE GELANGT MAN DORTHIN?

Lassen Sie uns noch einmal auf etwas Wichtiges zurückkommen. Diese Skizze von Erlebnisqualitäten ist einzig und allein das: eine Beschreibung dessen, wie die Realität zu sein scheint, sobald das Gehirn sein natürliches Gleichgewicht wiedergefunden hat. Sie ist kein Rezept dafür, wie die Veränderung bewirkt werden kann. Ja, oft ist es das Gegenteil dieser Erlebnisqualitäten, das den fruchtbarsten Boden für das Erwachen liefert. Wenn du krank im Bett liegst, könntest du dich mit jemandem vergleichen, der gesund ist. Gesunde laufen herum, gehen einkaufen und vielleicht tanzen. Das sind die Ergebnisse eines besseren Lebensgefühls, aber nicht der *Weg* zur Besserung. Der schnellste Weg zur Genesung von der Krankheit ist das Gegenteil von all dem: im Bett zu bleiben und sich auszuruhen. Entsprechend sind die gerade beschriebenen Qualitäten Symptome einer Veränderung des Gehirns - und nicht etwa der Weg dorthin.

Glückseligkeit kann zwar ein Merkmal eines erwachten Lebens sein, aber ohne wirkliches Erwachen glücklich zu handeln, macht uns zu Hochstaplern. Es ist besser, sich ganz mit dem unverarbeiteten Schmerz auseinanderzusetzen. Auch Zuversicht kann ein Merkmal eines erwachten Lebens sein; aber Zuversicht *vorzugeben*, macht uns oberflächlich, als würden wir Slogans von New-Age-Autoaufklebern zitieren. Es ist besser, die Angst voll zu fühlen. Vertraute Nähe kann ein Merkmal eines erwachten Lebens sein, doch ihr Vortäuschen erzeugt nur Verwicklung und Abhängigkeit. Es ist besser, die Einsamkeit voll zu fühlen.

Von Zeit zu Zeit haben Bhagavan und die Dasas einige Hinweise gegeben, wie man eine gute Basis schafft für das Erwachen. Sie haben festgestellt, dass die Praxis der Dankbarkeit sehr hilfreich ist. Oft haben sie davon gesprochen, „bei dem zu bleiben, was ist" – davon, alles, was auftaucht, voll zu fühlen, ohne zu versuchen, es zu verändern. Und sie haben davon gesprochen, in der Gegenwart zu sein und die Fügungen und Gnade in unserem Leben zu erkennen. Mehr als all das betonen sie jedoch, dass die Entscheidung letztlich nicht in unseren Händen liegt.

Das bringt uns zu der dritten Kritik, die gegen die Oneness-Bewegung vorgebracht wird: die Behauptung, uns werde Erleuchtung gegeben, ohne dass wir selbst etwas tun könnten. Die Kritiker erklären, dass das lediglich zu einer Abhängigkeit von Amma und Bhagavan und zu teuren Reisen nach Indien führe und jegliche individuelle Autonomie raube. Vor allem in Amerika, wo Sinatras „I Did It My Way" die inoffizielle Nationalhymne ist, reagieren die Menschen auf den Gedanken, dass nichts in ihrer Hand liegt, sehr empfindlich. Aber dennoch: Wir alle wissen, dass es einige Dinge gibt, die man einfach nicht für sich selbst tun kann. Man kann sich selbst nicht kitzeln oder sich einen guten Witz erzählen oder sich ein Überraschungsgeschenk machen oder sich selbst am Gehirn operieren. Ebenso muss das Erwachen in die Einheit als ein Geschenk der Gnade kommen, denn das bedeutet, dass das Bewusstsein eines getrennten „Ichs", das die Verantwortung trägt, endgültig abdankt. Die Veränderung geschieht, wenn wir unsere Hände vom Steuerrad nehmen und uns der Gnade öffnen.

Deeksha ist die Antwort jener Gnade auf ein offenes Herz.

KAPITEL 12

ONENESS BLESSING UND DAS GOLDENE ZEITALTER

Ohne eine globale Revolution im Bereich des menschlichen Bewusstseins wird sich nichts zum Besseren verändern ... und die Katastrophe, auf welche diese Welt zusteuert - der ökologische, soziale, demografische oder allgemeine Zusammenbruch der Zivilisation -, wird unvermeidbar sein."

Dieses Zitat stammt nicht von Bhagavan oder von Anandagiri oder von Ihrem spirituellen Lieblingsautor. Diese Worte wurden 1990 bei einer gemeinsamen Sitzung des US-Kongresses geäußert. Der Sprecher war Václav Havel, der gefeierte Dramaturg, der der erste Präsident der Tschechischen Republik wurde.

Mehr oder minder alle sind sich darüber einig: Wir leben in einer entscheidenden Zeit für die menschliche Geschichte. Manche betrachten sie als eine der schlimmsten Zeiten. Unsere globale Gesellschaft und Wirtschaft ist völlig von jener schwarzen, klebrigen Substanz abhängig, die immer knapper wird. Was geschehen wird, wenn sie erschöpft ist, weiß niemand. Gleichzeitig heizt das Ausmaß, mit dem wir dieses klebrige Zeug verbrennen, die Atmosphäre unseres Planeten derart an, dass die normalen Wetterverhältnisse gestört und alle möglichen Lebensformen einschließlich unserer eigenen potenziell bedroht sind. Wirtschaftliche Ungleichheit, riesige Staatsschulden, beispiellose Macht in den Händen globaler Unternehmen, die nur ihren Profit suchen; Korruption in Regierung,

Wirtschaft und Medien - die Liste ist endlos. Vielleicht hätten wir eine Chance, zumindest einige dieser Dinge in Ordnung zu bringen, wenn wir nicht so viel von unserer kollektiven Energie in fundamentalistischen Kriegen verpulvern würden. Die Liste der Gründe, um unsere gegenwärtige Situation als die schlimmste Zeit zu empfinden und die Hoffnung zu verlieren, ließe sich unbegrenzt fortsetzten.

Doch im Zuge meiner ausführlichen Forschungen zu meinem letzten Buch *Die lautlose Revolution* stellte ich gleichzeitig fest: Es gibt viele Gründe, diese als die beste aller Zeiten zu sehen. Eine wachsende Anzahl von Menschen auf der Welt weist Merkmale auf, die ich als „durchscheinend" beschrieben habe - das heißt, sie sind nicht mehr auf ihre privaten, selbstbezogenen Pläne beschränkt, sondern sind zu einer tieferen Erkenntnis gegenseitiger Verbundenheit erwacht. Die Frage, die ich am Ende des Buches stellte, lautete: Gibt es genug „Durchscheinende" und geht die Transformation tief genug, um nicht nur eine Veränderung in einigen wenigen Menschen, sondern im kollektiven Bewusstsein des Planeten auszulösen?

Obwohl Amma, Bhagavan und alle Dasas an der Oneness University sehr viel vom individuellen Erwachen zur Einheit sprechen und sich darauf konzentrieren, ist der Hauptzweck und das Ziel all ihres Handelns globaler Natur.

Auf der Oberfläche mag es so aussehen, als stünden die Krisen, mit denen wir uns als Rasse konfrontiert sehen, in keinerlei Zusammenhang. Das Einzige, was sie gemeinsam zu haben scheinen, ist, dass wir keine Lösung haben.

Aber ist das wirklich so? Albert Einstein reflektierte vor vielen Jahren darüber, dass wir ein Problem niemals in demselben Bewusstseinszustand lösen können, in dem es erzeugt wurde. Heute erkennen mehr und mehr Menschen, dass jede Krise, mit der wir konfrontiert werden, nur ein weiteres Symptom unseres gegenwärtigen Bewusstseinszustands ist - eines unhaltbaren Zustands. Die Menschen haben sich seit eh und je in einem Bewusstsein der Getrenntheit gefangen gefühlt, eingeschlossen in den Grenzen des Verstands. Wir haben uns an diese Situation gewöhnt; wir betrachten sie als den „normalen" Zustand menschlichen Daseins. Doch wir erkennen auch immer mehr: Dieser Zustand ist in Wirklichkeit nicht *natürlich* - wir alle sind zu mehr fähig.

Anandagiri erklärt:

> *Die Vision der Oneness University besteht darin, dass der Mensch befreit werden kann. Für Bhagavan existiert nur eine Ursache für die menschlichen Probleme: das starke Bewusstsein eines getrennten „Ichs", das Empfinden der Isoliertheit, das Gefühl eines „Ich" und „Nicht-Ich". Wir kennen keine andere Art von Beziehung. Wir können uns auf die Dinge nur als „Ich" und „Nicht-Ich" beziehen. Das ist das, was Probleme zuhause und in der Beziehung zwischen Menschen hervorruft. Und das verursacht Probleme zwischen zwei Nationen, religiöse Konflikte und alle möglichen anderen Probleme. Es ist das Gefühl der Getrenntheit oder das Gefühl von „Ich" und „Nicht-Ich". Gleichgültig, was unsere Weltanschauung ist und welche Tugenden wir üben, solange wir uns auf unsere Umgebung als „Ich" und „Nicht-Ich" beziehen, sind Konflikte unvermeidlich.*
>
> *Durch eine Veränderung des Systems werden wir nicht viel erreichen, weil das System nicht für diese Probleme verantwortlich ist. Wenn wir das System verändern oder verbessern, sei es nun religiös, politisch oder sozial, können sich die Dinge verbessern oder eben nicht. Am System zu arbeiten ist, als ob man am Symptom arbeitet und nicht an der Krankheit. Die wirkliche Ursache, die grundlegende Ursache ist dieses Bewusstsein eines getrennten „Ichs". Unsere gegenwärtige Gesellschaft ist so von dem getrennten „Ich" in Anspruch genommen, das*

Individuum ist so stark. Es muss sich absichern, sogar auf Kosten anderer, denn das ist die Natur des „Ichs". Solange man sich nicht damit auseinandersetzt, kann man unmöglich eine fundamental andere Welt erwarten.

Ammas und Bhagavans Arbeit besteht darin, sich um dieses Problem zu kümmern. Das ist der Sinn der Deeksha: auf das Gehirn einzuwirken. Indem die Überaktivität der seitlichen Gehirnlappen reduziert wird, beginnt sich dieses „Ich-Bewusstsein" allmählich aufzulösen. Du fühlst dich immer verbundener, immer mehr eins: zuerst mit deiner Familie und den Menschen, die dir nahe stehen, und schließlich mit allem. Irgendwann beginnst du, die Einheit mit allem Seienden zu erfahren, die Einheit mit Gott. Was Amma und Bhagavan tun, diese Universität, diese Bewegung, diese Deeksha, die Lehren, die Einsichten, dient dazu, den Menschen dorthin zu bringen. Es befasst sich mit der Wurzel aller Probleme. Dann ist es egal, was das System ist, es wird Frieden entstehen.

DER AUSSCHLAGGEBENDE ZEITPUNKT

An der Oneness University rechnen sie mit dieser Veränderung im kollektiven Bewusstsein in einer relativ kurzen Zeitspanne. Obgleich die äußeren Manifestationen eines neuen Bewusstseins längere Zeit benötigen mögen, um sich als Veränderungen in der Umwelt oder in den politischen oder wirtschaftlichen Strukturen zu zeigen, empfinden sie, dass die für das kollektive Bewusstsein notwendige Veränderung sehr wohl in den nächsten Jahren stattfinden könnte. Bhagavan erklärt, sowohl den Dasas als auch vielen Teilnehmern an längeren Kursen in Indien sei wiederholt in Offenbarungen gezeigt worden, dass sich die vorherrschende Frequenz des menschlichen Bewusstseins auf diesem Planeten im zweiten Jahrzehnt des 21. Jhdts. verändern könnte - vom Empfinden der Trennung zum kollektiven Erwachen in die Einheit.

Die Jahre dazwischen können sehr hart oder ziemlich problemlos sein - je nachdem, wie wir mit der Veränderung kooperieren, die im kollektiven Bewusstsein geschieht. Wenn wir dem evolutionären Sprung Widerstand leisten, in den wir initiiert werden, könnten wir ziemliches Leid erfahren. Wenn wir ihn zulassen, werden wir uns an einem Goldenen Zeitalter erfreuen können.

Eine globale Veränderung dieser Art wurde in vielen verschiedenen Traditionen vorausgesagt. In Indien heißt es beispielsweise, dass Kalki, die zehnte Inkarnation Vishnus, zu dieser Zeit auf einem weißen Pferd erscheint und sieben Mal um den Planeten reitet, um die Menschheit von der Getrenntheit zur Einheit zu bringen. Frühere Inkarnationen von Vishnu waren Krishna und Rama. Mehrere Jahre lang gaben viele indische Anhänger Bhagavan den Namen Kalki und betrachteten ihn als Inkarnation Vishnus. Doch vor kurzem erklärte Bhagavan, dass Kalki in Wirklichkeit nicht eine Person sei, sondern ein kollektives Erwachen - und dann tatsächlich die Zeit für sein Erscheinen gekommen sei. Bhagavan spricht von den Deeksha-Gebern auf der ganzen Welt und in einem noch umfassenderen Sinn sogar von dem ganzen Feld erwachenden Bewusstseins als Kalki - der neuen Inkarnation des Göttlichen.

Viele teilten diese Ansicht in den letzten Jahren. Bevor der historische Buddha starb, sagte er voraus, dass ein Lehrer namens Maitreya 2.500 Jahre nach Buddhas Tod als nächster das Rad des Dharma drehen werde - und das ist in etwa jetzt. Das Wort *Maitreya* bedeutet wörtlich „der Freund". Menschen wie der vietnamesische Mönch und Schriftsteller Thich Nhat Hanh fühlen heute, dass Maitreya bereits unter uns ist und aktiv in verschiedenen Inkarnationen auf der ganzen Welt lehrt. Heute ist es der Geist der Freundschaft, der das Rad des Dharma dreht, der Geist ehrlicher und offener Erforschung und Bezeugung der Wahrheit. Das Zusammenkommen selbst ist der Guru: Freunde, die Freunde treffen. Auch anerkannte christliche Theologen wie Father Alan Jones von der Grace Kathedrale und Bischof Richard Holloway von der Kathedrale Edinburgh sehen die zweite Wiederkunft Christi als das Erscheinen des Christusbewusstseins in uns allen.

Der schwedische Schriftsteller Carl Calleman, Autor des Buches: *Der Maya-Kalender und die Transformation des Bewusstseins,* ist eine der angesehensten Autoritäten zum Maya-Kalender, den er als „eine Beschreibung der Evolution des Bewusstseins" betrachtet. Nach diesem Kalender kann die Evolution des menschlichen Bewusstseins anhand einer Reihe von konzentrischen Ebenen dargestellt werden, von denen eine jede sieben Tage und sechs Nächte umfasst. In dem Maße, in dem sich die Struktur entfaltet, wird jede höhere Ebene zeitlich kürzer; die letzte dieser Ebenen begann 1999 und wird im Herbst 2011 ihren Höhepunkt erreichen. Calleman sagt:

> *Die Menschheit ist mit einer gewissen Anzahl von Filtern ausgestattet, welche die Wahrnehmung des Göttlichen blockieren und eine Illusion der Getrenntheit erzeugen. Wenn wir zu diesem Enddatum kommen, dem 28. Oktober 2011, werden all diese Filter beseitigt – was zu einer Erfahrung der Einheit führt, in der wir nicht mehr vom Universum oder vom Göttlichen getrennt sind. Dann wird ein neues Feld auf diesem Planeten etabliert. Das bedeutet nicht, dass alle Veränderungen an jenem speziellen Tag geschehen – sondern ab dem Zeitpunkt, zu dem dieses Feld etabliert ist, wird sich das Handeln aus diesem neuen Feld heraus manifestieren. Das wird wahrscheinlich während des Jahres 2012 am intensivsten geschehen und dann auf verschiedene Weise andauern. Je mehr wir uns diesem Enddatum nähern, desto größer werden die Chancen des Erwachens, bis zu einem Punkt, an dem das Feld diese Veränderung zur Einheit begünstigt, zu einem kosmischen Bewusstsein ohne Trennung vom Göttlichen.*

GEBURTSHILFE FÜR DIE VERÄNDERUNG

Bhagavan behauptet nicht, dass diese schon lange vorausgesagte Bewusstseinsveränderung nur von der Oneness University bewirkt wird. Er glaubt vielmehr, dass Oneness Blessing dem Gehirn helfen wird, sich auf diese Veränderung einzustimmen. Es ist so, als würde man sich auf eine Riesenwelle vorbereiten. Wenn man erstklassige Surfbretter verteilt und Kurse anbietet, wie man sie benutzt, könnte die Alternative zum Ertrinken ein atemberaubender Balanceakt sein. Ebenso wie den Dasas der wahrscheinlichste Zeitpunkt dieser Veränderung offenbart wurde, während sie sich in Zuständen tiefer meditativer Versenkung befanden, wurde auch die Art und Weise der möglichen „Geburtshilfe" durch die Oneness-Bewegung in Visionen geschaut.

Erstens hofft die Oneness University, in den kommenden Jahren Deeksha-Geber auf der ganzen Welt auszubilden. Zusammen mit den unzähligen anderen großartigen Projekten zur Förderung einer für das Spirituelle durchlässigen Welt könnte dies ein entscheidender Beitrag sein, um eine globale Veränderung auszulösen. Während ich dieses Buches schreibe, haben einige Länder - wie z.B. Schweden bei einer Bevölkerung von sechs Millionen Menschen - bereits mehrere Hundert Deeksha-Geber. Die USA hatten zur Zeit der Abfassung dieses Buches fast 1.000 Deeksha-Geber. Indien mit seinen 1,4 Milliarden Einwohnern hat zurzeit 7.000 Deeksha-Geber.

Bhagavan weist darauf hin, dass die Wirkung der Deeksha stärker und schneller eintreten wird, je mehr wir uns dem global ausschlaggebenden Punkt nähern. Er sagt voraus, dass in der letzten Phase schon eine dreiminütige Deeksha eine ausreichende Veränderung im Gehirn bewirken wird, um sich auf die neue Qualität der Einheit einzuschwingen. Das muss nicht unbedingt individuell geschehen. Bereits heute finden große Oneness-Versammlungen auf der ganzen Welt statt, bei denen Tausende von Menschen gleichzeitig

Deeksha erhalten. Teilnehmer berichten, dass die Wirkung der kollektiven Deeksha viel stärker sei als die der Deeksha, die eins zu eins gegeben wird.

Zweitens geht eine Reihe von Menschen - die sich zurzeit fast alle in Indien befinden - in noch wesentlich tiefere Zustände als die, die wir vom Erwachen in die Einheit kennen. An der Oneness University werden sie die „kosmischen Wesen" genannt; ihre Anwesenheit und ihre Deekshas sind mit Abstand der größte Katalysator dafür, das Erwachen in anderen auszulösen. Sie sind nicht lediglich erwacht, sondern sie sind völlig im Göttlichen verwurzelt - und zwar so sehr, dass einige von ihnen gar nicht mehr sprechen oder irgendwie in ein normales Leben involviert sind. Viele von ihnen schwingen auf einer jeweils spezifischen Frequenz des Göttlichen, die auch ihre Deeksha durchdringt. Von dem einem kann man also eher das Wesen von Jesus durch die Deeksha erfahren, von einem anderen eher das Wesen von Buddha, Maria oder Mira.

Die Kraft, die davon ausgeht, bei diesen Wesen zu sitzen, ist außergewöhnlich. Als Chameli und ich das erste Mal zu Besuch kamen, wurden wir eingeladen, bei 15 von ihnen in einer kleinen Halle zu meditieren. Die Stille schien durch unsere Haut durchzusickern und jeden Teil unseres Seins zu durchdringen. Es war, als würde ein ungeheuer starker Magnet uns alle immer tiefer nach innen ziehen. Viele, die diese Gelegenheit hatten, berichten, dass sie unwahrscheinliche Veränderungen in ihrem Gehirn spürten, als ob sich Finger im Innern des Schädels bewegten und von innen bestimmte Bereiche des Gehirns massierten. Einige stellten fest, sie waren nach einer halben Stunde der Stille und göttlichen Gegenwart dermaßen absorbiert, dass sie sich völlig erfüllt fühlten und sich eine Weile lang nicht bewegen konnten - als seien sie in eine völlig andere Wirklichkeit initiiert worden. Die Gedanken hörten vollkommen auf oder traten ganz in den Hintergrund, sodass sie die Wahrnehmung des Moments nicht beeinträchtigten. Die Farben wurden strahlend und leuchtend, bei den Klängen, die man um sich herum hörte, hatte man das Gefühl, als ertönten sie im Körper selbst. Jeden Monat vollziehen mehr Menschen diese Transformation zu kosmischen Wesen - hineingezogen in ein Leben des ständigen Gebets, der Meditation und Vereinigung mit dem Göttlichen - und initiieren diese Erfahrung in anderen.

Das führt uns zum dritten Aspekt der Hilfe bei der Veränderung des globalen Bewusstseins: dem Oneness-Tempel. Auf 42 Morgen inmitten des Geländes der Oneness University wurde in den letzten Jahren ein außergewöhnliches Bauwerk errichtet. Der Oneness-Tempel ist 108 Fuß hoch und umfasst eine Fläche von etwa 33.600 Quadratmetern. Er hat drei Stockwerke, von denen das oberste innen keine Säulen besitzt. Es ist damit zurzeit die größte Halle ohne tragende Säulen in ganz Asien.

Bevor es gebaut wurde, hatten viele Menschen Träume und Visionen dieses Bauwerks. Der Architekt, der die Pläne zeichnete, sagt, es sei einfach „durch" ihn hindurch geschehen, ohne dass er viel darüber nachdenken musste. Bhagavan und viele der Dasas und Besucher hatten Visionen, dass nach der Fertigstellung des Gebäudes 8.000 kosmische Wesen ständig in der oberen säulenlosen Halle sitzen und ein „kohärentes Feld" des Bewusstseins erzeugen. Einige sahen in ihren Visionen, wie Besucher jeweils einige Minuten lang in die obere Halle geführt werden, um sich auf dieses morphische Feld einzustellen. Einige sahen, dass dieser Tempel nicht wie die meisten Tempel einer bestimmten Gottheit geweiht sein wird, sondern der einen göttlichen Präsenz, die überall gegenwärtig ist. In diesen Visionen pflegen Menschen aller Glaubensrichtungen in den Tempel zu kommen und zu beten und das Zeichen der Gegenwart ihres Gottes auf dem Thron zu erblicken. Sie können auf jede beliebige Weise beten und sie werden jeweils ihre eigene Gottesgestalt auf dem Thron sehen.

Was nicht bloße Vision, sondern eine enorme und beeindruckende Wirklichkeit ist, ist die Tatsache, dass das Gebäude sich bereits der Fertigstellung nähert. Während ich noch an diesem Buch arbeite sind viele Gebäude auf dem Gelände bereits fertiggestellt und in Betrieb. Die Konstruktion des Tempels ist abgeschlossen und die Außenwände sind weitgehend mit weißem Marmor verkleidet, sodass nur noch der Innenausbau ansteht. Es ist gut möglich, dass der Tempel zu dem Zeitpunkt, wenn Sie dieses Buch lesen, bereits fertig ist und wir entdecken können, welche der Visionen Wirklichkeit wird.

Bhagavan erklärt, dass er den Tempel als die entscheidende Kraftquelle für den Beitrag der Oneness University zur Veränderung im globalen Bewusstsein wahrnimmt:

> *Wenn 8.000 Menschen in diesem Gebäude beieinander sitzen, entspricht das einer viel größeren Anzahl, als wenn sie auf der ganzen Welt verteilt wären. Mit so vielen Wesen auf dieser Bewusstseinsebene wird das globale Erwachen in die Einheit auf dem ganzen Planeten angekurbelt. Der Tempel gehört der ganzen Menschheit. Er ist so etwas wie ein Motor, der die Kraft für die Deeksha-Geber erzeugt, die über die Welt verteilt sind. Sie werden die Kraft empfangen und weitergeben.*

Man geht davon aus, dass durch diese drei Faktoren - die Ausbildung von Deeksha-Gebern, die spontane Transformation vieler Menschen in „kosmische Wesen“ und den Bau des Tempels - die Deeksha in den nächsten Jahren noch deutlich intensiver werden wird. Viele der Deeksha-Geber, die ich für dieses Buch interviewte, berichteten, dass die Menschen in dem Maße, in dem sich dieser ganze Plan entfaltet, monatlich tiefere Wirkungen des Oneness Blessing erfahren.

DAS GOLDENE ZEITALTER

Was wir bisher vom Leben kennengelernt haben, ist Getrenntheit, gelebt durch die Filter des Verstandes. Unsere ganze Geschichtsschreibung hat ausschließlich Lebensgeschichten aufgezeichnet, die auf diese Weise gelebt wurden. Hier und da finden wir kleine Hinweise - zum Beispiel in den Ereignissen um das Leben Buddhas oder in einigen alten Mythen -, doch sie scheinen nichts mit dem Leben zu tun zu haben, das wir kennen. Ich fragte Bhagavan, was für ein Leben er in den nächsten Jahren voraussehe:

Dies ist die Zeit, in der die ganze Menschheit leicht erleuchtet werden kann. Wir werden eine neue Weltordnung entstehen sehen, eine neue Art von Regierung, eine neue Art der Erziehung. Alles wird sich verändern, weil ein neuer Mensch entstehen wird, der völlig anders in seinem Denken, in seiner Funktionsweise sein wird.

Die Menschheit wird wie eine Familie werden, in der die Menschen kooperieren und nicht wetteifern. Wenn Kooperation da ist, werden alle möglichen guten Dinge geschehen. Die Erfahrung der Existenz als solche kann sehr, sehr anders geartet sein: voll Freude und Glück. Wie könnten frohe, glückliche Menschen eine grausame Welt erschaffen? Das ist nicht möglich. Es wird also eine großartige neue Welt entstehen.

Er fuhr fort, diese Vision zu erweitern, indem er auf mögliche Veränderungen in Bereichen des menschlichen Handelns besonders einging:

Politik

Es werden Menschen leben, die eine völlig neue Dimension ausdrücken. Sie werden sich nicht mehr mit selbstbezogenen Aktivitäten befassen, weil das Bewusstsein eines getrennten „Ichs" sie nicht mehr beherrscht. Sie werden nur noch für die Menschheit als Ganzes leben. Das sind die Menschen, die politisch wirken werden – Politiker, die nicht selbstbezogen, nicht engstirnig sind. Wir werden Beamte und Techniker, spirituelle Führer und Geschäftsleute sehen, die nicht mehr selbstbezogen sind, sondern eine große Familie bilden, in der jeder für den anderen eintritt. Wir gehen davon aus, dass sich die Verhältnisse in der Politik besonders drastisch verändern werden. Die Macht wird wieder beim gewöhnlichen Bürger liegen und damit in den Händen aller. Entscheidungen werden gemeinsam getroffen.

Friede

Es herrscht Krieg auf der Welt, weil Sie und Ihre Frau sich nicht vertragen, weil Sie miteinander streiten. Das ist es. Weil wir als Menschen untereinander Konflikte haben, entwickeln wir Aggressivität und die führt schließlich zu Konflikten zwischen den Nationen. Es ist vielleicht schwierig, das zu sehen. Deshalb konzentrieren wir uns hier auf die Heilung von Beziehungen. Wenn wir alle menschlichen Konflikte beilegen, werden Krieg und Gewalt automatisch verschwinden.

Wenn sich die zwischenmenschlichen Beziehungen ordnen, werden wir feststellen, dass sich auch weniger schlimme Dinge auf der Welt ereignen und weniger Krankheiten und Kriege auftreten. Wenn wir wirklich den Krieg beenden wollen, müssen wir unsere eigenen Beziehungen unter die Lupe nehmen, das heißt, bei uns selbst anfangen. Es bringt nichts, die Gewalt beim anderen zu sehen – schauen Sie sich die Gewalt in Ihnen an. Die schroffen Worte, die Sie äußern, wenn Sie jemanden verletzen – oder auch die höflichen Worte, mit denen Sie verletzend sein können. All das ist Gewalt, wir sind eine gewalttätige Spezies. Wir tun all diese Dinge und verteidigen unsere kleinen Nationen mit gefletschten Zähnen. Wenn all das transformiert ist, wird das Goldene Zeitalter eintreten. Dann wird es keine Nationen als solche, keine Länder als solche mehr geben.

Die Rolle der Frauen

Wir werden Zeugen einer sehr ausgewogenen Spiritualität werden, die nicht mehr auf Glaubenssätzen, sondern auf der tatsächlichen Erfahrung Gottes basiert. Meines Erachtens kann man Gott weder männlich noch weiblich nennen; insofern werden all diese Unterscheidungen einfach verschwinden. Hier an der Universität sind Männer und Frauen absolut gleichberechtigt. Amma und ich haben denselben Status, keiner ist dem anderen überlegen. Wir haben weibliche Acharyas und männliche Acharyas, weibliche und männliche Dasas, allerdings sind die Frauen meistens in der Überzahl. Es ist ein stark weiblich geprägter Orden. Das erwachte Weibliche wird die Politik, die Erziehung, ja alles beeinflussen. Damit ein neues Gleichgewicht entsteht, müssen auch die Frauen an der Macht beteiligt sein.

Religion

Es gibt sechs Milliarden Menschen auf diesem Planeten. Sie alle können Gott auf sechs Milliarden Arten erfahren. Die Menschen sind verschieden, sie sind unterschiedlich veranlagt und ihre Wahrnehmungen werden unterschiedlich sein. Deshalb gibt es so viele Religionen. Die Welt kann niemals mit einer gemeinsamen Religion vereint werden, einem gemeinsamen Glauben oder einem gemeinsamen Prinzip. Die Welt braucht verschiedene Religionen. Aber wenn wir eine direkte Erfahrung dessen machen können, worüber unsere Religionen sprechen – wenn sie nicht nur Glaubenssätze oder bloße Worte sind –, dann muss man niemandem Tugend oder Liebe beibringen. Diese werden zu unserem natürlichen Zustand, unserer natürlichen Erfahrung werden.

Die Umwelt

Es besteht ein enger Zusammenhang zwischen dem menschlichen Bewusstsein und den äußeren Vorgängen, die auf dem Planeten stattfinden. Bald werden wir erkennen, dass die Erde ein lebendiger Organismus ist, von der wir wie von einer Mutter abhängig sind. Man kann mit Mutter Erde sprechen. Sie werden erstaunt sein, wenn Sie feststellen, dass sie ein Wesen ist, mit dem man sprechen kann. Sie könnte Ihnen von ihren Schmerzen erzählen und von all dem, was sie durchmacht. Sie ist nicht einfach nur tote Erde oder ein seelenloses Etwas. Sie ist ein Wesen, ein sehr kraftvolles Wesen.

Sobald die Konflikte im menschlichen Bewusstsein reduziert werden, werden wir auch einschneidende Veränderungen im Hinblick auf die Erde bemerken. Es wird weniger Insekten geben, weniger Schädlinge, Überflutungen und Vulkanausbrüche. All dies wird die natürliche Folge der Konfliktreduzierung im menschlichen Bewusstsein sein, da eine solch enge Beziehung zwischen den beiden Ebenen existiert. In manchen Dörfern geschieht – wenn wir ein Programm abhalten – prompt etwas Positives: Sofort kommt Regen, wenn es auch zuvor vier oder fünf Jahre nicht geregnet hat. Es kommt ein Wolkenbruch und es gibt üppige Ernten. Weniger Insekten, weniger Schädlinge tauchen auf, alles in der Natur reagiert sofort.

Wir sind Teil der Evolution – und so sollten wir zusammenarbeiten. Die Natur erwartet von uns, dass wir zusammenarbeiten. Wir müssen ihr helfen.

Wenn Sie diese Vision lesen, nachdem Sie gerade die Zeitungslektüre oder die abendlichen Nachrichten hinter sich gebracht haben, klingt es möglicherweise sehr unrealistisch. In Anbetracht des jetzigen

Zustands der Welt und dem üblichen Tempo, das die Menschheit bislang bei Veränderungen an den Tag legte, *ist* es unrealistisch - vor allem angesichts der Tatsache, dass es sich nicht um eine Vision für ein anderes Jahrhundert handelt, sondern in unserer Lebenszeit passieren soll. Es gibt jedoch drei Faktoren zu bedenken, bevor wir all das einfach abtun.

Erstens stellt Bhagavan dies als die Vision eines Geschehens vor, das der Menschheit ihr Überleben sichern könnte. Es ist also eine Möglichkeit - und nicht etwa eine Gewissheit:

> *Was die Dasas und mich betrifft, so sind wir uns sicher, dass das geschehen wird, weil wir es gesehen haben. Aber das Problem mit der Schau der Zukunft ist, dass die Zukunft voller Möglichkeiten ist und wir immer nur eine sehen. Von diesem Standpunkt aus magst du sagen, dass wir sehr optimistisch sind. Wir möchten keine anderen Möglichkeiten ins Auge fassen, wir möchten nur in diese Möglichkeit hineinschauen. Aber dadurch, dass wir alle zusammenkommen und zusammenarbeiten, bestehen die besten Chancen, dass es auch geschehen wird.*

Zweitens erkennt Bhagavan wie viele andere Visionäre an, dass die Krise selbst das Erwachen beschleunigt. Wir neigen mehr dazu zu erwachen, wenn wir von einem Alptraum geplagt werden. Stecken wir hingegen in einem angenehmen Traum, wollen wir eher weiterschlafen.

Der letzte Faktor ist jedoch am überzeugendsten. Sie erinnern sich vielleicht, was Dr. Bruce Lipton und Dr. Craig Wagstaff im vierten Kapitel über Spontanheilungen und verschwindende Symptome berichteten. Sofern wir an einem mechanistischen Bild des Körpers festhalten, existieren nur begrenzte Möglichkeiten. Die Faktoren, die zur Krankheit beitragen, brauchen ihre Zeit, um sich langsam zu entwickeln, und entsprechend benötigt auch der Heilungsprozess seine Zeit: Gesundung verläuft langsam - Schritt für

Schritt –, denn A verursacht B, und B verursacht C, und C verursacht D. Aus der Quantenperspektive stellt sich der menschliche Körper völlig anders dar: Wunder werden normal. Krebs kann über Nacht verschwinden, die Blinden können sehend werden und die Lahmen ihre Krücken wegwerfen. Die Veränderung des globalen Bewusstseins, von der Bhagavan spricht und die zahllose andere Visionäre ebenfalls als wesentlich für das menschliche Überleben erachten, ist keine Veränderung im Sinne des Wechsels von einem Zustand zu einem anderen. Sie ist ein transformierender Sprung aus dem uns bekannten kollektiven Verstand heraus, ein Sprung aus den Begrenzungen der auf Ursache und Wirkung beruhenden newtonschen Welt hinein in ein Quantenuniversum, in dem buchstäblich alles möglich ist – in dem die globale Raupe zum Schmetterling wird.

Vielleicht vollzieht sich dieser Quantensprung im Bewusstsein jetzt, weil es einfach die Zeit dafür ist. Oder weil alles, was dir und mir und der ganzen Menschheit geschehen ist, uns genau zu diesem Punkt gebracht hat, an dem es für uns keine andere Zukunft als diese gibt. In den insgesamt sechseinhalb Stunden, die ich Bhagavan interviewte, bat ich ihn um einige Worte, mit denen er seine Botschaft für die Menschheit zusammenfasst:

> *Manche Menschen haben gesagt, es brauche Äonen, um erleuchtet zu werden. Ich würde sagen, wir sind schon Äonen hier gewesen. Die Vorbereitung ist vorbei. Jetzt ist der Zeitpunkt da, es zu schaffen. Wir haben die letzten Millionen Jahre ein riesiges Haus gebaut. Ich glaube, jetzt ist es Zeit, das Haus zu betreten. Und ich bin voller Hoffnung, dass der Mensch es schaffen wird. Die Menschen sollten nicht die Hoffnung verlieren und nicht zu bekümmert sein. Sie können voller Zuversicht die Zukunft der Menschheit und des Planeten erwarten, denn bis zu dieser großen Bewusstseinsveränderung*

sind es nur noch einige Jahre. Und je zuversichtlicher Sie sind, umso sicherer geschieht es auch.

Eine neue Zivilisation wird geboren. Ich möchte nicht sagen, es wird geschehen. Ich sage, sie wird bereits geboren.

KAPITEL 13

DER ONENESS-PROZESS

Wenn man von der Hauptstraße abbiegt, die von Chennai Richtung Nordosten nach Kalkutta führt, wartet die Abfahrt nach Varadaiahpalem mit Überraschungen auf. So wie den Bahnsteig 13½, auf dem Harry Potter den Zug nach Hogwarts nimmt, könnte man auch diese Abfahrt leicht übersehen, wenn man nicht wüsste, wonach man Ausschau hält. Der Fahrer muss eine Lücke in der Mittelabsperrung der Straße finden, 100 Meter zurückfahren und dann plötzlich zwischen einem Tabakladen und einem Samosastand abbiegen. Nachdem er eine Zeitlang einer engen Straße gefolgt ist und ständig Kühen, Gänsen und Leuten ausweichen musste, landet er plötzlich im ländlichen Indien - als sei er eine Zeitreise einige Hunderte Jahre rückwärts angetreten. Für ein Land, in dem mehr als eine Milliarde Menschen auf einem Gebiet leben müssen, das ein Drittel der Fläche der USA hat, ist es erstaunlich, dass es so viel offenen Raum mit so wenigen Fahrzeugen gibt. Nur eine Herde einheimischer Ziegen, die von einem alten zahnlosen Mann gehütet werden, gelegentlich ein Habicht am Himmel und große, offene Flächen, die schlicht genauso da sind, wie Gott sie geplant hat.

Dann wird von Weitem der Oneness-Tempel sichtbar. Selbst wenn Sie mit ihm rechnen - er überrascht Sie. Er sieht aus wie das älteste und gleichzeitig das modernste Gebäude, das man sich vorstellen kann, etwas zwischen einem Palast aus der vedischen Mythologie und einer fliegenden Untertasse. Auf der anderen Straßenseite befindet sich das Gelände namens „Golden City Campus Two", wo der Oneness-Prozess für nicht-indische Teilnehmer abgehalten wird. Meine Frau und ich wohnten bei unserem ersten Besuch nicht auf diesem Campus, da es ein weiteres Gelände für Schriftsteller, Lehrer und andere gibt, die als Gäste eingeladen sind. Eines Abends gingen wir daher besuchsweise dorthin. Der Campus besteht am einen Ende aus zwei weißen, einstöckigen Hallen von jeweils über 1.000 Quadratmetern, in welchen sich die Unterrichtsräume und Speisesäle befinden. Am anderen Ende des Campus sind zwei dreistöckige Gebäude, in denen die Teilnehmer wohnen – ein Gebäude für Männer und eines für Frauen. Dazwischen liegt eine großzügige Rasenfläche.

Dieser Campus ist für nicht-indische Besucher bestimmt, die zu Deeksha-Gebern ausgebildet werden. Inder, die eine gänzlich andere Psyche und andere Bedürfnisse haben, durchlaufen eine andere Ausbildung. Seit 2004 werden hier monatlich Kurse für Gruppen aus aller Welt angeboten, mit zwischen 60 und 600 Teilnehmern. Einige Tage zuvor hatte gerade ein Kurs für Amerikaner angefangen. Wir saßen mit einer Gruppe von männlichen Dasas in einem kleineren Versammlungsraum oben im Gebäude der Männer. Die Dasas waren durchgängig zwischen 25 und 30 Jahre alt, und jeder war verantwortlich für 20 bis 40 Teilnehmer. Wir trafen sie gegen zehn Uhr abends, als sich die Kursteilnehmer schon zum Schlafen gelegt hatten. Die Dasas dagegen waren noch putzmunter.

Es war eine bemerkenswerte Erfahrung, mit diesen sieben jungen Männern zusammenzusitzen. Sie spotten wirklich jedem Versuch der Kategorisierung. Obwohl sie mittlerweile als Mönche leben, ist ihnen die Welt nicht fremd. Murali studierte Medizin und lebte mehrere Jahre in Russland. Krishnaraj ist ein versierter Musiker, der mehrere CDs aufgenommen hat. Srinivas hat Ingenieurwissenschaft studiert, Rajesh und Radhakrishna Betriebswissenschaft. Obwohl es schon so spät war und sie seit vier Uhr morgens auf den Beinen waren und am nächsten Morgen genauso früh wieder aufstehen würden, waren sie total wach, rissen Witze und diskutierten die Antworten auf meine Fragen in ihrer Muttersprache Telugu, bevor sie sich miteinander auf die beste Antwort einigten. Sie alle waren sehr ausdrucksstarke Persönlichkeiten und doch fanden sie immer zu einer Übereinstimmung, bevor sie zum nächsten Thema übergingen. Wir werden hier also ihre einhelligen Ausführungen hören.

Jeder Kurs wird von den Dasas selbst auf einzigartige Weise entwickelt. Sie alle sind durch ihren eigenen Prozess des Erwachens in die Einheit gegangen und sie alle waren mit ihren eigenen Schattenseiten konfrontiert - insofern wissen sie, was einem Kursteilnehmer bevorsteht. Jeder Dasa trägt Verantwortung für eine bestimmte Region der Welt: Radhakrishna steht ständig in Kontakt mit den Deeksha-Gebern in Amerika, während Krishnaraj die Verantwortung für Europa hat. Sie sind mit den Menschen dort ständig per E-Mail oder Telefon in Kontakt. Dadurch können sie die Wirkungen des Kurses auswerten, nachdem die Leute nach Hause zurückgekehrt sind, und entsprechende Veränderungen für die folgenden Kurse vornehmen:

> *Der Oneness-Prozess ist ein sich ständig weiterentwickelndes Programm. Er verändert sich von Mal zu Mal, je nachdem, wie das Phänomen wächst und wie die Menschen darauf reagieren. Der Prozess entwickelt sich aus den Einsichten der Menschen, denn wir können durch den Prozess ein Gefühl dafür bekommen, welchen Fortschritt die Menschheit macht.*

Dies führt uns zu einer weiteren Kritik, die gewöhnlich an die Oneness University gerichtet wird: Diese Typen können sich für nichts entscheiden! Als ich in Indien war, nahm Anandagiri mich mit zu einem Ausflug zur Jeevashram-Schule, die mehrere Stunden von der Oneness University entfernt liegt. „Hier haben Bhagavan und Amma gewohnt, als die Schule ihren Betrieb aufnahm", verkündete er, als wir ein Gebäude betraten. Eine halbe Stunde später zeigte er mir einen anderen Raum: „Dies war Ammas und Bhagavans Raum." Und dann noch einen und noch einen. Er grinste verlegen: „Sie sind viel umgezogen!" Nichts in der Welt um Bhagavan und Amma bleibt lange dasselbe - nicht einmal ihre Namen. Schaut man beispielsweise im Internet unter dem Stichwort „Deeksha" nach, wird man feststellen: Bhagavan wurde bislang als Kalki, Mukteshwar und mit mehreren anderen Namen bezeichnet. Die Organisation selbst hat sich von der Golden Age Foundation zur Foundation for Global Awakening und weiter zum Oneness Movement und zur Oneness University entwickelt. Als ich dieses Manuskript für den Druck vorbereitete, waren weitere Wortänderungen in Bearbeitung. Kritiker sehen diese Tendenz zur ständigen Veränderung als verdächtig und unzuverlässig, wie einen „Offshoretrust", der heute hier und morgen dort ist. Für die Dasas jedoch ist das einfach die Natur der Dinge. „Das Einzige, was sich auf dieser Erde nicht verändert, ist die Veränderung selbst." Amma, Bhagavan oder die Dasas halten keine Struktur oder Organisation für unantastbar. Als ich Bhagavan nach dieser Tendenz fragte, die Bezeichnungen regelmäßig zu verändern, lautete seine Antwort: Er wolle schlicht die Welt erwecken und sei glücklich, sich für diesen Zweck jedweder Struktur, jedweden Vokabulars und jedweden Auftretens zu bedienen. Er hat kein Problem damit, jederzeit etwas zu verändern, genauso wie er absolut kein Interesse an Dogmen hat. Deshalb verändern sich die Kurse permanent. Sie werden auseinandergenommen und wieder neu zusammengesetzt, je nachdem wie sich die Teilnehmer verändern, wie sich die Qualität des kollektiven Bewusstseins verändert und wie die Dasas immer mehr über die dunklen Geheimnisse der westlichen Psyche herausfinden.

Die Dasas gehen jedes Mal mit den Teilnehmern auch selbst durch den Prozess:

> *Jeden Monat, wenn die Leute kommen, wissen sie nicht, was auf sie zukommt. Und so beginnen auch wir ganz neu.*

Wir wissen auch nicht, was passieren wird. Wenn sie sich ihre Beziehungen anschauen, gehen auch wir in das Thema Beziehungen hinein. Wir gehen mit ihnen allen täglich neu durch den Prozess. Wir reisen ihre Reise jedes mal neu mit ihnen. Wir kommen in Kontakt mit ihrem Schmerz, mit allem, was sie durchmachen. Da wir vor Jahren dieselbe Reise hinter uns gebracht haben, wissen wir genau, worum es geht.

Da die Deeksha die Kraft hat, alte Verletzungen und Erinnerungen freizusetzen, gehen die Teilnehmer oft durch starke Emotionen. Ich schaute mir diese gelassenen Mönche an, die mit gekreuzten Beinen vor mir auf den Bambusmatten saßen, und fragte mich, wie es ihnen wohl mit einem zornigen New Yorker oder einem empörten Deutschen ergehen wird:

Manchmal werden die Teilnehmer frustriert. Dann halten wir ihre Hände und beten um Gnade. Egal was sie erfahren, wir schauen sie an und es ist sehr klar, dass es ein Teil ihres Prozesses ist. Etwas wird in ihnen ausgelöst. Man kann es unmöglich vernünftig mit ihnen ergründen, denn vielleicht taucht gerade ihr inneres Kind auf oder die Erinnerung an eine Verletzung kommt hoch. Man kann ihnen nicht sagen, dass alles wieder in Ordnung kommt. Man kann nur mit ihnen hindurchgehen. Wir wenden ihnen unsere Aufmerksamkeit zu, wir hören ihnen zu und darin lösen sich die Dinge auf.

Wenn wir ihnen in Präsenz zuhören, geht alles irgendwie automatisch. Tatsächlich erleben wir oft, was in ihnen passiert. Es geschieht einfach. Die Gnade kommt. Die Gnade ist die ganze Zeit, wo sie hier sind, da. So geschieht es. Wir werden davon nicht irritiert, denn die Tatsache, dass diese Dinge herauskommen, bedeutet, dass etwas Gutes passiert. Das haben wir in unserem eigenen Leben erfahren. Wir haben unseren eigenen Ärger, unsere eigenen Zweifel, unsere eigenen Fragen erlebt.

Um es ganz einfach auszudrücken: Wenn die Leute zum Oneness-Prozess kommen, haben sie bestimmte Vorstellungen. Wenn sie durch wunderbare Erfahrungen von Liebe, Stille usw. gehen, meinen sie, sie befinden sich im Prozess. Wenn sie stattdessen Frustration, Ärger und Schuld erfahren, meinen sie, sie wären aus dem Prozess raus. Das ist das Problem. Wenn wir uns die Menschen anschauen, ist es klar, dass es nichts gibt, was nicht der Prozess ist, alles ist der Oneness-Prozess. Ob sie jetzt Schuldgefühle zeigen oder in Liebe dahinschmelzen, beides gehört zum Prozess. Insofern sind wir völlig gelassen, selbst wenn eine Person kommt und sagt: „Ich würde euch am liebsten umbringen. Ich möchte hier weg und ich möchte euch alle nicht mehr sehen." Wir wissen, dass es ein Prozess für sie ist. Und sie muss da durchgehen.

BESTANDTEILE DES ONENESS-PROZESSES

Obwohl jeder Kurs anders ist und jedes Mal wieder ganz neu von den Dasas entwickelt wird, gibt es bestimmte Elemente, die in jedem Kurs vorhanden sind. Sie sind sozusagen die Bausteine, die jedes Mal neu angeordnet werden, um eine frische und einzigartige Erfahrung zu erzeugen. Sie haben keine bestimmte Reihenfolge. Es zählen dazu:

- **Schweigen**

Die Teilnehmer sprechen möglicherweise während der ersten zwei oder drei Tage, um ihre Mitbewohner kennenzulernen, doch sie werden ermutigt, die meiste Zeit bei sich zu bleiben und Reden – das Mittel zur Flucht – zu vermeiden.

Männer und Frauen sind getrennt

Selbst bei verheirateten Paaren schlafen Männer und Frauen in verschiedenen Gebäuden und gehen gewöhnlich in verschiedenen Versammlungsräumen durch den Prozess. Sie sehen sich bei den Mahlzeiten:

> *Wir haben festgestellt, dass ihr Fortschritt, wenn sie in einer Gruppe zusammen sind oder man sie reden lässt, nicht dieselbe Tiefe hat. Wenn wir sie bitten, Distanz zu wahren, haben wir festgestellt, geht es viel, viel tiefer. Wenn die Frauen von den Männern getrennt sind, haben sie viel größere Freiheit, sich selbst über bestimmte Themen auszusprechen. Wenn die Männer beisammen sind und sich frei ausdrücken können, verstehen sie einander.*

Im Allgemeinen nehmen an jedem Kurs doppelt so viel Frauen wie Männer teil.

Vorbereitung auf das Erwachen

Gleichgültig, was geschieht: Der Oneness-Prozess schafft immer in gewisser Weise einen fruchtbaren Boden für das Erwachen in die Einheit. Die Dasas sagen:

> *Der ganze Prozess schafft eine Atmosphäre, die das Erwachen begünstigt. Es hängt von vielen Faktoren ab und jede Person entwickelt sich mit ihrer eigenen Geschwindigkeit auf die letzte Erfüllung zu, nach der sie sucht. Der Prozess initiiert die Reise und katalysiert sie, indem er die richtigen Einsichten, die richtigen Lehren und die Veränderungen im Gehirn ermöglicht. Der Bewusstseinssprung passiert zu seiner eigenen Zeit. Wie sie die Dinge erfahren – wie sie sich an jene neue Bewusstseinsebene gewöhnen, von jener Ebene aus arbeiten und die Dinge dauerhaft aus jener Perspektive sehen, hängt von vielen Faktoren ab: dem Körper, den Ereignissen der Vergangenheit und der Umgebung, in der die Menschen leben.*

Doch der Prozess initiiert die ganze Reise, er treibt sie auf machtvolle Weise in die wunderbare Ebene der Einheit, sodass sie nicht mehr zurückkommen. Er hebt sie empor.

Wenn wir das Wort Erleuchtung benutzen, denken die Menschen sofort an eine bestimmte Position. Sie denken an einen Endpunkt, einen Meilenstein. Sie sagen: „Okay, das habe ich geschafft. Für mich ist es gelaufen." Aber eigentlich ist das der Anfang, die Reise beginnt in Wirklichkeit von dort aus. Das ist die Reise, in Gott hineinzuspringen. Danach ist die Reise endlos. Doch die Schönheit besteht darin, dass die Bewegung selbst Freude ist, selbst Frieden ist, während du dich auf dieser endlosen Reise bewegst.

- **Energieerfahrungen**

Die Reise in die Einheit ist im Allgemeinen von starken energetischen Erfahrungen begleitet. Sie werden erlebt als intensive Hitze, welche die Wirbelsäule aufsteigt, oder als Energie, die durch den ganzen Körper strömt und ihn erfüllt. Einige Menschen haben Visionen von Gottheiten oder werden von Gefühlswallungen geschüttelt, die sich in Tränen, Hingabe oder Lachen zeigen. All diese Erfahrungen, die während des Kurses gang und gäbe sind, haben die Wirkung, die Energiekreisläufe (oder Nadis) im Körper zu öffnen, die Chakras zu reinigen und das ganze System für die göttliche Energie empfänglich zu machen.

- **Die Vorbereitung auf das Deeksha-Geben**

Auch wenn die Teilnehmer nach Absolvierung des Kurses fähig sind, Deeksha zu geben, ist darin weder eine Technik enthalten noch eine Fähigkeit, die man lernen muss. Es ist nichts, was du tust; es ist eher etwas, dass dich benutzt, wenn du ausreichend vorbereitet bist. Alle Bestandteile des Kurses - die Gegenwart der Dasas, die Stille, das Empfangen so vieler Deekshas, die Einsichten und Erfahrungen - tragen zu einer Öffnung der Kanäle bei. Und siehe da, eines Tages wirst du aufgefordert, jemand anderem Deeksha zu geben - und die Deeksha fließt auch durch dich hindurch.

Das Moola-Mantra

Wie ein Film, der eine unvergessliche Filmmusik enthält, erklingt während des ganzen Kurs ein heiliges Mantra, das es nur bei dieser Übertragung gibt. Wie so viele Dinge hier wurde dieses Mantra mehreren Dasas zur gleichen Zeit geoffenbart - ohne dass dem ein bewusster Gedanke oder Entschluss vorausging. Das Mantra erfüllt den Kurs so total, dass man es nach der Rückkehr in die Hektik des Alltags nur einige Male singen oder hören muss, damit die Energie des Kurses wieder entsteht.

Om Satchitananda Parabrahma
Puroshottama Paramatma
Sri Bhagavati Sameta
Sri Bhagavate Namaha

Bhagavan erklärt die Bedeutung:

> *Zuerst ist Existenz, Intelligenz und Glückseligkeit da – satchitananda. Das ist der Purushottama, das Eine Wesen, was die höchste Stufe der Evolution ausdrückt. Paramatma ist der jedem Innewohnende, der die Schöpfung steuert und bewegt. Er manifestiert sich in den Lebewesen, die männliche und weibliche Inkarnation des Göttlichen. Das Mantra drückt die Evolution im Bewusstsein aus; es spiegelt die graduelle Transformation vom Einen zur Vielfalt.*

Darshan

Zur Zeit der Abfassung dieses Buches ist es so, dass die Teilnehmer am Oneness-Prozess einmal mit Amma in stiller Meditation sitzen und einmal oder mehrere Male mit Bhagavan. Denken Sie daran, dass alles bei jedem Kurs wieder anders ist! Diese Zeiten der stillen Kommunion, Darshan genannt, haben viele Teilnehmer als ihre kraftvollsten energetischen Veränderungen und Durchbrüche in Erinnerung.

- **Zeitplan**

Der Tag beginnt kurz nach Sonnenaufgang mit Meditation, Singen und Gebet. Nach einer Frühstückspause treffen sich die Teilnehmer wieder und sind bis zur Mittagszeit zusammen. In dieser Zeit finden Deekshas, Unterweisungen und manchmal andere Übungen statt. Oft folgt dann eine lange Mittagspause zum Ausruhen und ein weiteres Treffen von vier Uhr nachmittags bis acht Uhr abends. Dann endet das Programm mit dem Abendessen

• ● •

Das bringt uns zu der letzten Kritik an der Oneness-Bewegung: Warum ist der Oneness-Prozess so teuer? Zur Zeit der Abfassung dieses Buches bezahlen Leute aus westlichen Ländern 5.500 US-$, um am Kurs teilzunehmen, was natürlich viel mehr ist, als die Durchführung eines solchen Programms in einem Dritte-Welt-Land wie Indien kostet. Wo geht also das ganze Geld hin? Da dies vermutlich die häufigste Kritik am Deeksha-Phänomen ist, habe ich es übernommen, Detektiv zu spielen und zu prüfen, ob irgendjemand am Pool sitzt, Bananencocktails schlürft und das Geld in zweifelhafter Absicht hortet. Ich habe mein Bestes getan, Entsprechendes zu finden - doch bislang stehe ich mit leeren Händen da.

Das Erste, was man wissen sollte, ist: Die Oneness University hat in den letzten Jahren weitaus mehr Geld ausgegeben, als eingenommen wurde. Allein der Bau des Tempels mit allen angrenzenden Gebäuden kostet mehr als 17 Millionen US-$. Die weitreichende Arbeit in den 140 Dörfern um Varadaiahpalem wurde gänzlich kostenlos geleistet. Darüber hinaus deckt der höhere Preis, den westliche Teilnehmer zahlen, etwas von den Kosten der Teilnehmer aus ärmeren Ländern wie Afrika, Russland, Indonesien und Indien, die viel weniger bezahlen, manchmal sogar gar nichts. Es gibt auch Stipendien für westliche Besucher, die ein nachgewiesenes Maß an Helfertätigkeiten geleistet haben und eine Empfehlung mitbringen.

Ich habe alle maßgeblichen Personen an der Universität getroffen. Sie leben ausnahmslos ziemlich bescheiden. Das letzte Mal, als wir zu Besuch kamen, wurden wir in einem roten Personenbus, der etwa ein Jahr alt war, abgeholt, ein Fahrzeug, mit dem man Schulkinder befördert oder Firmenangestellte auf einer Exkursion. Am nächsten Tag wurde dasselbe Fahrzeug benutzt, um Bhagavan zu Amma nach Nemam zu fahren. Bhagavan lebt in einem genauso großen Raum und in einem vergleichbaren Gebäude wie das, in dem wir wohnten. Anandagiri und Samadarshini, welche die meisten Programme der Universität leiten, schlafen in Schlafsälen mit allen anderen Mönchen zusammen. Interessanterweise stammt sämtliche Kritik, dass die Universität zu viel Geld verlange, von Menschen, die noch nie dort waren. Bisher habe ich noch keine einzige Person getroffen, die an dem Kurs teilgenommen hat und das Gefühl hatte, das Geld sei schlecht investiert worden.

Bhagavan selbst äußerte sich mir gegenüber unmissverständlich, dass der Oneness-Prozess seiner Einschätzung nach in dieser Form wohl nur noch wenige Jahre fortgeführt werden wird:

> *Unser Ziel ist die Abschaffung des Kurses selbst. Wir wollen, dass die Menschheit erwacht und nicht, dass wir ewig Kurse leiten. Sie sind nur eine Vorbereitung, um die Menschen bereit zu machen, Deeksha zu geben. Wenn die Anzahl der aktiven Deeksha-Geber groß genug ist, wird die ganze Menschheit in eine neue Phase eintreten. Deshalb kann es sein, dass dieser Orden der Dasas bald nicht mehr existieren wird. Sonst würde es eine Sekte werden, eine Religion. Und das wollen wir nicht. Wir gehen davon aus, dass in einigen Jahren, wenn das Ziel erreicht ist, auch unsere Vorstellung beendet ist. Dann werden die Dasas in ihre Dörfer zurückgehen*

und wieder ein völlig normales Leben führen. Darüber sind wir uns vollkommen im Klaren.

DER ABLAUF DES KURSES

Jede der drei Wochen des Oneness-Prozesses hat eine bestimmte Ausrichtung bzw. ein bestimmtes Thema. Obwohl der Kurs eine integrale Erfahrung ist und jederzeit alles geschehen kann, sind diese drei Phasen bis heute Teil jedes Oneness-Prozesses;

Erste Woche: Samskara Shuddhi

Die erste Woche konzentriert sich auf unser persönliches Leben: unsere Beziehung zu unseren Eltern, unserer Familie, unsere Vergangenheit und uns selbst. Dieser Prozess der tiefen Klärung wird oft *Samskara Shuddhi* oder das Herauswaschen psychischer Eindrücke genannt. Es ist eine Heilung des Herzens. Das Ziel dieser Woche besteht nicht darin, die Persönlichkeit oder die persönliche Geschichte zu verändern oder zu verbessern. Vielmehr geht es darum, Teilnehmer dahin zu bringen, sich selbst so zu sehen, wie sie sind, und wie sie gewesen sind. Die Dasas erklären:

> *Wir haben Bilder als Masken, mit denen wir uns identifizieren, deshalb entgeht uns unsere wahre Natur. Unsere Betonung liegt in der ersten Woche auf Selbstakzeptanz. Manchmal hasst man sich selbst oder fühlt sich schuldig für vergangene Taten. Viele Menschen sind nicht fähig, ihre Vergangenheit zu akzeptieren. Sie sehen auf ihr Leben zurück und oft stellen sie fest, wie sehr sie andere verletzt haben. Die Deekshas helfen ihnen, genau das zu fühlen, was die andere Person gefühlt hat. Wenn wir uns nicht wohl mit dem fühlen, was wir sind, versuchen wir ständig, uns anzugleichen. Wir verlieren Energie, wir hassen uns selbst. Und weil wir uns hassen, tun wir etwas, damit andere Menschen uns lieben.*

All das erklärt sich daraus, dass wir nicht ertragen können, was wir sind. Wenn wir den Teilnehmern dabei helfen, daran zu arbeiten, führt das zu Selbstakzeptanz, d. h. dazu, sich so zu lieben, wie man jetzt ist. Wenn man sich selbst nicht lieben kann, wie kann man dann andere lieben oder von anderen erwarten, dass sie einen lieben? Dasselbe gilt für das Göttliche. Viele Menschen haben eine Vorstellung von einem strafenden Gott, die aus ihrem eigenen Selbsthass und ihrer Schuld entstanden ist. Nach der Deeksha verändert sich ihre Sicht Gottes ganz natürlich zu der eines barmherzigen und freundlichen Gottes.

Samskara Shuddhi kann viele Formen annehmen - keine gilt als besser als eine andere. Für einige Teilnehmer ist es einfach ein sanftes Sehen, eine Befreiung und ein tiefes Erfahren ihrer selbst, so wie sie sind. Für einige beinhaltet es auch eher Formen äußeren Ausdrucks in Gestalt von Weinen oder Wut und Frustration. Letztlich erfahren alle dasselbe Ergebnis. Besondere Betonung wird auf den Geburtsprozess gelegt, sodass viele Teilnehmer die Zeit im Mutterleib noch einmal erleben und durch ihre eigene Geburt hindurchgehen können:

Der Raum unterscheidet sich von der psychischen Arbeit, die manche Menschen in der Vergangenheit kennengelernt haben; es geht darum, die Leere mit Liebe zu füllen. Dann wird Gnade wirksam. Egal was freigesetzt wird, da ist Liebe, die durch Präsenz gefüllt wird. Die Verbindung zur Präsenz ist auf dieser Stufe sehr, sehr wichtig – die Präsenz zu erkennen und sich mit ihr zu verbinden. So gehen sie in die Freude hinein, so gehen sie ganz natürlich in die Vergebung.

Wir machen nicht viel, damit das geschieht. Der Prozess selbst läuft durch Gnade ab, wie alles, was dir geschieht. Alles, was wir tun, ist, eine Absicht aufrechtzuerhalten. Der Prozess ist so angelegt, dass er die Gnade wirksam werden lässt. Wenn alle Versammelten zusammen eine Absicht aufrechterhalten, dann wird die Atmosphäre dazu beitragen, sie zu erfüllen. Der ganze Campus wird reagieren, nicht nur die Menschen, sondern auch der Hund auf der Straße, die Vögel, die Sonne, die Wolken ...

Während ich die Recherchen für dieses Buch machte, hörte ich wirklich Hunderte von Geschichten der Transformation aus der Woche des *Samskara Shuddhi.* Es gibt persönliche Berichte in Hülle und Fülle - genug, um ein *Hühnersuppe-für-die-Seele*-Buch zu füllen - und vielleicht wird eines Tages ein solches Buch daraus. Es folgen nun einige willkürliche Beispiele, bei den Quellenangaben finden Sie Hinweise auf weitere Berichte.

Clementine ist eine Afroamerikanerin. Ihre Erfahrung ist ein Beispiel dafür, wie lebenslange Muster in der ersten Woche an die Oberfläche kommen und dann durch Oneness Blessing befreit werden können. Von Anfang an wollte sie im Kurs ganz vorn sitzen. Sie traf schon eine halbe Stunde vor Beginn ein, um einen guten Platz zu bekommen. Jedes Mal stellte sie viele Fragen und wenn sie nicht vor den anderen aufgerufen wurde, reagierte sie emotional und beleidigt. Die Dasas versuchten niemals, ihr Verhalten zu verändern. Da sie als Afroamerikanerin aufgewachsen war, hatte sie viel gelitten. Sie glaubte fest, dass die Dasas ein Vorurteil gegenüber Farbigen hätten. Eines Tages kam all das zutage. Jemand traf vor ihr ein und nahm ihren üblichen Platz vorne ein. An diesem Tag wurde eine Deeksha gegeben, in der sich die Teilnehmer an ihre schlimmsten Ängste erinnern sollten. Einige arbeiteten mit Höhenangst oder Angst vor Gewalt. Clementine hatte eine Erinnerung an eine Begebenheit, in der sie sehr jung war und mit dem Bus fuhr. Sie saß vorne und wurde von den Weißen vertrieben und nach hinten geschubst. Sie war so verletzt, dass sie sich in dem Moment schwor, sich von niemandem im Leben mehr zurücksetzen zu lassen. „Ich werde vorne sitzen. Immer." Sie wurde zur Oberschwester und war stets in allem führend, was sie tat. Dank der Energie der Deeksha an jenem Tag konnte sie den Schmerz, den sie damals vor vielen Jahren im Bus gefühlt hatte, voll und ganz fühlen und das Muster wurde aufgelöst.

Kelvins Erfahrung ist typisch für viele andere Geschichten und zeigt uns den Unterschied zwischen wahrer Selbstakzeptanz und dem bloßen Versuch, uns zurechtzumachen. Er hatte viele starke Erfahrungen, bevor sein 21-Tage-Kurs begann, doch nach seiner Ankunft in Indien schien nichts mehr zu passieren. Er war frustriert und seine Frustration verwandelte sich allmählich in Gefühle des Schmerzes und der Wut. „Ich hatte ein Gefühl, als ob ich viele Schichten von Kleidern trug, als ob eine steinerne Mauer mich umgab. Ich wollte gar nicht mehr da sein. Meine Freundin sagte zu mir, wir müssten sofort abreisen oder sie würde mit mir Schluss machen. Ich wollte weg." Die Dasas sagten zu ihm, er solle ganz und gar das fühlen, durch das er gerade hindurchgehe und alles würde gut werden. Aber das Einzige, was immer wieder in ihm aufstieg, war das Gefühl, nicht gut genug zu sein:

> *Eines Nachts saß ich allein da und dachte: „Ich bin kein guter Mensch. Ich habe alle möglichen schlimmen Dinge in meinem Leben gemacht, es war alles endlos schwierig." Alle möglichen Gefühle kamen hoch, Gefühle, die ich mein Leben lang gehabt hatte: „Niemand kümmert sich um mich. Ich bin nicht gut genug. Die Menschen lieben mich oder achten mich nicht für das, was ich bin." Ich fühlte mich wie eine Klärgrube. Nicht nur wie eine Klärgrube, sondern auch wie die Kloake darin. Es war wirklich schrecklich, dieses ständige Gefühl, niemand liebt mich oder kümmert sich um mich. Was ich sah und fühlte, war absolut schockierend und ich wusste nicht, wie ich da jemals rauskommen konnte.*

Dann erinnerte ich mich an eine Aussage des Dasas: „Das Leid und der Schmerz ist selbsterzeugt, du kannst niemanden dafür verantwortlich machen, nicht deine Eltern, deine Freunde, niemanden!" Als mir das in den Sinn kam, erkannte ich: „Ok! Also bin ich vielleicht die Kloake und die Klärgrube und all die grässlichen Dinge, die jemals existieren können, aber was soll's? Ich habe all diese furchtbaren Dinge gemacht, nun gut. Ich habe diese Mauer um mich herum nicht gewollt, also kann ich mir auch selbst nicht den Weg herausbrechen." Ich erkannte, dass nichts wirklich in meiner Kontrolle liegt und ich daher nichts zu tun brauchte. Ich gab auf und das war's. Ich lehnte mich zurück und danach schien nichts mehr eine Rolle zu spielen. Nichts konnte mir wirklich etwas anhaben. Ich erkannte: „Das bin ich. Ich kann es nicht verändern; wer ich jetzt bin, das bin ich. Wenn ich schlecht bin, bin ich schlecht; wenn ich gut bin, dann sei es so." Es wurde klar, dass es kein Gut und kein Schlecht gibt – das sind nur Worte. Es gibt nichts Böses, nichts Heiliges, denn es sind alles Illusionen. Als mir klar wurde, dass ich nichts tun kann, war ich frei. Ich schlief die ganze Nacht sehr gut. Am nächsten Morgen fühlte ich mich so befreit. Mein Gesicht, meine Körpersprache und meine Sichtweise hatten sich völlig verändert, ich fühlte mich vollkommen frei und leicht bei jedem Schritt, und so blieb es jeden Moment, jeden Tag seit dieser Nacht.

Sobald ich alles aufgegeben hatte, kam alles in Gang. Mein Gesicht veränderte sich. Ich fühlte mich innerlich so gut und ich begann, die göttliche Präsenz zu erfahren. Wenn die Leute jetzt etwas sagen wollen, was mich beleidigt, was soll's? Es sind schließlich nur ein oder zwei Worte. Einfach hindurchgehen lassen und vorbei ist es. Vielleicht bin ich ein, zwei Minuten lang sauer oder sogar den halben Tag, aber das ist egal. Sie regen mich schließlich nicht auf, ich rege mich nur selbst auf.

Zweite Woche: Erwachen in die Wirklichkeit

Die Dasas erklären: Die erste Woche bietet Gelegenheit, alles zu erfahren und auszudrücken, was im Denken und Fühlen festgehalten wurde, während einem die zweite Woche erlaubt, Denken und Fühlen zu transzendieren und sie als das zu erkennen, was sie sind. Es ist wie das Öffnen des Blickwinkels von der Sichtweise eines Wurms hin zur Vogelperspektive:

> *Sie erkennen ihre Wahrnehmungen und Konzepte über das Leben, über die Realität, über Gott und über das Selbst. In dem Maße, in dem sie ihre vorgefertigten Muster erkennen, werden sie frei von ihnen. Sie beginnen, die Dinge aus einer anderen, höheren Perspektive zu sehen. Und das ist Freiheit.*
>
> *Sie beginnen, die Natur des Denkens zu erkennen, die Natur des Lebens, die Natur des Verstands, die Natur einer Person. So kommen sie von einer „Uh-huh"-Erfahrung zu einer „A-ha!"-Erfahrung. Was ist Erleuchtung? Es ist einfach eine Veränderung der Wahrnehmung, die zu einer Veränderung der Realität führt. In der zweiten Woche geht es nicht mehr darum, dass sie Fragen stellen und versuchen, irgendwohin zu kommen; es geht vielmehr darum, ihnen zu zeigen, wie die Präsenz des Göttlichen das Leben durchdringt. In jener höheren Perspektive fangen die Dinge an, sich aufzulösen. All die alten Konzepte, die festhingen und keine Bewegung im Leben zuließen, weichen auf.*
>
> *Wir stellen die ganze Auffassung in Frage, eine Person zu sein. Wir betrachten systematisch die Gedanken, den Körper, die Persönlichkeiten, alles, woraus sich das Daseinsgefühl zusammensetzt. Wenn man Schritt für Schritt vorangeht und sein Daseinsgefühl rekonstruiert, beginnt man zu erkennen, dass man nicht unabhängig existiert, sondern Teil des ganzen Universums ist, man ist Teil des Göttlichen. Man erkennt, dass*

die Gedanken nicht unsere eigenen Gedanken sind, sondern Teil des alten Verstandes, dass das Gefühl der Getrenntheit eine Illusion und die Wahrheit wechselseitige Verbundenheit ist.

Wenn wir den Teilnehmern dabei helfen, die Dinge so zu sehen, wie sie sind, verschwindet das Leid fast augenblicklich. Wenn man beginnt, die Dinge so zu erfahren, wie sie sind, ist einfach nur Freude da, einfach Freiheit. Wir helfen ihnen, das zu entdecken, mithilfe der Gnade.

Wenn sie beginnen zu erkennen, dass die Gedanken nicht ihre eigenen sind und der Körper nicht ihrer Kontrolle unterliegt, dass ihre Persönlichkeitsanteile spontan auftauchen, dann entdecken sie, dass alles miteinander verbunden ist und das ganze Universum sie beeinflusst. Ganz von selbst kommt ihnen dann nach und nach der Eindruck von aktiver Kontrolle und persönlichem Involviertsein als immer unsinniger vor. Die Teilnehmer verstehen sich mehr und mehr als Zeugen all dessen. Sie machen allmählich diese Erfahrung, außerhalb des Verstands zu bleiben und den Widerstand gegenüber dem, was ist, gegenüber dem, was das Leben ist, loszulassen. Anstatt zu versuchen, die Dinge zu verdrängen, beginnen sie zu fließen. Sie sehen, dass alles in Bewegung ist. Wenn man das einmal erfahren hat, wird *man zum Fluss. Dann existiert kein Leid. Das persönliche Leid ist vorbei.*

Philip war ebenfalls viele Tage während seines 21-Tage-Prozesses sehr frustriert. Andere Leute machten intensive emotionale und energetische Erfahrungen, doch er erlebte nichts dergleichen. Er ging zu zwei Darshans von Bhagavan, aber auch das konnte ihn nicht sonderlich beeindrucken. Nach dem Darshan von Amma fühlte er zum ersten Mal, dass sich sein Herz öffnete; er betete, die Wut ganz zu fühlen. Er fühlte sich ziemlich mau, als er zu Bett ging.

Am nächsten Morgen meditierten die Teilnehmer zusammen und sangen das Moola-Mantra.

Er erklärt:

> *Etwas geschah da, etwas sehr, sehr Tiefes. Auf dem Rückweg von der Versammlungshalle erkannte ich, dass ich keine Gedanken hatte. Nicht einen Gedanken. Ich ging einfach nur. Ich blickte auf die Steine am Boden, doch das war nicht ich, es war die Präsenz. Die Präsenz blickte auf die Steine. Die Füße gingen und die Präsenz blickte auf alle Einzelheiten. Während die Präsenz schaute, fragte ich mich: „Was ist da, wenn kein Ärger, keine Traurigkeit, kein Schmerz da ist? Was bleibt?" Dann begann ich, total zu lachen. Die Antwort kam so schnell: nichts. Da ist nichts. Die Menschen leiden solche Schmerzen und haben so viele negative Gefühle, aber dahinter ist nichts, einfach nichts! Alles, was ich gesehen hatte, alles, was wir im Kurs durchgenommen hatten, wurde plötzlich Wirklichkeit. In einer Sekunde wurde alles klar. „Dieser Körper ist nicht mein Körper. Es gibt keine eigenen Gedanken. Die Persönlichkeit entsteht einfach von selbst." Zwei Wochen lang hatte man uns erzählt, es sei nichts da. Aber es stimmt – da ist gar nichts. Den Rest des Tages erfuhr die Präsenz einfach jede Einzelheit. Es war wie eine Wiedergeburt als ein neugeborenes Baby, das einfach all die wunderschönen Einzelheiten des Lebens um sich herum betrachtet.*

Philips Erfahrung ist typisch für viele. Obwohl es den Anschein gehabt hatte, dass nichts bei ihm passierte, brachten ihn all die Deekshas zu dem Punkt, an dem er zum ersten Mal fähig war, die fundamentalen Annahmen seines Verstandes zu hinterfragen. Die Begrenzung auf ein Bewusstsein eines getrennten „Ichs" wurde augenblicklich aufgelöst und er erkannte das „Ich"-Bewusstsein im Sinne eines getrennten „Ich" als Illusion. Wie Sie sicher wissen, gilt diese Erkenntnis seit Jahrtausenden als die Essenz der Erleuchtung.

Dritte Woche: Erwachen in Gott

In der dritten Woche geht es um die Vereinigung mit dem Göttlichen. Jetzt gibt es noch weniger Unterweisungen; es geht schlicht um ein Sich-Auflösen in die göttliche Präsenz. Der ganze Kurs führt dazu, in der Präsenz zu leben, mit der Präsenz zu leben. In der Halle, wo der Kurs stattfindet, befindet sich eine Art Altar. Man kann dort alle möglichen Darstellungen des Göttlichen sehen und die Teilnehmer werden ermutigt, ihre eigenen Bilder mitzubringen und aufzustellen. Die Christen stellen ein Bild von Christus auf, die Moslems legen ihre heilige Schrift oder die Namen Allahs hin, die Buddhisten stellen eine Buddhastatue dazu und die Hindus bringen Statuen ihrer Gottheiten. Einige Menschen fühlen das Göttliche in der Natur und legen Blumen, Steine oder das Holz eines Baumes auf den Altar. Andere fühlen das Göttliche in Amma und Bhagavan und stellen deshalb ihr Bild auf. Gleichgültig, mit welcher göttlichen Form sich die Menschen verbunden fühlen, die dritte Woche des Kurses wird diese Verbindung vertiefen. Die Transformation, die in den ersten zwei Wochen geschehen ist, führt viele Menschen dazu, ihre bisherige Auffassung von Gott zu hinterfragen. Viele entdecken, dass ihre Gottesauffassung von den Auffassungen ihrer Umgebung beeinflusst oder von der Scham und Schuld, die sie sich selbst gegenüber empfinden, getrübt wurde.

„Deshalb sagen wir: ‚Schafft euren eigenen Gott'", sagt Bhagavan.

Männlich oder weiblich oder beides. Freundlich oder streng. Jemand, der deine Gebete schnell beantworten wird oder sich lange Zeit dafür nimmt. Jemand, der sehr intensiv verehrt werden möchte, oder jemand, für den man die Gebete sorgfältig auswählen muss. Oder jemand, mit dem man einfach freundlich plaudern kann. Wir schlagen vor, dass man das bewusst wählt.

Die meisten Menschen entwickeln ein Gottesbild, das ihrer Persönlichkeit entspricht. Verändere zuerst deine eigene Persön-

lichkeit; und dann gestalte einen Gott, der tatsächlich für dich da ist. Wenn du selbst eine reizbare Person bist und versuchst, einen sehr sanften Gott zu erschaffen, funktioniert es vielleicht nicht. Wenn du eine reizbare Person bist, musst du vielleicht auch einen reizbaren Gott konzipieren. Wie immer du auch Gott erfährst, es hängt von dir ab.

Er erklärt weiter, dass Gott keine Form hat, weder männlich noch weiblich. Das Göttliche ist die Quelle von allem Physischen, Mentalen, Emotionalen und Spirituellen und kann jede Form annehmen, je nach individueller Prägung des Suchenden. Ob wir es also mögen oder nicht, wir alle schaffen uns unbewusst unseren eigenen Gott. Nach all der Klärung und dem Erwachen in den ersten zwei Wochen erlaubt die dritte Kurswoche, dass die Beziehung zu einem persönlichen Gott bewusst wird; lebendig und dynamisch.

In dieser letzten Woche des Oneness-Prozesses entstehen viele Gedichte. Die Teilnehmer beginnen zu fühlen, dass die Deeksha-Energie durch sie fließt. Außer der Deeksha durch Handauflegen, die sie zusammen geben und empfangen, beginnen sie manchmal Musik, Kunst und Schriftstellerei zu entdecken. Alles wird zu einem Strom der Hingabe an die zahllosen Formen des göttlichen Mysteriums.

Hören wir Phillipe Devos, einen Sufi-Lehrer aus Frankreich:

Ich lauschte der Stimme meiner Mutter und dem Om. Ich hatte das Gefühl, ein neugeborenes Baby zu sein, eins mit allem, mit den Tieren und Bäumen, wechselnder Farbe und Licht. Meine Sufi-Übung wurde tiefer. Ich hatte einen Traum. Der Prophet forderte mich auf, mich zu setzen, und gab mir ganz behutsam mit seiner eigenen Hand zu essen. Ich küsste seine Finger, wenn er das Essen in meinen Mund gab. Das war ein Beweis für mich, dass dieses schöne Geschenk wirklich von Gott stammte.

Sheila Holloway aus Kanada:

Ich lag in meinem Bett und hatte eine Vision von Jesus, der am Fuß meines Bettes stand. Er rief mich bei meinem Namen. Er flüsterte ihn ganz deutlich. Er war nicht so wie der Jesus, den ich kannte. Er hatte sehr dunkle Haut, haselnussbraune Augen, langes, braunes Haar und das schönste Gewand, das ich je gesehen habe. Ich konnte fühlen, wie mich der Stoff berührte, als ob ich durch den Stoff hindurchgehen würde und der Stoff durch mich. Es war ein atemberaubend schönes Gefühl. Das Herz öffnete sich und ich wurde Er und Er wurde ich.

Dann wurde alles eins. Jesus war eins; wir alle waren eins. Ich war jeder und jeder war ich. Und die Tränen strömten einfach aus meinen Augen. Ich wusste nicht mehr, wer ich war. Alles war ich. Sogar die Fliegen waren so schön, sie landeten auf meinem Gesicht und ich wollte sie nur küssen. Sie fühlten sich so schön an.

Ich ging nach draußen und ich war der Himmel, der Himmel war ich. Ich wurde zu jeder Person, die ich sah, und die Person wurde zu mir. Ich wusste nicht, dass so etwas wie eine solche Liebe überhaupt existierte. Ich liebte jeden, den ich sah. Und ich meine nicht nur, dass ich ihn liebte. Es war so ein Mitgefühl da. Ich sah die Hunde und hatte so ein Mitgefühl mit ihnen. Vorher hatte ich sie überhaupt nicht beachtet. Und die Arbeiter, die ich auf dem Gelände sah, waren alle eins. Es war so ein Bewusstsein der Einheit da. Absolute und totale Einheit.

Dr. Rahasya Fritjof Kraft, ein Arzt und spiritueller Lehrer aus Deutschland, sagte:

Es war ein völlig neues Erlebnis, dass das Göttliche direkt in verschiedenen Formen von diesem Körper-Verstand erfahren werden kann. Ich hatte erstaunliche Erfahrungen mit Christus und sogar mit Ganesha, Shiva, Quanyin, Lao Tse und Bodhidharma. Das gab mir eine innere Einsicht, wie diese Bewusstseinsebene die Welt sieht. Es hinterließ eine tiefere Einsicht in den Zauber unserer Existenz auf dieser Welt. Es öffnete sehr viele Tore. Ich bin ein äußerst pragmatischer Mensch. Ich glaube nicht an esoterische Erfahrungen, solange ich sie nicht selbst erlebe. Aber ich hatte so unglaubliche Erfahrungen von göttlichen Wesen, die in diesen Körper eintraten und mir ihre Eigenschaften zeigten. Ich schrieb sie nieder und als ich das Geschriebene später las, klang es wie eine erfundene Geschichte. Und doch war es so wirklich, als ob ich die Straße entlang ginge und einen Baum sähe. Ich erlebte Ramana Maharshi und sogar einen ägyptischen Gott namens Horus, von dessen Existenz ich zuvor nichts wusste. Er erschien mit dem Kopf eines Hundes und ich musste meine Frau danach fragen, die mehr über ägyptische Mythologie weiß als ich. Anscheinend ist er der Wächter der Unterwelt. Es war die göttliche Präsenz, die mir die Pforten des Todes zeigte und mir die tieferen Dimensionen von Leben und Tod offenbarte.

Lahana Grey aus Kanada:

Ich hatte mich nie so gänzlich frei gefühlt, wie ich es mir vorgestellt hatte. Ich kannte die Liebe, ich kannte Meditation, ich kannte Gott – aber trotzdem kamen immer noch Dinge hoch, die Schwierigkeiten verursachten, und ich wusste nicht, wie ich mit ihnen umgehen sollte. Wir begannen die Meditation mit einer Zeremonie. Ich betete und sagte: „Bitte Amma, Bhagavan, bitte zeigt mir, wie sich Hingabe wirklich anfühlt." Kaum hatte ich mich versehen, war ich aufgestanden

> *und begann zu tanzen. Ich war so bewegt und berührt gleichzeitig. Man gab mir Blumen von der Zeremonie in die Hände und ich zitterte und wusste, ich hielt den lebendigen Gott in meiner eigenen Hand. Ich war so überwältigt. Als ich die Blumen in die Schale fallen ließ, fühlte ich die lebendige Kraft so intensiv, dass ich gleichzeitig bebte, heulen und schreien wollte. Ich konnte es kaum aushalten: Ich wusste nicht, wo ich hingehen sollte, weil ich wie eingezwängt zwischen all den Menschen war. Aber jemand sah mich und machte Platz, sodass ich mich mit dieser überwältigenden Kraft bewegen konnte. Ich fiel auf den Boden. Ich war so offen, zerbrechlich und durchsichtig gleichzeitig. Ich war aufgebrochen wie eine Kokosnus. Aufgeplatzt. Alles fiel heraus und ich lernte zu beten. Ich flehte und betete zu Amma und Bhagavan, mich zu befreien. Es war wunderschön.*

Hören wir zum Schluss Nahuel Schajris, den Musiker aus Argentinien, der den Grammy gewann:

> *Gott ist die Luft, die ich atme, jedes Mal, wenn ich atme. Gott ist, wenn ich mir die Zähne putze. Gott ist, wenn ich Musik mache.*
>
> *Gott ist, wenn ich einen schönen Sonnenuntergang sehe. Gott ist, wenn ich mit jemandem streite. Gott ist, wenn wir einander begegnen. Gott ist, wenn ich Schmerzen habe.*
>
> *Dieser erstaunlich formlose, grenzenlose Gott! Es gibt endlose Formen Gottes und du wählst dir die, die du möchtest. Du kannst jegliche Form, jegliche Erfahrung in welcher Weise auch immer wählen, um mit jener erstaunlichen schöpferischen Kraft verbunden zu sein.*
>
> *Das ist Gott. Gott ist in allem. Für mich sind Amma und Bhagavan Formen Gottes, weil ich sie wirklich schätze. Für*

eine andere Person kann Gott auch eine Flamme sein oder eine innere Stimme, der Wind, Buddha, Jesus, Allah, was immer man will. Gott ist nichts Absolutes, sondern eine subjektive Erfahrung. Das müssen wir begreifen. Gott ist keine feste Sache. Weder Mann noch Frau, sondern alles, alles.

Was ist Gott also für Sie? Das ist die Frage. Wir sind auch Schöpfer. Wir erschaffen ständig unser Leben. Wir erschaffen alles. Deshalb sind wir im Ebenbild Gottes erschaffen, weil wir auch Schöpfer sind.

So können auch Sie, als Schöpfer, den Segen des Oneness Blessing in Ihr Herz aufnehmen. Sie haben auf diesen Seiten einige verrückte und wunderbare Geschichten von Menschen aus aller Welt gelesen, deren Leben sich auf vielfache Weise verändert hat. Würde es sich nur um Geschichten gelegentlicher Wunderheilungen handeln oder um einige Menschen mit mystischen Visionen, könnte man dieses Phänomen mühelos in die eine oder andere Schublade stecken. Was Deeksha hingegen zu einem Rätsel macht, ist die außerordentliche Fülle und Verschiedenheit dieser Geschichten und die Kürze der Zeit, in der sie stattfanden. Deeksha ist nichts Absolutes; sie kann alles sein. Was also wird Deeksha für Sie sein?

Diese Frage müssen Sie selbst beantworten.

NACHWORT

Ich komme aus einer Familie von Schriftstellern. Mein Vater war bei meiner Geburt ein Journalist für die Londoner *Times* und verfasste später 22 Bücher. Meine Mutter war eine zeitlang Redakteurin für Faber & Faber, einen der bekanntesten Verlage Englands. Meine Kindheit entfaltete sich vor dem akustischen Hintergrund klappernder Schreibmaschinen.

Im ersten Abschnitt meines Erwachsenenlebens versuchte ich, diesem genetischen Erbe vergeblich auszuweichen, doch mit 33 gab ich diese Bemühungen auf – ich musste akzeptieren, dass mir die Schreiberei einfach in die Wiege gelegt worden war.

Ich wuchs mit dem unausgesprochenen Gesetz auf, dass Schriftsteller, vor allem Verfasser von Sachliteratur wie diesem Buch, einen bestimmten Grad an Objektivität benötigen, um ihre Arbeit gut zu machen. So wie es für einen Psychotherapeuten, einen Arzt oder einen Anwalt eben von Berufs wegen nicht angesagt ist, sich in ihre Fälle zu verlieben. Mein Vater hatte die Einstellung eines amüsierten, aber ungebundenen Interesses an der Welt zur Perfektion gebracht. Er stand quasi an der Seitenlinie des Spielfelds – eines Spiels, das die anderen spielten. Skepsis war in seinem Universum nichts Verbotenes, sie war vielmehr eine absolute und unangefochtene Notwendigkeit. Diese Art von Objektivität beim Schreiben dieses Buches über Amma, Bhagavan und Deeksha aufrechtzuerhalten, kam einer großen Prüfung gleich – bei der ich wahrscheinlich versagt habe.

Wissen Sie, ich habe zwei Söhne: Einer ist elf, der andere 14 Jahre alt. Ich liebe sie über alles. Und mir ist es äußerst wichtig, welche Luft sie und ihre Kinder einmal atmen werden. Ich mache mir Gedanken darüber, welches Wirtschaftssystem wir ihnen übergeben werden. Ich sorge mich um den Planeten, den wir ihnen und ihrer Generation hinterlassen werden. Es ist mir ein tiefes und leidenschaftliches Anliegen, ihnen die besten Chancen zu vermitteln. Die meisten Menschen geben mittlerweile zu, dass wir heute mit Krisen noch nie da gewesenen Ausmaßes konfrontiert sind: der globalen Erwärmung, dem Versiegen der Ölvorräte und fundamentalistischen Kriegen. Das Einzige, was diesen Krisen gemeinsam ist: Für keine von ihnen haben wir fertige Lösungen. Die Zukunft sieht recht ungewiss aus. Erinnern Sie sich an Einstein: Man kann kein Problem in demselben Bewusstseinszustand lösen, in dem es erzeugt wurde. Die Welt ruft nach einer Veränderung des Herzens. Nach einem Quantensprung von einem Bewusstseinszustand in einen anderen. Davon hängt unsere Zukunft mit hoher Wahrscheinlichkeit ab.

Das kann ich nicht auf die leichte Schulter nehmen. Wenn es nur der vom Hausschwamm befallene Keller Ihres Hauses wäre, wäre das etwas anderes. Sie könnten jederzeit beginnen, ihn sanieren zu lassen. Falls auch das nichts hilft, könnten Sie umziehen – und die Versicherung würde sich möglicherweise sogar an den Kosten beteiligen. Sie könnten in einen anderen Stadtteil ziehen, in eine neue Stadt, ein anderes Bundesland oder gar ein fernes Land. Doch wenn es sich um den Planeten handelt, auf dem wir leben, sieht das anders aus. Hier gibt es keine Alternativen mehr. Das ist es. Es ist der Ort, vor dem wir nicht fliehen können.

Wenn Sie von einem Tempel in Südindien lesen, der 17 Millionen Dollar kostet und in dem 8.000 „kosmische Wesen" untergebracht werden sollen, kann man leicht skeptisch werden. Unausweichlich, geradezu. Wenn man von einer neuen indischen Organisation hört und einem neuen indischen Lehrer, denkt man schnell an die 70er oder 80er Jahre zurück – und winkt ab. Wenn man von jungen Westlern hört, die mal schnell drei Wochen nach Indien fliegen und bei ihrer Rückkehr behaupten, sie seien vollständig erleuchtet, ist man mehr als verführt, die Augenbrauen kritisch zu heben und das ganze als ein weiteres Symptom einer Kultur abzutun, die auf sofortiger Wunscherfüllung besteht. Es gibt wahrscheinlich Hunderte von Gründen, das Phänomen, das ich in diesem Buch beschrieben habe, geringschätzig abzutun.

Wenn Sie allerdings „den Geschmack der Erdbeere auf der Zunge gehabt haben" - statt bloß darüber zu lesen -, wird es schwieriger, diese hart erarbeitete Skepsis aufrechtzuerhalten. Unter Umständen haben Sie hier das erste Mal von Deeksha oder Oneness Blessing gehört. Mir ging es nicht darum, Sie aus dem Stand zu überzeugen. Meine Hoffnung ist es eigentlich nur, dass das, was auf diesen Seiten präsentiert wurde, Sie wenigstens so weit anregt hat, dass Sie bereit sind, Deeksha kritisch zu überprüfen.

Wie ich haben vielleicht auch Sie eine vergessene Erinnerung an den Duft der Freiheit von Gedanken, an ein Gefühl grundloser Liebe und Zuneigung in Ihren Zellen gespeichert, das sich als Segen durch Sie ausdrücken möchte. Dann könnte es Ihnen wie mir ergehen: Etwas in Ihnen wird berührt. Etwas, das aussagekräftiger und vertrauenswürdiger ist als unser Schutzpanzer von zynischen Gedanken. Dann werden Sie verstehen, dass Sie die Wahrheit des Oneness-Phänomens niemals allein mit der Logik Ihres Verstandes ergründen können. Es funktioniert nur, wenn Sie der Weisheit Ihres Herzens vertrauen.

Möge es allen Wesen wohl ergehen,

Mögen alle Wesen glücklich sein,

Mögen alle Wesen frei von Leid sein.

Mögen alle Wesen durch das unerschütterliche Wissen darüber, wer sie wirklich sind, Befreiung finden.

Om Shanti.

ARJUNA ARDAGH
Nevada City, Kalifornien, USA, 1. Januar 2007

DANKSAGUNGEN

Der ganze Prozess, dieses Buch zu recherchieren und zu schreiben, fand in einer relativ kurzen Zeit und mit vielen meist nicht vorhersehbaren Hindernissen statt. Zwar hatte man mich im Dezember 2005 gebeten, das Buch zu schreiben, aber ich konnte die ersten Interviews erst im April 2006 beginnen. In den folgenden Monaten unterhielt ich mich telefonisch und persönlich mit mehreren Hundert Deeksha-Gebern und Empfängern auf der ganzen Welt.

All dies wäre ohne die außerordentlich großzügige Hilfe meiner guten Freunde Glenn Hoverman und Muffy Weaver nicht möglich gewesen. Sie selbst sind Inhaber eines erfolgreichen Kinderbuchverlags und haben auch sonst genug zu tun. Doch als sie von diesem Projekt hörten, engagierten sie sich mit Leib und Seele dafür, mich beim Auffinden der richtigen Gesprächspartner zu unterstützen und mir bei der Terminierung der Interviews zu helfen. Es waren kritische Momente, wenn eine Handyverbindung in die Ukraine plötzlich zusammenbrach oder ein Hollywoodstar selbst nach dem vierten Versuch nicht abnahm. Ich bin Muffy und Glenn ungeheuer dankbar und verneige mich vor ihrer aufopfernden Großherzigkeit.

Jedes der unzähligen Interviews musste abgetippt werden, damit wir die besten Aussagen auswählen und in diesem Buch wiedergeben konnten. Diese Mammutarbeit wurde von Sandra Clark von Rivercrest Business Services in Texas erledigt. Manchmal brachte sie in weniger als einem Tag viele Stunden aufgenommenen Materials zu Papier. Sollten Sie eines Tages mal ein Buch aus Hunderten von Stunden telefonischer Interviews zusammenstellen müssen, ist Sandra die richtige Adresse für Sie.

Und natürlich bin ich all den Personen auf der ganzen Welt verbunden, die so großzügig von ihrer Zeit gaben, um mir ihre Erfahrung des Oneness Blessing mitzuteilen.

Privat bin ich – wie immer – meiner Familie zu großem Dank verpflichtet. Meine Frau Chameli, die selbst eine versierte Schriftstellerin und Lehrerin ist, übernahm in diesen Monaten den Großteil der häuslichen Pflichten, um mir den Raum zu geben, den Abgabetermin einzuhalten. Und meine Söhne Abhi und Shuba waren sehr verständnisvoll, wenn Papa wieder mal das Wochenende gefesselt an seinen Laptop im Büro verbrachte. Unser Manager Garrett Stanley ist mittlerweile Teil der Familie geworden. Er hielt die Stellung. Er beantwortete meine E-Mails und kümmerte sich um alle praktischen Angelegenheiten, um mich ungestört arbeiten zu lassen.

Tami Simon von *Sounds True* ist nicht nur meine Verlegerin in den USA geworden, sondern eine wirklich geliebte Freundin und Schwester. Von Anfang an war sie für dieses Phänomen erstaunlich offen, obwohl sie nichts darüber wusste. Sie und ihr Unternehmen sind der Traum jedes Schriftstellers. In Deutschland waren die Leute vom Kamphausen Verlag, vor allem Marianne Nentwig, sehr unterstützend, und ich bin auch Chandravali Schang sehr dankbar für ihre sorgfältige und hingebungsvolle Übersetzungsarbeit.

Meine größte Dankbarkeit gilt jedoch all den wunderbaren Menschen in Indien, die wie eine Familie für mich geworden sind: Acharya Samadarshini, Acharya Anandagiri, Sneha, Krishna Raj, Aravind, Radhakrishna, Pragyanand und all die Dasas, die sämtliche Hindernisse aus dem Weg räumten, um mir alles zu geben, was ich brauchte und wann immer ich es brauchte.

Für die Dankbarkeit, die ich gegenüber dem Geheimnis von Amma und Bhagavan empfinde, fehlen mir die Worte. Oberflächlich gesehen habe ich anscheinend einfach ein indisches Ehepaar in ihren Fünfzigern getroffen, die früher einmal eine Schule hatten. Während ich dieses Buch schrieb, entdeckte ich, dass viel mehr daran ist, etwas, das eher in den Bereich des Wunderbaren gehört. Kein einziges Mal, wenn ich Bhagavan bei Interviews oder persönlichen Gesprächen traf, hatte ich das Gefühl, eine Person zu treffen. Es fühlte sich vielmehr so an, als würde ich mit dem Himmel oder dem Ozean sprechen oder vielleicht mit meinem eigenen Herzen, das nicht vom denkenden Geist verhüllt wird.

QUELLENANGABEN

Es ist schon ein merkwürdiges Gefühl: Obwohl dieses Buch im August 2007 gedruckt wurde, wird es wenn Sie es lesen, bereits überholt sein. Das Phänomen des Oneness Blessing expandiert und verändert sich derart schnell, dass man kein Buch darüber schreiben kann, das noch aktuell ist, wenn es in den Regalen steht.

Um hier ein wenig Abhilfe zu schaffen, haben wir für dieses Buch eine eigene Website eingerichtet: *www.awakeningintooneness.org.* Hier werden Sie immer aktuelle Nachrichten zur Gehirnforschung, zum 100-Dörfer-Projekt und zur Wirkung von Deeksha auf Unternehmen, Schulen und unsere Welt finden. Außerdem wird Ihnen die Website dabei helfen, einen Deeksha-Geber in Ihrer Gegend ausfindig zu machen und Sie über Veranstaltungen unterrichten, die mit diesem Buch verbunden sind.

Um mehr über die Oneness University in Indien zu erfahren, besuchen Sie bitte die Website *www.onenessuniversity.org*

Informationen zu Deeksha im deutschsprachigen Raum finden Sie unter *www.deeksha.de*

Für Termine und Hintergründe zu Oneness Blessing in Nordamerika und Kanada ist *www.onenessmovement.org* eine wahre Fundgrube.

Beide Seiten enthalten Links zu Deeksha-Websites in anderen Sprachen und für andere Teile der Welt.

Um Details über die Arbeit von Alexis Shaffer in Mexico zu erfahren, besuchen Sie bitte ihre Website *www.livinginoneness.com*

Und wenn Sie Johan Mansson, der Oneness Blessing eingesetzt hat, um jungen Drogenabhängigen zu helfen, kontaktieren möchten, können Sie ihm eine E-Mail an *beroendehealing@spray.se* senden.

Informationen zu Dr. Joshi, dem ayurvedischen Arzt, finden Sie unter *www.vinayakayurveda.com* Und die Website von Bruhn und Cecile Henriksen lautet *www.onenesscenter.org*

ÜBER DEN AUTOR

Arjuna Ardagh ist der Gründer der Living Essence Foundation in Nevada City, Kalifornien, einer gemeinnützigen Organisation, die dem Erwachen des Bewusstseins inmitten des gewöhnlichen Lebens gewidmet ist. Er ist Autor der Bücher *Die lautlose Revolution, Klares Sehen, Warum nicht Jetzt?* und *The Last Laugh* (ein Roman). Er ist Moderator der *Awakening into Oneness*-DVD-Serie und Autor von *Let Yourself Go*, der *Living Essence Audio Serie, Living Essence Live* und vielen weiteren Audio- und Videoproduktionen.

Ardagh besuchte in Canterbury, England, die Kings School und später die Universität in Cambridge, wo er einen Master in Literatur erwarb. Bereits im Alter von 14 Jahren hatte er ein leidenschaftliches Interesse an spirituellem Erwachen und begann, Meditation und Yoga zu praktizieren. Am Ende seiner Teenagerzeit machte er eine Ausbildung zum Meditationslehrer. Nach seinem Universitätsabschluss in Cambridge widmete sich Ardagh völlig dem inneren Ruf und lernte und lebte sowohl in Asien als auch in den USA bei einer Reihe von bedeutenden spirituellen Lehrern. 1987 gründete er das Alchemy Institute in Seattle, Washington, und bildete mehrere hundert Menschen in seinem transpersonalen Ansatz zur Hypnotherapie aus.

Arjuna Ardagh traf 1991 H. W. L. Poonja, einen unmittelbaren Devotee des großen Weisen Ramana Maharshi, mit dem er durch ein radikales Erwachen ging. Zurück in den USA begann er auf Poonjajis Bitte, diese erwachte Sichtweise mit anderen Menschen zu teilen, und ermöglichte dadurch Tausenden von Menschen in den USA und in Europa eine entscheidende Bewusstseinsveränderung. 1995 entwickelte Ardagh das Living-Essence-Training, das die Menschen darauf vorbereitet, Vermittler für diese Bewusstseinsveränderung zu werden.

Ganz aktuell wurde Arjuna Ardagh im Winter 2005 zur Oneness University eingeladen, woraus die Idee für dieses Buch resultierte. Mittlerweile integriert er Oneness Blessing und Deeksha in all seine Arbeitsbereiche. Er spricht bei vielen internationalen Konferenzen und ist in mehr als zwölf Ländern in TV, Rundfunk und Presse aufgetreten. Zusammen mit seiner norwegischen Frau Chameli Gad Ardagh gibt er auch Deeper Love Seminare. Beide leben zusammen mit ihren zwei Söhnen in Nevada City, USA. Als Kontaktadresse und für weitere Informationen wenden Sie sich bitte an:

arjuna@awakeningintooneness.org
www.awakeningintooneness.org
www.livingessence.com
www.translucents.org